新课程小学英语教学实践

——核心素养落位课堂创新探索

郄利芹　主编

首都师范大学出版社
CAPITAL NORMAL UNIVERSITY PRESS

图书在版编目（CIP）数据

新课程小学英语教学实践：核心素养落位课堂创新探索 / 郄利芹主编 . -- 北京：首都师范大学出版社，2025. 7. -- ISBN 978-7-5656-9076-1

Ⅰ. G623. 312

中国国家版本馆 CIP 数据核字第 2025AP3682 号

XINKECHENG XIAOXUE YINGYU JIAOXUE SHIJIAN

新课程小学英语教学实践

——核心素养落位课堂创新探索

郄利芹　主编

责任编辑　王　静

首都师范大学出版社出版发行

地　址　北京西三环北路 105 号

邮　编　100048

电　话　68418523（总编室）　68982468（发行部）

网　址　http://cnupn. cnu. edu. cn

印　刷　北京印刷集团有限责任公司

经　销　全国新华书店

版　次　2025 年 7 月第 1 版

印　次　2025 年 7 月第 1 次印刷

开　本　710mm×1000mm　1/16

印　张　15. 25

字　数　296 千

定　价　49. 00 元

编 委 会

主　编　郄利芹

副主编　徐国辉　王琳琳

顾　问　林　立

编　委（按姓氏音序排）

程　浩　崔　旸　杜金兰　高　波
高　伟　贺　昀　贾秋林　李　磊
梁葛妹　刘海英　刘彦英　吕　帅
马小红　苏　祎　田亚娟　王洁欣
王雪连　闫　萍　于淑雯　张小敬

序　言

在历史的长河中，无数的故事被岁月淹没，而这本书，将帮助您了解到一批鲜为人知却又至关重要的人。他们是本书的作者们——来自北京市小学英语特级教师工作室（市级骨干教师高研班）的小学英语教师。在北京教育学院郄利芹教授的指导下，他们利用特级教师工作室这一平台，学习、研究、探索、实践。这本书是他们的教科研成果集。在为本书写序之前的一段时间里，我参加了工作室的多次活动，听课评课，开题研讨，了解到老师们对教育的投入、对教学的敬畏、对学生的尊重，因此特别期望读到他们的研究成果。这些教师是来自北京各区的优秀教师，除了一线教学任务，还在学校承担各种不同的工作。他们紧跟时代脚步、不懈学习的精神在本书中完全可以体现。

书名中的“新课程”既指英语课程里的新内容、新理念，也指老师们在实践过程中创新出来的课程。他们学习英语课程方面的理论，学习英语课程标准，理解学科核心素养，并将所学所悟全面准确地运用到课堂教学中。课程的开发与实施涉及差异化课程，要求正视学生之间的差异，开展综合实践课程，体现学用结合；还涉及绘本与教材整合课程，要求拓展学习资源，激发学生的学习动力。书中课程的概念区别于国家课程、区域课程，强调校本课程中的学生差异，即个性化课程。老师们认为学生与生俱来就存在着差异，这种差异包括兴趣爱好、智力倾向、学习风格、认知水平、语言能力等方面，而这样的差异必然造成学生不同的学习需求。如果学生的差异化需求得不到满足，其学习兴趣和动机就会出现分化。具体落实在课堂教学，老师们采取了不同措施，如课程内容包括三个领域的多元目标，即文化基础、社会参与、自主发展；课程结构做到分层、多样、可选择，构建集丰富性、层级性和立体性为一体的进阶阅读课程。

书名中的“教学实践”突出体现老师们将核心素养落位课堂的思想。他们在课堂教学中时刻牢记英语学科核心素养的方方面面，例如在阅读教学中关注语言能力、文化意识、语言学习策略、思维工具的开发与利用，这些在书中均有体现。仅以绘本教学为例，通过课内外阅读、亲子阅读、持续默读、开展读后活动（绘制故事导图，制作卡片类、手抄报类、连环画类等多种形式的绘本），通过角色扮演、读者剧场表演绘本内容，使学生内化语言，促进语言表达。

书名中的“探索”体现了老师们在教学中不断发现问题、解决问题的过程。辅助、拓展课堂教学的作业以及课外活动也是老师们关注与研究的重点。在本书中，对作业的研究十分全面，作业的设计、作业实施的路径、作业的种类等均有涉及；在课外活动方面，本书关注项目式学习、读者剧场以及中华优秀传统文化的融入。通过教学探究、专业反思、研修活动等，不断提高老师们的专业素养。

最令人欣喜的是，在工作室的研究氛围下，老师们的专业水平与专业素养得到大幅度提升，他们不断地学习教材、反思教学、了解学生。阅读本书，我们能感受到老师们兢兢业业的工作态度和精益求精的教学追求。

谨以此序向他们致敬！

林　立

2024 年 7 月 25 日

前　言

新的课程理念明确了各学科教学的逻辑起点是学生核心素养培养目标的达成，学科目标从知识点的了解、理解与记忆，转变为核心素养的关键能力、必备品格与正确价值观的培育。新修订出版的《义务教育英语课程标准（2022 年版）》将英语课程要培养的学生核心素养归纳为语言能力、文化意识、思维品质和学习能力四个维度。探讨和实践核心素养落实落地途径，是目前英语教育界关注与讨论的焦点。

《新课程小学英语教学实践——核心素养落位课堂创新探索》一书正符合新形势下国家对教育教学提出的要求，即通过课程的开发与实施、课堂教学的优化、作业设计与实施质量的提升、丰富多样的英语教与学活动的开展、小学英语教师专业发展途径的拓展等方面的教学实践，进行核心素养落位课堂教学的创新探索。

本书结合新课程、新课标对人才培养的要求，针对小学英语一线教学中存在的问题和实际需求，从四个方面探讨核心素养落位课堂的创新举措：第一，校本课程的开发与实施。如基于学生个性化需求，开发和实施差异化的小学英语课程；基于学校特色文化，开发与实施“家文化”英语课程等，强调课程在培养核心素养方面的重要价值。第二，课堂教学实践的创新优化。如基于教材对话教学和绘本阅读教学，培养学生的语言能力、思维品质和文化意识等，突出课堂是核心素养培养的首要阵地。第三，英语作业的设计与优化。如探索复习巩固类、拓展延伸类和综合实践类三大类作业的设计与实施，突出作业作为教学评价方式之一促进学生核心素养培养的价值和意义。第四，课外活动的创新探索。如基于项目式语言学习、读者剧场等开展英语教与学的活动，给学生提供更多展示和交流的平台，促进学生综合能力的发展；又如通过主题研修、教学反思等途径提升教师专业素养，突出教师在人才培养中的重要位置。

本书由郄利芹策划和统稿，参编人员由北京教育学院人文和外语教育学院教师、北京市小学英语学科带头人和市级骨干教师组成，具体分工如下：闫萍（第一章第一节），崔旸（第一章第二节），刘彦英（第一章第三节），吕帅（第一章第四节），郄利芹、马小红（第二章第一节），梁葛妹（第二章第二节），田亚娟（第二章第三节），刘海英（第二章第四节），贺昀、郄利芹（第二章第五节），于淑雯（第二章第六节），高波（第二章第七节），杜金兰（第二章第八节），贾秋林（第三章第一节），王雪连（第三章第二节），程浩（第三章第三节），高伟（第三章第四节），李磊（第三章第五节），苏祎（第四章第一节），徐国辉（第四章第二节），张小敬（第四章第三节），郄利芹（第五章第一节），贾秋林（第五章第二节），王洁欣（第五章第三节），王琳琳（第五章第四节）。

本书在写作过程中得到了北京教育学院人文和外语教育学院领导的重视和推动；得到了首都师范大学林立教授的大力支持和帮助，林教授不仅对本书的选题、编写思路和内容安排提出了建设性意见，还对内容的细化提出了宝贵的修改意见。首都师范大学出版社的编校老师也为本书的出版辛勤付出，在此一并向他们表示最诚挚的谢意！

本书的编写基于北京市小学英语骨干教师高研班学员的课题研究和课堂教学实践而完成，但由于各种原因，肯定还存在不足之处，恳请读者批评指正。

郄利芹

2024 年 7 月 31 日

目　　录

第一章　核心素养落位于课程的开发与实施

第一节　基于差异理念的小学英语课程开发与实施

《义务教育英语课程标准(2022年版)》(以下简称《义教新课标》)明确指出，英语课程的设计与实施应充分尊重学生的个体差异，关注每一个学生的学习需求，力求实现个性化教学。基于差异理念的小学英语课程开发与实施，强调了落实课标要求，进行差异化课程开发的必要性。

一、基于差异理念的小学英语课程开发与实施的必要性

基于差异理念的小学英语课程开发与实施对于实现教育公平、落实国家“双减”政策、培育学生核心素养以及满足学生个性化学习需求发挥着重要作用。

(一)落实教育公平理念的要求

党的十八大提出，把教育公平作为国家基本教育政策。《基础教育课程改革纲要(试行)》提出，教师在教学过程中要注意学生的个体差异，激发学生的学习积极性，满足不同学生的学习需求，促进每个学生的全面发展(钟启泉等，2001)。差异化课程尊重学生的差异，促进学生的个性发展、全面发展。基于差异理念的英语课程的开发和实施提供了匹配学生学习需求的课程内容、课程实施和课程评价，能够激发学生学习兴趣，促进教育公平理念的落地。

(二)落实国家“双减”政策的要求

国家“双减”政策指出，要全面压减作业总量和时长，减轻学生过重作业负担，提高学生学习的实效。学生出现过重作业负担的原因之一就是英语课程的内容、实施、评价未能关注学生差异化的学习需求，作业内容与学生实际脱轨、作业形式单一、作业缺乏分类指导。差异化课程的开发和实施从学生的不同学习需求出发，涉及英语学习全过程，包括差异化的作业内容和形式，能大大减轻学生学习负担，激发学生学习兴趣，进而促进学生英语学业水平的提升。

(三)培育学生核心素养的要求

2016年，《中国学生发展核心素养》明确指出教育要“关注人的发展”，尊重每一个学生的发展需要。《义教新课标》要求教师关注学情，教学设计和具

体实施要符合学生生理和心理的特点，遵循语言学习的规律，力求满足不同类型和不同层次学生的需求，促进每个学生核心素养的形成。学生作为各具特色的学习个体，在认知水平、学习风格、语言基础、学习能力等方面存在着一定的差异，进行差异化课程的开发和实施是落实核心素养培育的重要途径。

二、基于差异理念的小学英语课程的开发

基于差异理念的小学英语课程的开发，需要对学生需求、学校课程的现状进行分析，包括课程理念、内容结构和实施方式。教师要基于学校已有课程基础和学生具体需求进行课程设计，体现课程理念，满足学生的差异化学习需求，促进每个学生的个性化发展和自主学习能力的提升。

（一）基于差异理念的小学英语课程需求分析

基于差异理念的小学英语课程需求分析，通过问卷调查、访谈等多种形式，从学生英语学习情况、学习兴趣和学习成就等几个方面展开。另外还要详细分析现有的课程内容和结构能够满足学生哪些方面的需求，还需要开发哪些方面的课程内容等。

北京市东城区前门小学以激发“学生自主成长力量”为育人目标，学校课程建设关注学生成长视角，基于学生学习差异进行课程开发。特别是学校“Progress(成长)”英语课程的建设充分体现了满足学生个性化学习需求、培育学生核心素养的特色。下面以该校的英语课程为例，说明如何开发基于差异理念的小学英语课程。

1. 学生英语学习情况分析

作为一所位于北京市核心城区的小学，前门小学营造了浓厚的英语学习氛围，该校学生的英语成绩位于东城区前列。调研发现，前门小学学生的英语成绩高于区平均成绩，但学生的英语学习成绩分化趋势较大，学生的英语学习水平分为基础、平均、发展三个层次，具体特征如下：发展水平学生由于具备良好的学习习惯、积极的学习态度，并且参与了丰富的课外学习，英语语言能力(特别是听说能力)超出平均水平学生较多，现有的课程学习内容和方式不能满足他们的学习需求。而基础水平学生学习基础较差、学习兴趣不够浓厚、良好的学习习惯未养成，因此出现了较多的学习困难(基本语言知识和能力较欠缺)，在现有课程的学习中跟不上学习进度，需要教师进行针对性辅导。还有占比不小的学生属于平均水平，这部分学生在英语课程的学习中有时不被教师重点关注，缺乏进一步提高英语水平的机会，他们为自己设定的学习目标较低，缺乏进一步提高的学习动力。

2. 学校英语课程现状分析

作为北京市课程建设先进学校，前门小学一直以来在专家的指导下，进

行基于学校情况、结合学生学习需求的英语课程整体设计。学校的英语课程具有以下特点。

(1)基于学校“自主教育”办学理念，提出了学校英语课程的课程目标，即培养具有浓厚的学习兴趣、扎实的英语基础、良好的自主学习能力的小学生。

(2)课程内容与结构上，包括了国家课程、拓展课程和活动课程三大类别(引入了阅读、听说、视听等课外资源)。同时梳理了英语课程标准中的相关话题，将三类课程通过相同的主题组织起来，促进了每一个主题的深入学习。

(3)课程实施上，重点研究了国家课程校本化的实施，通过改进教师提问、引发学生质疑、增加小组活动，优化学生的学习过程，提高教师教学的有效性。

(二)满足学生差异化学习需求的小学英语课程的开发

通过分析学生英语学习情况和需求以及现有的课程内容结构，从课程理念、课程目标和课程内容等角度进行基于学生差异化学习需求的课程开发。

1. 课程理念：进步及成长——尊重差异，满足个性化需求

前门小学英语课程开发团队在反复修改、充分研讨的基础上，将学校英语课程命名为“Progress(成长)”。“Progress”意为进步，向更高的方向前进。以此为名，意在强调该课程开发与实施的价值取向，即满足学生的差异化学习需求，关注每一个学生的个性化发展。“Progress”也体现了课程结构的设计特点，拓展课程均进行阶梯递进式设计，包括进阶读写、进阶视听、进阶说唱等课程，目的是促进学生在原有学习的基础上，制定适合的学习目标，一步一步地提升自己的语言能力和学习能力。“成长”，诠释了课程的目的，即激活学生学习动力，引导学生进行自我认识、自我管理和自主实践，促进学生自主学习能力和自我教育能力的提高。

“Progress(成长)”英语课程既聚焦了学生核心素养的内容(文化基础、自主发展和社会参与)，又凸显了学校的育人特色(满足每一名学生的发展需求，培养具有自主学习能力的人)。“成长”，强调课程的定位在于培养可持续发展的人，重视每个个体成长的体验和过程。课程强调在重视学生语言能力发展的基础上，创设丰富的语言环境，拓展语言实践的空间，促进学生积极参与社会实践，主动规划自己的学习，积极发展思维品质和文化品格，让每个学生都能够在英语学习中有进步，有收获，有成长，做更好的自己。

2. 课程目标：每个学生都成长——激发学生自主成长的力量

差异发展理念的出发点是尊重并激发每个学生自主成长的力量。教师要激发学生的自我认知，促进学生基于自身需求展开学习；教师要提供不同的学习支架和及时的帮助，促进所有学生有所成长。因此，在课程目标的设定上，教师要帮助每一个学生都能取得进步，最终都能达到英语学科素养所要

求的良好的语言基础、持续的学习兴趣，以及思维能力、学习能力、文化意识的提升和发展。

课程以《义教新课标》为依据，以培育学生核心素养为目的，使每一个学生都能通过英语课程学习取得进步，能够掌握丰富的英语语言知识、提高英语语言能力；形成良好的行为规范与责任意识、健康品质与审美情趣、文化自信与全球视野；产生浓厚的英语学习兴趣，主动探究、积极思考、学会学习。

课程目标包括文化基础、自主发展、社会参与三个领域的目标，具体描述如表 1-1-1 所示。

表 1-1-1 "Progress(成长)"英语课程目标

领域	文化基础	自主发展	社会参与
概述	会表达 善交流 乐分享	有兴趣 勤思考 爱探究	有自信 有责任 有视野
目标 1	扎实的英语语言知识	浓厚的学习兴趣	行为规范与责任意识
目标 2	熟练的英语语言技能	主动探究、积极思考	健康品质与审美情趣
目标 3	用英语流利交流的能力	学会学习	文化自信与全球视野

3. 课程结构：选修、必修结合——多元可选择

为了满足学生差异化的学习需求，课程结构做到分层、多样、可选择。"Progress(成长)"英语课程分为：基础课程、拓展课程、探究课程和贯通课程。其中，基础课程教材以北京版小学英语教材为主。拓展课程由学校课程开发小组根据学生学习需求和学校特色开发，包括学科拓展课程(进阶阅读/进阶阅读与写作、进阶说唱、进阶视听)、活动拓展课程(学科实践活动课程和社团实践活动课程)、社会实践课程(前门课程、天坛课程)，课程内容丰富，包括选修和必修，学生可以根据自己的爱好和特长进行选择。其中社会实践课程依托学校的特色课程，与各学科合作开展，引导学生在实际的情境中运用英语解决问题。探究课程包括项目/主题探究课程，项目/主题探究课程在四至六年级开设，由教师拟定主题供学生参考，学生结合年级学习内容选择或者自拟研究主题，自由组成研究小组，教师作为指导老师进行指导。贯通课程(学生英语学习规划)采取成长档案的方式，教师指导学生制定学习目标，完成各门类课程的学习记录、自我评价并进行总结。

课程设置体现了多层次、多样性、综合性、实践性和探究性的原则(见表 1-1-2)，将语言知识的学习、语言能力的提升融入基于主题的学习中，既注重巩固学生语言基础和发展学生语言能力，又关注学生的思维发展、自主探究

能力和文化意识的形成。

表 1-1-2　“Progress(成长)”英语课程设置

<table>
<tr><th rowspan="3">年级</th><th rowspan="2">基础课程</th><th colspan="5">拓展课程</th><th>探究课程</th><th rowspan="2">贯通课程</th></tr>
<tr><th colspan="2">学科拓展课程</th><th colspan="2">活动拓展课程</th><th>社会实践课程</th><th>项目/主题探究课程</th></tr>
<tr><th>必修</th><th>必修</th><th>选修</th><th>必修</th><th>选修</th><th>必修</th><th>选修</th><th>必修</th></tr>
<tr><td>一</td><td rowspan="6">国家课程校本化实施</td><td>进阶阅读</td><td>进阶说唱、进阶视听</td><td rowspan="6">主题式学科实践活动（人与自我、人与社会、人与自然三大主题）</td><td rowspan="6">社团类（戏剧社、记者站、合唱团、广播站）</td><td rowspan="6">前门课程、天坛课程</td><td>—</td><td rowspan="6">英语学习规划</td></tr>
<tr><td>二</td><td>进阶阅读</td><td>进阶说唱、进阶视听</td><td>—</td></tr>
<tr><td>三</td><td>进阶阅读</td><td>进阶说唱、进阶视听</td><td>—</td></tr>
<tr><td>四</td><td>进阶读写</td><td>进阶视听</td><td>学生自拟研究主题</td></tr>
<tr><td>五</td><td>进阶读写</td><td>进阶视听</td><td>学生自拟研究主题</td></tr>
<tr><td>六</td><td>进阶读写</td><td>进阶视听</td><td>学生自拟研究主题</td></tr>
</table>

三、基于差异理念的小学英语课程的实施

课程实施是课程落位的关键要素。基于差异理念的小学英语课程的实施关注课程内容的分层设计、多样化学习模式的使用和可选择的读后活动的设计，满足不同水平学生的英语学习需求；聚焦差异化教学设计流程和模板的开发，为教师提供系统性的教学规划工具，确保教学活动能够精准对接学生的个性化需求、采用多元化的评估标准和形式，鼓励学生在小组合作中展现自我，促进公平评价等。

(一)课程内容的差异化设计

这里以前门小学课程团队开展的进阶阅读课“Step by Step: Let’s Read”为例加以说明。

1. 课程内容的分层设计

进阶阅读课选用教育部审核通过的《领先阅读・X 计划》《大猫英语分级阅读》等多种分级读物作为阅读资源，共计 1226 篇故事，分 86 个主题。进阶阅读课的学习以两套阅读读物为主读物；为横向扩充阅读量，增加两套主题丰

富、体裁多样的阅读材料作为选读的补充读物；为纵向提升阅读难度，增加两套语言较为丰富、篇幅较长的读物作为提高读物。最终形成了以教育部重点课题“中国中小学生英语分级阅读体系标准研制”实验用书《领先阅读·X计划》和《大猫英语分级阅读》为中心，以《丽声英语百科分级读物》《攀登英语阅读系列》为支架，以《牛津阅读树》《朗文学生系列读物·妙语短篇》为延伸的进阶阅读课程内容体系。

虽然引入的英语读物均为分级英语读物，但由于学生的阅读兴趣、阅读能力有一定的差异，前门小学课程团队根据本校各年级学生的英语学习实际情况，参照王蔷教授和陈则航教授主编的《中国中小学生英语分级阅读标准（实验稿）》对分级读物里的书目进行再次分级，设计了每个年级阅读内容的跨度，如：将四年级学生阅读读物跨度设计为三级、四级、五级，学习基础较差的学生从三级起步逐渐提高到四级，学有余力的学生则从四级开始逐渐提升到五级，详见表 1-1-3。

表 1-1-3　四年级“进阶阅读”书单

分级	必读书目 《领先阅读·X计划》四级、《大猫英语分级阅读》四级	选读书目 《大猫英语分级阅读》三级、五级			自读书目
三级	—	*Rebecca at the Funfair*, *The Wind*, *Doing Nothing*, *Hands*, *The Helper Bird*, *It Was a Cold, Dark Night*	—	—	—
四级	*The Race*, *Ant's Bug Adventure*, *Bug Hunt*, *The Play Park*, *Robo-Rex*, *Pet Play*, *Let's Build a Rocket*	—	*What's Underground*, *Robots*, *Percy and the Badger*, *Top Dinosaurs*, *Blast Off to the Moon*, *The Steam Train*, *The Lonely Penguin*	—	—
五级	—	—	—	*I Want a Pet*, *Too Hot to Stop*, *The Magic Pen*, *I've Just Had a Bright Idea*, *Scary Hair*, *Spines, Stings and Teeth*, *Big Cat Babies*	—

2. 多样化的学习模式

根据学生的学习特点、阅读水平以及不同的阅读需要，教师在进阶阅读课教学中主要采取了四种学习模式，包括分享式阅读、指导式阅读、拼图式阅读、持续默读。每种学习模式在使用时，教师均会在课前通过预评估任务了解学生的学习准备情况，课中进行灵活分组、设计可供学生选择的任务，以满足学生差异化的学习需求。

3. 可选择的读后活动

形式多样的读后活动是进阶阅读评价的重要方式。读后活动包括绘制文本结构图、摘抄大意、提出关于文本的几个问题并写出回答、续编或者创编新的故事等。这些读后活动聚焦对学生语言知识掌握情况和阅读能力水平的评价，重点反映学生语言知识掌握、信息提取、策略运用和多元思维能力发展情况。每节课后，教师都会根据学生阅读文本的不同，设计 2—3 种读后活动，学生可以根据自己的水平选择比较简单的摘抄类任务，或是难度较高的绘制故事地图等任务。每个学期结束，教师会将学生完成的所有阅读任务记录装订成册，在班级内进行展示，并根据正确、美观、任务有难度三个标准挑选出做得最好的同学。

(二)进行差异化教学设计

差异化教学的顺利开展依托于教师精心的教学设计。教学设计作为教学实施蓝图，帮助教师系统思考和梳理教学过程，帮助教师基于学生的差异化英语学习需求进行课程规划，体现目标达成导向下的教学评一体化实施。在进行差异化教学设计过程中，前门小学课程团队学习和借鉴了国外差异化教学的研究成果，进一步梳理了差异化教学设计流程，总结出差异化教学设计模板。

1. 差异化教学设计流程

差异化教学设计分六步进行：第一步确定学习目标；第二步收集能够体现学生兴趣或学习水平的材料，做好预评估；第三步撰写教学设计进程，即主要教学环节；第四步分析差异化教学的机会，对教学环节中学生可能遇到的困难和差异化需求做思考；第五步选择策略来设计和实施差异化学习任务；第六步通过教学实施再次收集材料，评估学习情况。

2. 差异化教学设计模板

学校课程团队开发了差异化教学设计模板，以模板中的问题和流程为支架引导教师开展差异化教学的设计与实施。以北京版小学英语教材六年级上册第五单元“Olympics in My Eyes” Lesson 18 为例，教学设计模板见表 1-1-4。

表 1-1-4 Lesson 18 The Wonderful Beijing 2022 Winter Olympics 教学设计模板

<table>
<tr><td colspan="2">年级</td><td colspan="2">Grade 6</td></tr>
<tr><td colspan="2">时间</td><td colspan="2">40 分钟</td></tr>
<tr><td colspan="2">分组方式</td><td colspan="2">全班、小组、同桌</td></tr>
<tr><td colspan="2">我将对什么进行差异化处理？</td><td colspan="2">学习过程、作业设计</td></tr>
<tr><td colspan="2">我如何进行差异化处理？（学生准备、兴趣、学习风格、情感、学习环境等）</td><td colspan="2">基于学生的不同准备情况和多元智能的差异化倾向，在学习环境创设、学习形式上采取差异化的设计</td></tr>
<tr><td colspan="4">学习目标</td></tr>
<tr><td colspan="4">Know（知道）：
冬奥会主题的相关词汇，相关信息的一般过去时表达</td></tr>
<tr><td colspan="4">Understand（理解）：
可以围绕北京冬奥会精彩的视觉设计、出色的运动成绩、卓越的运动员、炫酷的科技、中国文化元素的精彩呈现五个方面来认识这届精彩的冬奥会</td></tr>
<tr><td colspan="4">Do（做）：
能够围绕这届精彩的冬奥会，从基本信息、精彩之处和个人感受三个方面进行口头和书面表达</td></tr>
<tr><td colspan="4">学习材料和差异化策略</td></tr>
<tr><td colspan="2">Video Clips(视频短片)</td><td colspan="2">“双奥之城”视频短片</td></tr>
<tr><td colspan="2">Materials(材料)</td><td colspan="2">有关北京冬奥会精彩的视觉设计、出色的运动成绩、卓越的运动员、炫酷的科技、中国文化元素的精彩呈现五个方面的一组多模态语篇(图文结合的阅读语篇)</td></tr>
<tr><td colspan="2">Worksheets(表)</td><td colspan="2">词汇表(Vocabulary worksheet)
问题表(Questions worksheet)
九宫格思考法任务单(9 tasks in Think-Tac-Toe to cater for students' interest and learning profile)</td></tr>
<tr><td colspan="2">Strategies(策略)</td><td colspan="2">九宫格(Think-Tac-Toe)思维工具
K-W-L 图表(K-W-L chart)
小组活动(Group work)</td></tr>
<tr><td colspan="4">教学过程</td></tr>
<tr><td>Time
(时间)</td><td>Steps in the lesson
(教学步骤)</td><td>Learning and teaching activities
(学与教活动)</td><td>Elements/Strategies
(要素/策略)</td></tr>
<tr><td>5
分
钟</td><td>预评估</td><td>学生填写 K-W-L 图表的 K 栏和 W 栏(这项任务在上一课学习北京 2008 年奥运会结束后布置)</td><td>教师收集学生的表格并进行分析，然后根据学生的回答设计课程</td></tr>
</table>

续表

<table>
<tr><th>Time
(时间)</th><th>Steps in the lesson
(教学步骤)</th><th>Learning and teaching activities
(学与教活动)</th><th>Elements/Strategies
(要素/策略)</th></tr>
<tr><td>10分钟</td><td>回顾成功的北京夏季奥运会，呈现精彩的北京冬奥会</td><td>播放“双奥之城”视频，学生回顾北京夏季奥运会的成功之处，引导学生从基本信息、精彩之处和个人感受三个方面进行介绍，并基于以上三个方面，谈论自己对北京冬奥会的了解和感受</td><td>以小组为单位，每个学生选择一个方面介绍或者交流</td></tr>
<tr><td>20分钟</td><td>拼图式阅读</td><td>教师提供五个方面的图文结合的多模态语篇，学生选择一个方面的语篇自主阅读并完成任务
学生阅读语篇内容后，完成不同的阅读任务，以检测阅读成果
再次分组，阅读不同语篇的学生每人汇报一部分内容
最后，每个小组完成完整的介绍</td><td>通过可选择的阅读任务学习支架，满足不同学生的学习需求；通过拼图式阅读的几次分组，帮助不同层次的学生在小组中互助互学</td></tr>
<tr><td>10分钟</td><td>输出任务</td><td>教师呈现 9 个可以进行汇报的任务，请学生选择 3 个来完成
9 个任务如下：
<table>
<tr><td>请给一个外国友人介绍精彩的北京冬奥会(基本信息、精彩之处、个人感受)</td><td>画一个介绍北京冬奥会的主题图</td><td>写一篇关于北京冬奥会的新闻报道</td></tr>
<tr><td>请将北京夏季奥运会和北京冬季奥运会进行对比介绍</td><td>在网上搜索北京冬奥会的相关英文歌曲并学唱</td><td>选择一个与北京冬奥会相关的视频，进行英文介绍</td></tr>
<tr><td>制作卡片帮助记忆本课的关键信息，将单词和图片匹配呈现(至少 5 张)</td><td>和同伴以对话的形式谈论北京冬奥会</td><td>搜索 5 张以上北京冬奥会图片，并附英文说明</td></tr>
</table></td><td>输出任务差异化：
Think-Tac-Toe 中的 9 个任务为学生提供了进一步拓展学习和呈现本课学习成果的方式
学生在表格中的横向、纵向、对角的任意一条线上选择 3 个任务，其中 1 个在课堂上完成，另外 2 个在课后完成</td></tr>
</table>

(三)进行差异化教学的小组评估

考虑到不同的学生具有不同的学习和思维方式，以及不同的能力、特长和需要，教师在对学生小组的合作情况进行评估时，通常采用多样化的评估标准和评估形式。

教师对学生小组的合作情况进行评估时，通常采取学生个人评价与小组整体评价相结合、过程评估与结果评价相结合的原则。个人评价主要指对学生个人的评价，包括完成任务、倾听他人、参与活动、尊重自己和他人，以及解释能力、辩论能力、发表意见观点的能力等方面内容。小组评价指对小组整体表现的评价。对小组整体进行的评价主要包括完成任务情况、小组讨论情况、小组积极性、小组合作成果展示情况等方面内容。过程评价主要指对小组在活动过程中表现的评价，结果评价指对小组完成学习任务的结果的评价。

例如，小组学习成果是展现小组学习情况的载体，由于学生在学习准备水平、兴趣和风格方面存在差异，教师在对小组学习成果进行评价时，如果对全部学生采取同一种评价方式，往往不能够真实反映出每个学生的学习情况。为了给每个学生提供展示自我的机会，教师根据现有的评价手段、具体的学习任务和学生特点，灵活地采用差异性的评价方式，尽量做到使每个学生都能够以发挥自己长处的方式展示学习成果(见表 1-1-5)。

表 1-1-5　小组学习成果展示方式

小组任务类型	成果展示方式
有统一答案的问题	编制测试卷、课堂提问或小组汇报
开放性问题	学生自由决定展示的方式 (如：设计网页、制作海报、设计游戏或者活动、进行定格动画表演、编写方案或计划、辩论或陈述、制作 Vlog、写诗歌、写歌曲、写剧本、设计比赛、制作实物展示、排演小剧等)

教师采用小组成员自评和互评的方式，目的在于为学生提供更加公平的评估方式，同时也使学生能够通过对其他人的评估而不断地进行自我反思，巩固学生掌握的知识和技能，激发其学习兴趣。

(四)应用差异化教学策略

根据美国学者卡罗尔·安·汤姆林森(Carol Ann Tomlinson)的《差异化教学与个性化教学：未来多元课堂的智慧教学解决方案》(2022)一书中介绍和总结的差异化教学策略，前门小学课程团队基于学校英语课程的现状，尝试使用灵活分组、可选择任务、入门条和出门条等差异化策略，以满足学生的个性化学习需求。

1. 根据学生的个性化需求灵活分组

灵活分组是一种教学策略，也是差异化教学的核心。通常是教师在对整个班级进行教学后，让学生分组进行练习，学生根据自己的学习情况组成不同的学习小组。灵活分组是尊重所有学习者的核心，这一策略尊重个体差异，引导学生通过个体学习、合作学习获得成功的体验。

2. 为不同学习水平的学生提供可选择任务

可选择任务是根据不同学习水平学生的学习情况，给他们提供的平行任务。例如，教师设计复杂性、深度和抽象性不同的任务，通过提供不同程度的脚手架或提示，满足不同学习水平学生的学习需要。以阅读教学为例，可选择任务的设计见图 1-1-1。

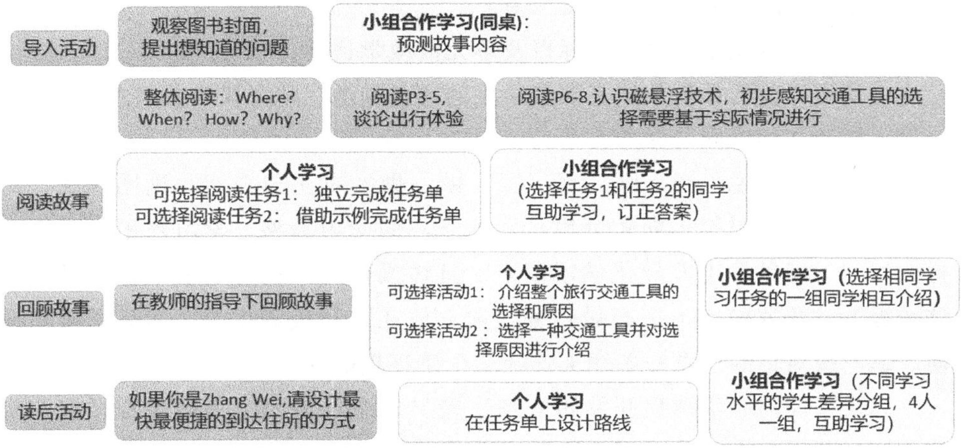

图 1-1-1 可选择任务设计范例(绘本阅读 *Welcom to Shanghai*)

3. 使用入门条和出门条评估学生的不同学习水平和学习收获

使用入门条和出门条了解不同学生进入学习前和完成学习后的学习情况，有助于引导学生基于自身学习情况展开个性化学习，也可以帮助教师了解不同学生的学习水平和学习收获。

入门条是教师提供的一些具有简短提示的问题，让学生在课堂开始时回答，这为教师提供了对学生进行快速“诊断”的机会。通常，入门条是用来帮助学生专注于当天要学习的主题，或者要求他们使用之前学过的知识，这样教师就可以了解学生对特定主题或单元内容的掌握情况。

出门条通常在完成某一活动或者某一课时学习后使用，用于教师了解学生关于某一活动或某一课时的学习情况，以掌握他们对某一概念或主题的理解程度。这是一种快速的形成性评估，以检查学生是否掌握了教师所教的内容。

4. 使用 K-W-L 图表引导学生基于差异化需求展开主动学习

在差异化教学中应用 K-W-L 图表可以帮助学生基于自身学习情况展开有效的主动学习。学生首先对他们所知道的关于某个特定主题的一切进行头脑风暴，并将其记录在 K 栏(know，已知)。然后，学生总结他们想了解的问题，记录在 W 栏(want to know，想进一步学习)。在教学结束后，学生回答 W 栏中的问题，并将他们学到的这些新信息记录在 L 栏(learn，学习收获)中。

5. 使用 Think-Tac-Toe 思维工具满足学生个性化学习需求

Think-Tac-Toe 思维工具为有不同学习风格或特殊需求的学生提供了展示他们对特定主题的理解的机会。美国学者荷克丝(Heacox)提供了以下步骤，有助于使用 Think-Tac-Toe 思维工具：

· 确定学生期望达到的目标以及单元的教学目标。

· 使用以前的评估数据来预测学生的准备程度、学习风格或兴趣。

· 设计 9 种不同的任务。

分别从说一说、画一画、写一写、做一做、对比与介绍、词图匹配、对话排演、说说唱唱等不同角度设计，给予不同学习风格、学习水平的学生选择的权利，满足学生差异化学习需求。具体操作时，教师将 9 个任务排列在选择板上。教师确定 1 个必做任务，把它放在选择板的中央，然后学生在横向、纵向或对角的任意一条线上选择 2 个感兴趣的任务。

总之，前门小学课程开发团队基于差异理念开展小学英语课程开发与实施策略，尊重学生个体差异，不仅关注了学生的多元化学习需求，还创新了课程内容、结构和实施方式，旨在激发学生的学习兴趣、培养学生的学科素养。差异化的教学设计、丰富的学习资源和灵活的教学策略，有效提升了学生的英语学习效果和教师的教学能力，为实现教育公平和“双减”政策目标提供了有力支持。

第二节　小学英语“家文化”校本课程开发与实施

《义教新课标》提出英语课程应帮助学生加深对祖国文化的理解，增强爱国情怀，坚定文化自信，树立正确的世界观、人生观和价值观，为学生未来参与知识创新和科技创新储备能力，为他们未来更好地适应世界的多极化、经济的全球化和社会的信息化奠定基础。“家文化”是中国传统文化的基石，对中国社会影响深远。而将“家文化”理念融入英语学习全过程，对培养学生的家国情怀至关重要。

一、“家文化”校本课程开发的重要性

“家文化”小学英语校本课程的开发不仅是党和国家教育政策的要求，更是学校环境和校园文化发展的要求。北京市东城区史家胡同小学始终坚持培养具有家国情怀底蕴、全面发展的人，强调课程的整体育人价值，而“家文化”小学英语校本课程的开发正是学校完成这一目标的有效实践路径。

(一)党和国家教育政策的要求

习近平总书记曾指出：“千家万户都好，国家才能好，民族才能好”“我们要在全社会大力弘扬家国情怀，培育和践行社会主义核心价值观，弘扬爱国主义、集体主义、社会主义精神，提倡爱家、爱国相统一，让每个人、每个家庭都为中华民族大家庭作出贡献”“要使中华民族最基本的文化基因与当代文化相适应、与现代社会相协调……把继承传统优秀文化又弘扬时代精神、立足本国又面向世界的当代中国文化创新成果传播出去”。以习近平同志为核心的党中央在时代变革的背景下提出弘扬中华优秀传统文化，重视“家文化”建设，具有战略眼光，符合时代要求与社会现实。

《义教新课标》提出英语课程应以主题为引领，使课程内容结构化、情境化，促进学科核心素养的落实。此外教育部于 2021 年 1 月 8 日印发了《中华优秀传统文化进中小学课程教材指南》，对中小学开展中华优秀传统文化教育进行了顶层设计，规划了具体内容与形式。

(二)学校环境和校园文化发展的要求

史家胡同可以说是中国近代史上我国留学生走向世界的起点之一，从这里走出去的留学生大多成为中西科技文化交流的使者。史家胡同小学传承了史家胡同特殊的外交属性，其育人目标是培养具有家国情怀底蕴、全面发展的人，强调课程的整体育人价值。而现行的英语教材、教辅用书中涉及传统文化方面的素材并不是很充足，而且呈现内容碎片化、模式单一化的特点。为解决这些问题，让优秀传统文化教育真正落实，史家胡同小学英语部进行了诸多实践与探索，初步形成了英语与传统文化融合的“桥”课程，并在“桥”课程的基础上，基于英语课程标准、国家课程和学生发展的诉求，进一步探索“家文化”小学英语课程的开发与实施，形成“家文化”与小学英语课程深度融合的特色课程，力求通过课程设计，筑牢学生文化自信的根基。

二、“家文化”的概念及融入小学英语课程的价值

将“家文化”元素融入小学英语课程，是基于英语课程标准，结合现行教材，将“家文化”的主题、现象和方法等元素融合，力求培育学生英语学科核

心素养，充实、丰富和培养学生的社会责任感、创新精神、实践能力，强化课程综合性和实践性，充分发挥学科育人价值的创新课程。

（一）“家文化”的概念

“家文化”是中国传统文化中一个很重要的概念，“家文化”强调家国一体的同构性，“齐家”才能“治国”，家是最小的国，国是最大的家。这里所说的“家”不等同于社会学意义上的“家庭”，它是英语单词“home”与“family”的结合，同时包含家庭实体与精神方面的意思，并形成了中国所特有的“家文化”。而“家文化”课程的构建，是对“家文化”定义的延伸和创造性转换，指具有家国情怀底蕴的、富含地理区域资源的学校品牌文化。

（二）“家文化”融入小学英语课程的价值

将“家文化”元素融入小学英语课程，要基于英语课程标准和现行教材，将“家文化”的主题、现象和方法等整合，着力发展学生的核心素养，充分发挥学科的育人价值。学生在融合课程的学习中增加知识的广度和思考的深度，提高实践能力和创造力，具备初步传播中华优秀传统文化的意识与能力。“家文化”融入小学英语课程的价值具体体现在以下三个维度。

1. 教育价值

(1)增强文化认同感：将“家文化”元素融入英语教学，学生能够更好地了解和认同自己的文化根源，从而增强民族自豪感和文化自信。

(2)促进跨文化交流：“家文化”的学习可以帮助学生在掌握英语的同时，了解不同国家的家庭生活和文化习俗，为将来的国际交流打下良好的基础。

(3)培养综合语言能力：将“家文化”内容融入英语学习，可以激发学生的学习兴趣，提高他们的听说读写能力，尤其是口语和写作方面的能力。

2. 社会价值

(1)传承文化：家庭是文化传承的重要场所，通过小学英语课程传播“家文化”，有助于保护和弘扬中华优秀传统文化。

(2)增进家庭与学校的合作：“家文化”的教学需要家庭的参与和支持，这有助于加强家校联系，共同促进学生的全面发展。

(3)提升国际形象：随着全球化的发展，中国在国际社会中发挥着越来越重要的作用，中国文化也日益走向世界。在小学英语课程中展示中国的“家文化”，有助于提升中国的国际形象。

3. 个人发展价值

(1)培养情感与价值观：“家文化”中蕴含的情感教育和价值观对于小学生的品德形成至关重要，将“家文化”融入小学英语课程，可以加深学生对这些价值观的理解和认同。

(2)提高生活技能：“家文化”中的许多元素与日常生活紧密相关，在英语课程中学习这些内容，学生可以在实际生活中应用所学知识，提高生活技能。

(3)激发创造力和想象力："家文化"中故事、节日、习俗等丰富多彩的内容可以激发学生的创造力和想象力，为英语学习增添乐趣。

三、"家文化"小学英语校本课程的开发与实施

结合史家胡同小学英语学科的研究实践，"家文化"小学英语校本课程开发是一种教育理念和实践策略，旨在补充国家统一制定的基础课程，使之更贴近学校的实际状况和地方特色，更能满足学生的个性化发展需求。通过这种方式，学校不仅能够培养出符合国家教育标准的学生，还能形成独特的办学风格，提升教师的专业素养，增强课程的适应性和实效性，促进全体学生的全面发展。

(一)课程目标

"家文化"课程以"家"为核心，深入挖掘"家文化"中各种重要元素，以小见大，深入史家学子内心，能够有效补充史家校园文化传播过程中的文化符号，达到讲好中国故事、传播好中国声音的目的。

1. 丰富现有史家教育集团的课程资源，构建"家文化"课程体系，拓展学习渠道。培育和践行社会主义核心价值观，落实立德树人根本任务，以学生英语学科核心素养的发展为重点，培养具有中国情怀、国际视野和跨文化沟通能力的史家文化使者。

2. 在具体语境中整合性地运用已有语言知识，注重在发展学生英语语言能力的过程中，培育"史家"情怀，坚定文化自信，培养国际视野，增进国际理解，逐步提升跨文化沟通能力、思辨能力、学习能力和创新能力，形成正确的世界观、人生观和价值观，为学生未来参与知识创新和科技创新奠定基础。学生获得"家文化"知识，理解其内涵，形成正确的价值观，坚定文化自信，初步具备跨文化沟通和传播中华文化的意识与能力。

(二)课程内容

"家文化"小学英语校本课程基于英语课程标准和《中华优秀传统文化进中小学课程教材指南》的相关理念，在"给成长无限可能"理念、核心价值观和学科核心素养的指导下，通过课程的设计与实施诠释家国天下的价值追求，挖掘"家文化"内涵，关注学生科技与人文素养，打造独具特色的"家文化"。课程具体内容如下。

1. 构建以家国情怀为底蕴的育人内容体系，研制出一个可操作的小学英语与"家文化"融合的课程实施方案。学生按照"史家人""中国人""世界人"三大主题进行探究，作为"史家人"提出"中国方案"，共同构建地球生命共同体，共同建设美丽的世界。

2. 结合英语课程标准中提及的人与自我、人与社会和人与自然的三大主题语境，确定了“个人、家庭、社区、学校、体育、音乐、节日、民族、地理、植物、生态、科技”十二个话题，开发基于现行教材的基础融合课程内容，并依托学校文化，以和谐教育为核心，培育学生爱家、爱校、爱家乡和爱国的情感。在从家庭分别走向史家（学校）、国家和我们共同的家（世界）三个逐级递进的课程体系中，学生围绕“家文化”的真实情境、真实问题，参与到主题意义探究的语言学习和运用活动中。

3. 教师设计具有综合性、关联性和实践性特点的英语学习活动，使学生通过学习理解、应用实践、迁移创新等一系列融语言、“家文化”、思维为一体的活动，表达个人观点、意图和情感态度。基于“家文化”课程内容的开发，编撰一套小学英语与“家文化”融合的校本读物。学生借助社区资源和区域资源（史家胡同博物馆、史家书院等），在语言实践中交流、合作、分享，从而更好地融入社会、服务社会。教师提炼出小学英语与“家文化”融合课程（主题和内容框架见表 1-2-1）的实施策略，并进行推广。

表 1-2-1　小学英语与“家文化”融合课程的主题和内容框架

<table>
<tr><th></th><th>实施学段</th><th>意识</th><th>能力</th><th>主题</th><th>话题</th><th>主题语境</th></tr>
<tr><td rowspan="12">“史家 DNA”
家国天下</td><td rowspan="4">低年级</td><td rowspan="4">尊重</td><td rowspan="4">自主</td><td rowspan="4">我爱“史家”</td><td>个人（我）</td><td rowspan="4">人与自我</td></tr>
<tr><td>家庭（我的家）</td></tr>
<tr><td>社区（史家胡同）</td></tr>
<tr><td>学校（史家胡同小学）</td></tr>
<tr><td rowspan="4">中年级</td><td rowspan="4">责任</td><td rowspan="4">表达</td><td rowspan="4">我爱中国</td><td>体育（中国体育）</td><td rowspan="4">人与社会</td></tr>
<tr><td>音乐（中国音乐）</td></tr>
<tr><td>节日（中国节日）</td></tr>
<tr><td>民族（民族和谐）</td></tr>
<tr><td rowspan="4">高年级</td><td rowspan="4">创造</td><td rowspan="4">实践</td><td rowspan="4">世界共同体</td><td>地理（中外地理）</td><td rowspan="4">人与自然</td></tr>
<tr><td>植物（多样植物）</td></tr>
<tr><td>生态（和谐生态）</td></tr>
<tr><td>科技（创新科技）</td></tr>
</table>

（三）课程设计思路

“家文化”小学英语校本课程按照五个环节的基本思路进行设计，即“编制方案→设置目标→开发内容→组织实施→评价调整”，具体建构思路见图 1-2-1。

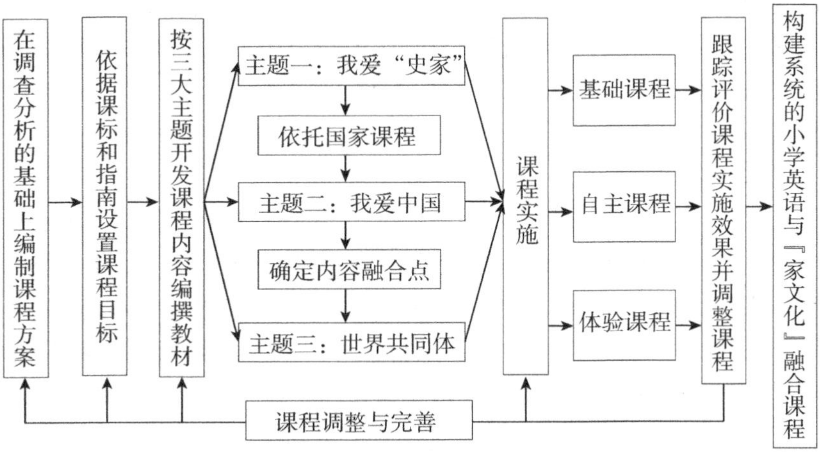

图 1-2-1　“家文化”小学英语校本课程建构思路

(四)课程实施及效果

“家文化”小学英语校本课程遵照涵养家国情怀，传承、创新中华优秀传统文化和“家文化”的原则，立足课堂教学和英语实践活动实施。

下面以北京版小学英语教材五年级上册第五单元的教学案例详细介绍“家文化”小学英语课程的实施和效果。

1. 案例背景介绍

本案例选自北京版小学英语教材五年级上册第五单元“Jobs”，单元包括三节新授课和一节复习课，三节新授课的内容分别为：第 19 课，Baobao 和 Mike 在公园里玩航模，谈论未来职业。这是单元开篇，概括地谈论未来工作，旨在让学生知道职业概念、了解从事某项工作的原因以及应该如何准备。第 20 课，Guoguo 在 Yangyang 家里看到一些奖杯和足球，从而谈论起爸爸的工作和自己未来的工作。这里探讨孩子对未来工作的选择是否会受到父母的影响。第 21 课，Mike 和 Lingling 去参观机械制造厂，由此谈论起自己的爱好和将来想要从事的职业，以及在哪些方面需要努力。三课时的内容分层递进，关注学生自身对职业概念的理解，以及自己想从事某项工作的原因及需要做出的努力，勾勒出学生未来的职业自画像。在语言上，本单元侧重于运用一般将来时谈论自己和他人将来要从事的工作。

根据学生核心素养发展需求和学校“家文化”课程内容要求，基于教材内容，教师进行了资源的开发与整合。首先，教师引导学生树立国际视野，未来的职业可以选择与帮助他人、为国家服务相关的内容。作为一名“史家人”，要拥有合作共赢、共同繁荣的发展格局，可以立志从事相关科技工作。特别是通过和本单元相关的职业——航天员有关内容的引导，为学生适应未来社会发展奠定基础。其次，教师帮助学生感知中国航天与中国科技的力量。通过将教材主题图片中普通的飞机模型变成中国国产大飞机 C919 模型，以及展示中国的航天器和中国航天员的英文简历，引导学生认识到中国航天事业的发展依靠一代代人的奋斗，在逐梦太空的征途上要靠未来的他们。

2. 教学目标

通过学习，学生能够听懂、读出、说出“pilot”“barber”“professor”等与职业相关的单词，并在谈论未来将要从事的职业时加以运用；能理解、运用“fantastic”和“spaceship”；在真实情境下，运用句型“What will you be in the future?”，并能用“I will be a/an…”进行回答；能有意识地思考未来要从事的职业，以及通过这个职业将来会如何帮助他人、服务国家、推动全球发展。

3. 教学过程

Step 1：Warming up

(1)Guessing game

This is a little girl. She loves flowers very much. She wants to plant flowers every day! So she wants to be a gardener in the future. But now, look, is she a gardener? …She is a teacher! So we will talk about “future job” today.

(2)Brainstorming and talking

Show some students' homework and make free talks.

设计意图：通过猜测引起学生兴趣，感知故事中小女孩职业选择的变化，引出主题“future job”；利用学生提交上来的课前作业，选取学生熟知的内容，进行头脑风暴。

Step 2：Presentation

(1)T：We are talking about jobs, our friends Mike and Baobao are also talking about jobs. What will they be in the future? Let's watch.

(2)Dialogue learning：

T：What will Mike be in the future? What will he do? What should he do to be a pilot?

学习过程中处理词汇“pilot”(图片和词卡)，“spaceship”(中国神舟飞船图片示意)，“fantastic”(意义理解＋中国国产 C919 飞机图片示意)；教授句型“What will you be in the future? I will be a pilot.”；追问成为飞行员后要做什么，并补充板书“I will fly a plane or a spaceship.”。

T：What will Baobao be in the future? What will he do? What should he do to be a professor?

学习过程中处理词汇“professor”(词典释义＋图片示意)，渗透自主学习词汇的学习策略，总结出将来要从事“professor”这个职业要做的事情——“teach students in a college”；教师追问如何“study hard”，学生思考。

设计意图：由探讨的主题直接引入对课文中主人公 Mike 和 Baobao 将来想从事职业的思考，学生阅读课文，获取答案。运用多种途径教授学生新词汇，渗透学习策略；通过图片的呈现，让学生感知中国科技的力量，引导学生认识到中国航天事业的发展靠一代代人的奋斗，在逐梦太空的征途上，未来要靠他们。

Step 3：Practice

(1) Listen and repeat. Read in roles.

设计意图：学习课文对话内容后，学生听读语句。学生通过听读、角色扮演，练习课文的语句。

(2)词汇扩充、练习句型

T：We know their future jobs. What about other friends' future jobs?

(Show pictures：dentist，artist，barber)

设计意图：通过图片展示三个单词的含义，帮助学生理解职业名称及其对应要做的事情的问题。

T：I know your future jobs from your homework and I found some interesting jobs. Let's look.

The teacher ask students if they can read the word，then show them the student's drawing about this job；at last，express what they will do about this job.

学生选出的词汇为“astronaut”(补充“taikonaut”)；“photographer”。

Do you know your friends' jobs? Can you find some interesting/exciting/special jobs from your friends? Tell us what interesting/exciting/special jobs do you find.(将本节课即时生成的词汇贴于副板书上)

设计意图：充分利用学生的作业，引发学生兴趣，再利用“What will you be in the future?”“I will be a/an…”这组问答找出学生感兴趣的职业词汇，让学生互相交流，扩充更多词汇。

Step 4：Production

Know more about your friends' future jobs. What will they be in the future? What will they do? Ask friends around you.

(1) Show your future job and then ask someone that you are interested in.

(2) Show the dialogue.

设计意图：通过分享交流，学生了解了更丰富的职业名称和对应要做的事情，深化了对职业的认知，立志未来去帮助他人、服务国家。

Step 5：Ending

Homework：

①Read the dialogue.

②Complete your job card：I will be a/an… I will…

③Make cards about your parents' jobs.

设计意图：作业设置包含基础作业和预习作业，分梯度落实。第一项，落实基础作业；第二项，由口头到笔头，落实本节课内容；第三项，为下节课内容做准备。

4. 教学效果

首先，融入“家文化”的课程教学，实现了以主题为引领融合课程内容，“家文化”紧密联系了中国航天，反映了中国科技的新成果，拓展了教学内容，提升了教学的趣味性。有了多维度的职业支撑，立德树人脱离了道德说教，变得妙趣横生。其次，坚持育人为本，合理使用素材性课程资源，通过图片替换等教学方法，提升了课程融合的针对性。在“家文化”选取和融合的过程中，语言与育人的目标有机融合在一起，把握了课程的育人价值。最后，教学过程注重教学评一体化的设计，坚持以评促学、以评促教，注重发挥史家学子的主观能动性。学生在真实语境中了解了中国航天及科技方面的优秀成果，获得了积极的学习体验，并将这种体验进一步延伸到课下学习、生活和实践中，思考未来的职业如何帮助他人、服务国家，甚至推动全球发展。

总之，文化是民族的血脉，是人民的精神家园。“家文化”是我国传统文化，尤其是道德文化中极为重要的组成部分，也是新时代优良家德、家风培育和公民道德建设的重要内容。持续推进“家文化”与小学英语课程融合的校本课程开发，有利于充分发挥英语学科的育人功能，培养学生做有自信、懂自尊、能自强、高素养、讲文明、有爱心、知荣辱、守诚信、敢创新的中国人。

第三节　绘本与教材融合课程开发与实施

构建英语绘本与教材融合的课程体系，应遵循主题语境一致性、语言知识相关性、文化知识关联性、难易程度相当性的原则。教师应依托英语绘本与教材融合的课程体系，发展学生语言能力、培育学生文化意识、提升学生思维品质、提高学生学习能力，最终发展学生的核心素养。

一、绘本与教材融合课程开发与实施的重要性

绘本与教材融合课程符合全民阅读的国家战略要求，能够满足课标对丰富课程资源的要求，同时契合语言学习要求。开发与实施绘本与教材融合课程，可以充分满足学生的阅读需求，有效激发学生的阅读兴趣与阅读动机，发展学生核心素养。

(一)绘本与教材融合课程符合国家战略要求

2014 年，"倡导全民阅读"首次被写入《国务院政府工作报告》。截至 2024 年，"全民阅读"已经连续 11 次被写入《国务院政府工作报告》。从最初"倡导全民阅读"到"大力推动全民阅读"，如今已经发展到"深入推进全民阅读"的阶段，体现了开展全民阅读的重大意义。英语是国际交流与合作的重要沟通工具，是世界上使用最为广泛的通用语言之一。阅读在英语学习过程中扮演着重要角色，对于提升学生语言能力，发展学生思维品质，塑造学生良好文化品格，促进学生学习能力的全面发展，最终发展学生的核心素养，具有举足轻重的作用。

(二)绘本与教材融合课程能够满足课标要求

教材是重要的课程资源，但也只是课程资源的组成部分。英语课程资源的开发与利用可以适当考虑教材因素，如根据教材的难易度、教材的知识与能力体系，开发教材以外的学习材料。但是，如果所有英语课程资源的开发与利用都仅仅围绕教材，那么即使做得再好，充其量也只是解决了课程资源的一个组成部分(梅德明、王蔷，2022)。在开发与利用英语课程资源的过程中，要严把意识形态关。教师要敢于突破教材的制约，充分挖掘教材以外的资源，如与教材单元主题情境相匹配的英语绘本、短剧、时文等学习材料(教育部，2022)。教材与绘本融合教学不仅可以丰富课程资源，而且有助于达成课程标准的要求(廖荣莲，2016)。

《义教新课标》对学生的英语阅读能力提出了循序渐进的要求，对教材外的课外阅读量也提出了量化要求：一级 1500—2000 词；二级 4000—5000 词。由此表明，提高学生英语阅读能力是英语课程的基本要求之一。作为课外阅读材料首选的英语绘本在达成这一课标要求中发挥了重要作用。开发英语绘本与教材融合课程有助于在课堂教学中落实课标要求和课标理念。

(三)绘本与教材融合课程契合语言学习要求

英语阅读教学是基础教育改革的重要突破口，目前已取得了一定的成效，但问题依然存在。最为突出的问题是：阅读材料匮乏、阅读活动单一、阅读体验缺失、阅读评价片面等。现有英语教材提供的阅读量有限，语篇类型不够丰富，无法满足阅读教学的需求，需要补充适合不同阶段学生认知发展需求和语言发展水平、题材和体裁丰富的读物。绘本作为语篇的重要载体，比起英语教材，更有利于培养学生的阅读兴趣，让学生真正体验到阅读给他们

带来的快乐。

学生通过绘本阅读接触到的语言材料可以有效补充教材语篇内容和语篇类型，语境更加丰富，语言也更真实、地道。绘本阅读不仅能提升阅读能力，也会对听、说、看和写的能力产生积极的影响。学生通过听、说、读、看、写等活动，理解语篇所传递的信息、观点和文化内涵，建构多元文化视角。英语绘本是根据语言学习规律供读者选择的阶梯式系列英语读物，能使学生在体验阅读乐趣的过程中掌握阅读方法。开发与实施英语绘本与教材融合课程，可以充分满足学生的阅读需求，有效激发学生的阅读兴趣与阅读动机，发展其核心素养。

二、绘本与教材融合课程的开发

绘本与教材融合课程的开发包括课程定位、课程目标、课程内容、遵循的教学原则等，为课程有效实施提供理论依据和实践引领。

(一)绘本与教材融合课程定位

英语绘本与教材融合课程属于拓展阅读类课程，既能解决现行小学英语教材中语篇类型、阅读题材和体裁不足等问题，又有助于培养学生的阅读素养。中小学生英语阅读素养发展目标包括“阅读能力”和“阅读品格”两大要素。阅读能力是培养阅读品格的基础，阅读品格是阅读能力持续发展的有力支撑，两者相互关联、相互促进。

(二)绘本与教材融合课程目标

核心素养是课程育人价值的集中体现。小学英语绘本阅读教育可基于绘本、教材，甚至自我设计而展开，如此可以发展学生核心素养(鲁子问，2017)。英语绘本与教材融合课程总目标定位在通过课程学习发展学生核心素养，具体课程目标参见表 1-3-1。

表 1-3-1　绘本与教材融合课程目标

核心素养维度	发展语言能力	培育文化意识	提升思维品质	提高学习能力
具体能力描述	在听、看、读绘本时，能获取有关人物、时间、地点、事件等信息，理解故事内涵。能表演或创编绘本故事，语音、语调准确、到位	能对英语绘本中的中外文化感兴趣，能感知与体验文化的多样性，能描述所学与中外文化有关的具体事物，树立国际视野，坚定文化自信	在绘本阅读过程中，能根据不同语篇的逻辑结构、文本形式，有理有据地表达观点，逐步发展逻辑思维、辩证思维和创新思维	在绘本阅读过程中，能体验阅读乐趣、掌握阅读方法。能主动探究，尝试通过多种方式发现并解决绘本阅读过程中的问题

（三）绘本与教材融合课程内容

绘本与教材融合课程的教学需要同时分析教材文本和绘本文本的内容、主题、文本组织形式等，以及关注两者之间的关联点（钱小芳、但清瑶，2021）。因此，选择适切的英语绘本至关重要。大兴区教师进修学校英语绘本与教材融合课程经过研究开发了一套以学生发展为本的，系统而持续渐进的英语阅读资源库，资源库包括绘本与教材匹配总表、绘本与教材融合课例两大板块。资源库中的绘本与教材匹配总表解决了如何在种类繁多、各种系列、不同特色的绘本资源中，选择趣味性强，应用性强，贴合度、难易度匹配的绘本的问题，尽最大可能满足学生的需求。绘本与教材匹配总表是阅读资源库的第一大板块。绘本与教材匹配总表包括 12 个模块，北京版小学英语教材一至六年级上、下册共 12 本教材，每本教材对应 1 个模块。每个模块包括本册教材每个单元的名称、主题、绘本名称、绘本类型及简介等，如表 1-3-2 所示。

表 1-3-2　北京版小学英语教材二年级上册第一单元绘本与教材匹配表

单元名称	单元主题	绘本名称	绘本类型及简介
Unit 1 What day is it today?	Have a Happy Week	*What Day Is It Today?*	故事类绘本 小狐狸从周一到周五一直在做苹果派。他寻求正在玩耍的小猫和小兔子的帮助，但是它们拒绝帮忙。小狐狸终于在周末做好了苹果派，小猫和小兔子想吃苹果派，小狐狸会同意吗？
		《大猫英语分级阅读（二级）》 *Woody's Week*	故事类绘本 Woody 在生日当天收到了一份很特别的礼物。这个礼物使 Woody 的一周变得与众不同，而且还有意外的收获！
		《攀登英语阅读系列・神奇字母组合》 *Wait! Wait! Wait!*	自然拼读绘本 两只蜗牛要去西班牙。它们没赶上火车，也没赶上轮船，长路漫漫，它们最终能到达西班牙吗？

（四）绘本与教材融合课程的教学原则

教材各单元应围绕主题精选语篇素材，注意语篇类型和语言风格的多样性，以及语篇内容的趣味性、知识性和交际性（教育部，2022）。英语绘本的语篇类型丰富、语言风格多样、语篇内容生动有趣，为课堂教学注入了生机和活力。教师依据课程标准，结合教学实践，探索绘本与教材融合课程教学应遵循以下四个基本原则。

1. 主题语境一致性

绘本与教材融合课程的教学以教材单元学习为基础，围绕教材单元主题选取与之相匹配的绘本。基于单元主题的绘本与教材语篇融合的教学，不仅有助于学生深入探究单元主题意义，提升综合语言运用能力，还能提升学生的阅读能力和阅读品格(郄利芹、王静，2022)。

例如，北京版小学英语教材五年级下册第五单元“Who’s that baby boy?”围绕“I Love My Family”这一主题展开。该主题属于“人与自我”范畴，涉及“家庭与家庭生活”。教材中的语篇围绕“家庭与家庭生活”这一主题展开，但是对于即将升入六年级的学生而言，语言较为简单，缺少丰富性、趣味性和挑战性。基于以上分析，在教材现有语篇的基础上，补充与本单元主题一致、语言难度相当的英文绘本 *It’s Not Easy to Be a Mother*，确定如图 1-3-1 所示的单元整体框架。

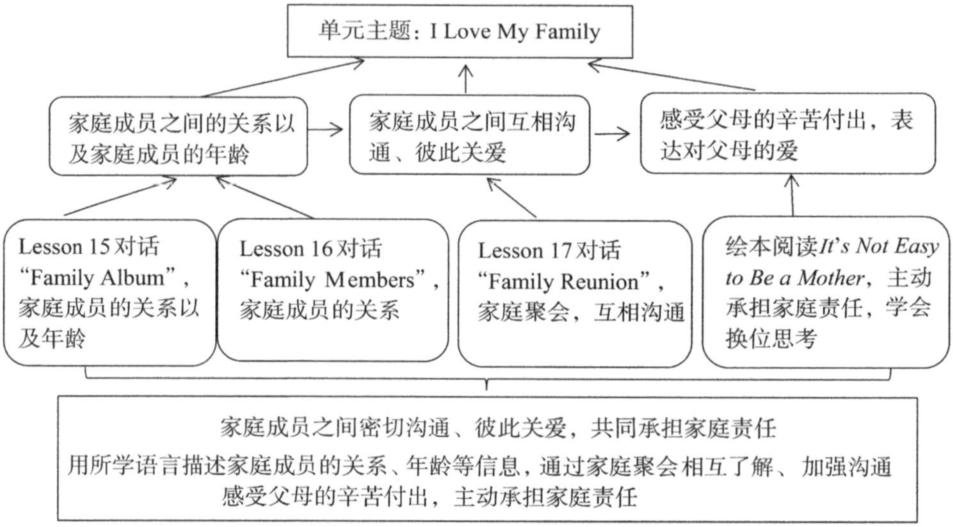

图 1-3-1　北京版小学英语教材五年级下册第五单元与绘本融合教学整体框架

绘本 *It’s Not Easy to Be a Mother* 中，小女孩 Lisa 觉得做小孩子太难，而当妈妈却是一件容易的事。于是 Lisa 和妈妈达成协议，互换角色。周六早上 Lisa 催妈妈起床，穿衣服，吃早饭，此外，Lisa 还要打扫卫生，整理书本，听妈妈大声唱歌，晚上催妈妈睡觉，Lisa 终于理解了妈妈的不易，同时反思自己的不当行为。绘本故事内容与学生的生活联系密切，学生了解了 Lisa 这一人物形象，并对绘本产生浓厚的阅读兴趣。此绘本作者希望借助故事内容唤起孩子对母亲的爱与理解，期待学生能够基于绘本的文字感悟和情感体验，联系自己和父母的日常生活，用实际行动承担家庭责任并表达对家人的爱。

2. 语言知识相关性

语言知识包括语音、词汇、语法、语篇和语用知识，是发展语言技能的重要基础(教育部，2022)。将绘本与教材融合时，一定要参照教材的核心语言，选择适恰的绘本。教师选择绘本时，绘本要有一定的词汇、语法和文化，要有与课本功能语言相匹配的语言。教材教学实践证明，只有核心语言基本匹配，才能发挥绘本对语言学习的促进作用。

例如，北京版小学英语教材四年级上册第一单元“Why are you so happy?”包括3个对话语篇，核心语言是“Why are you so happy?”“Why do you look so sad?”“Why are you upset?”。根据主题情境和核心语言，匹配绘本 *Why Are You So Sad* 进行融合教学。绘本 *Why Are You So Sad* 讲述的是小虫子一年四季一直在寻找一个温暖舒适的家，一路上遇到了很多困难，也得到了小动物们的帮助，最终找到了适合自己的家。绘本中的核心语言“Why are you so sad?”“Why are you so tired?”“Why are you so cold?”推动情节发展，与教材对话内容高度匹配，是对教材核心语言的有意义复现。

3. 文化知识关联性

文化知识的学习不限于了解和记忆具体的知识点，更重要的是发现、判断其背后的态度和价值观(教育部，2022)。绘本中包含大量的不同国家的文化要素，如学校文化、饮食文化、节日文化、风俗习惯以及背后的审美情趣和价值观念。阅读过程中多种文化的交织与融合能够帮助学生构建一个强大、丰富、多样的精神世界。学生不仅感受到这些文化的差异，也逐渐构建多元文化视野，形成开放多元的文化品格，提高文化自信。

例如，北京版小学英语教材六年级上册第五单元“All about the Olympic Games”包括3个对话语篇：前两个语篇介绍古代奥运会和现代奥运会的常识；第三个语篇谈论2008年北京奥运会，旨在激发民族自信心和自豪感。整个单元缺少残奥会的相关信息。因此拓展阅读英文绘本 *The Paralympic Games*。“Paralympic”一词看起来较长较生僻，但可以由学生们熟悉的“Olympic”一词从音和形上进行正迁移。绘本 *The Paralympic Games* 以“Everyone Can Play Sports”开篇，强调了残疾人同样具有运动健身和参加体育赛事的权利。绘本详细介绍了冬残奥会和夏残奥会，以及运动员克服困难、奋勇拼搏的故事，诠释了“更高、更快、更强、更团结”的体育文化精神。残奥会不仅体现了时代的发展，也体现了人类社会文明的进步。

4. 难易程度相当性

在遵循主题语境一致性、语言知识相关性、文化知识关联性三个原则的基础上，还有一个要遵循的重要原则就是绘本难度与教材文本难度要相当。(绘本与教材语篇核心语言)成功融合的关键是语篇难度要符合学生的认知水平(毕玲，2018)。

例如，北京版小学英语教材二年级下册第四单元“Where is my shirt?”第13课第一课时的情境是Yangyang早晨起床后找不到自己的衬衫，在妈妈的帮助下找到衬衫后又找不到外套。这一课时的核心语言是"Where is my shirt? I can't find it."。根据这一课时的主题情境和核心语言，教师选择《大猫英语分级阅读(二级)》中的 *A Night at the Gallery*。故事发生在夜幕中的一个美术馆，两个保安在馆内巡逻时发现，一个画中男子的衣服正在一件件丢失，原来他的衣服被穿到了其他名画的人物身上，后来画中的男子竟然也消失了。最后，其中一个保安在不经意间看到这个男子在墙上的各种画作中奔跑，并跳到了一幅画的游泳池当中。故事由 5 个相似的简单情节构成——帽子消失、外套消失、围巾消失、靴子消失、男子消失。故事情节并不复杂，但处处设置悬念，结局又出人意料，符合 7—8 岁儿童充满好奇心和想象力的心理特点。故事中的句式比较简单，语言结构有重复，主要句型为"Where's my…? Can you see it?"。虽然有一些生词，如"gallery""boot"等，但是在语境支撑下，教师可以通过图片等方式帮助学生理解，总体难度适中。

三、绘本与教材融合课程的实施

绘本与教材融合课程在具体实施过程中，要从课程安排、融合方式、教学评价等方面综合考虑。融合课例可以清晰、直观地呈现出在实际课堂中将绘本与小学英语教材融合的方式以及阅读教学中教学评一体化的实施：从宏观层面进行课程融合，从中观层面进行单元融合，从微观层面进行课时融合。基于绘本的类型，小学低年级主要融合自然拼读、故事类绘本；中年级融合自然拼读、故事类、科普类绘本；高年级融合故事类、科普类绘本。

(一)开设独立绘本阅读课程，进行课程融合

教师可根据本校学生英语学习现状和英语学习需求选择融合的方式。课程融合可以开设独立的绘本阅读课程，采用课内外结合的方式。根据目前的"双减"政策要求，可以根据学校总体安排，利用课后服务等时间开展绘本阅读活动，单元融合和课时融合可以同常规英语课堂教学有机整合。

(二)单元主题意义视域下，进行单元融合

单元融合是在单元主题引领下，整体设计、合理分配各课时的内容，融合一节与单元主题一致、语言结构相似的绘本课。教师可以借鉴资源库中的绘本资源，采用恰当的融合方式，让学生接触不同类型的语篇，丰富阅读体验、提升阅读品质。

单元融合的绘本阅读教学可以参照一般的阅读教学方法进行，如图片环游、拼图阅读和阅读圈等(钱小芳、但清瑶，2021)。在单元融合模式下的独立绘本阅读课中，教师应尽量设计层次完整的学习理解类、应用实践类和迁移创新类活动，帮助学生获取绘本的主要内容，深入理解主题意义，在内化的基础上对绘本语篇进行赏析和评价，或迁移到新的情境，进行想象与创造

(钱小芳 等，2019)。

例如，北京版小学英语教材五年级下册第三单元“How do seeds travel?”围绕“Amazing Plants”这一主题展开。Lesson 11 为第三节学习课，通过教材对话，学生学习了种子传播的方式(“The seeds travel in water/ with wind/ with people and animals.”)。种子传播还有其他方式吗？为了解决这一问题，教师采用单元融合的方式匹配科普类绘本《多维阅读(第 7 级)》中的 *Moving Seeds*。绘本通过图文结合的形式呈现了蒲公英、浆果、豌豆、椰子、苍耳五种植物种子不同的传播方式及过程。学生阅读绘本后加强了对自然界生物的认识与理解，并感受到大自然的奇妙，激发了探究种子更多传播方式的兴趣。

在学习理解类活动中，教师通过猜谜语引出主题，联系学生自身知识和生活经验，激活学生已有的语言知识，激发学生的阅读兴趣。在绘本阅读过程中，教师引导学生观察图片，获取封面信息并进一步明确本课主题；通过图片环游的方式培养学生的观察能力和信息处理能力。教师通过提出问题来激发学生的阅读兴趣，学生通过寻找问题的答案来理解文本、内化知识。接下来采用拼图式阅读活动，引导学生通过自主阅读、小组分享来理解文本，培养学生自主阅读和提取信息的能力。在应用实践类活动中，教师组织学生运用思维导图呈现并描述种子传播的方式及过程。在迁移创新类活动中，教师引导学生合作探究种子外形特征对人类发明创造的启发，思考并设计基于种子特性的创新产品。

(三)基于主题意义探究，进行课时融合

课时融合是在一节课内，将教材内容与绘本故事有机整合，主要包括基于不同教学环节和不同课型的整合。基于教学环节的整合主要是在读前、读中、读后三个大的教学环节进行整合。目前，专家学者和一线教师普遍关注在读后环节整合教材与绘本内容，在此基础上加强了对读前、读中环节有机整合的探究。基于不同课型的整合主要是根据会话教学、语音教学、词句教学、阅读教学等不同课型，选择恰当的绘本进行融合教学。

例如，北京版小学英语教材六年级下册第四单元“What's the weather like?”围绕“Weather and My Life”这一主题展开，涉及三个对话语篇和两本科普读物。语篇一讲述的是 Jim 从加拿大给 Mike 打电话，Jim 要来北京，询问了北京的天气情况，并简单计划了北京之旅。语篇二为语篇一的延续，Jim 到了北京之后向 Mike 介绍他们一家人周末去昆明旅行的计划，想了解昆明的天气状况，并且与北京的天气进行了对比。该语篇涉及不同城市天气的对比，为了深入拓展和延伸天气主题，教师匹配了科普类绘本《多维阅读(第 5 级)》中的 *Going Up*。本单元第一课时学习语篇一和语篇二，以语篇一为主；第二课时学习语篇二(10 分钟)以及拓展的绘本(30 分钟)。

Going Up 一书通过介绍高山不同区域的各种自然景象，传达了“领略自然风光，探索生态之美”的主题意义。高山不同区域的生态环境有很大差异，作者通过介绍高山上不同区域多姿多彩的自然景象，引导读者了解高山的生态环境，欣赏和感悟生态之美，激发读者参与登山运动、探索自然的兴趣，增强读者保护生态环境的意识，树立人与自然和谐共存的价值观。在学习理解类活动中，教师引导学生借助思维导图描述 Jim 一家去昆明旅行的计划，对比昆明与北京天气的不同；在应用实践类活动中，学生在教师的问题引领和地图标识的帮助下，思考、交流导致北京和昆明、新疆和浙江气候不同的原因，回答问题“Why do they have different climates?”，在此基础上进一步思考“Is the climate same in the same place?”，以此过渡到绘本学习。通过拓展阅读，了解高山上不同区域天气、动植物等生态环境存在差异，并分析成因，力求让学生在理解课文的同时增长科学知识，丰富见识，树立探究意识。

英语绘本是根据语言学习规律供学生选择的阶梯式系列英语读物，使学生在体验阅读乐趣的过程中掌握阅读方法、提升阅读品质。英语绘本与教材融合课程的学习既是语言知识与语言技能整合发展的过程，也是文化意识不断增强、思维品质不断提升、学习能力不断提高的过程。

第四节　小学英语综合实践活动课程开发与实施

《义教新课标》指出要优化课程结构，要以习近平新时代中国特色社会主义思想为统领，基于核心素养发展要求，遴选重要观念、主题内容和基础知识，设计课程内容，增强内容与育人目标的联系，优化内容组织形式。设立跨学科主题学习活动，加强学科间相互关联，带动课程综合化实施，强化实践性要求。

一、小学英语综合实践活动课程开发的必要性

小学英语综合实践活动课程的开发，要根据英语课程标准的相关要求，结合学生核心素养发展要求，同时遵循课程开发和实施过程中教学评一体化的原则。

(一)落实《义教新课标》的要求

《义教新课标》在“教学提示”中谈到，针对一级(3—4 年级)学生，要围绕语篇主题意义设计逻辑关联的语言实践活动。在教学中，围绕主题，依托语篇，设计体验、模仿、理解、应用等体现逻辑关联的语言实践活动，帮助学生建构基于主题的结构化知识。针对二级(5—6 年级)学生，要通过开展英语综合实践活动，促进学生核心素养的全面发展。教师应基于一定的课程目标，

以学生的兴趣和直接经验为基础，以与学生学习、生活密切相关的各类现实性和实践性问题为内容，本着“学用结合、课内外结合、学科融合”的原则，开展英语综合实践活动，把学生的学习从书本引向更广阔的现实世界。

（二）培养小学生核心素养的要求

长期以来，英语学科存在学生语言能力明显滞后于学生实际认知发展水平的问题，导致部分小学生的英语学习兴趣不高，影响学习效果和质量。为了全面提升核心素养，保持对英语学习的积极态度和自信心，学生应主动参与各种学习和运用英语语言的实践活动。学科综合实践活动课程能够为学生创设主动参与和探究主题意义的情境和空间，使学生获得积极的学习体验，成为主题意义探究的主体和积极主动的知识建构者。

（三）遵循教学评一体化设计和实施的要求

学科综合实践活动课程是基于核心素养目标和单元内容而设计的教学活动，可以作为单元评价的一种形式，学习结果评价考查学生完成单元学习后，能否综合运用所学的知识技能、方法策略和价值观念，有逻辑地表达思想、观点和看法，并对事物做出正确的价值判断，重点评价学生核心素养的综合表现。

二、小学英语综合实践活动的内涵和类型

《义教新课标》提出“加强课程综合，注重关联”和“变革育人方式，突出实践”两条基本原则，并在“深化教学改革”部分明确提出“推进综合学习”的跨学科主题学习。跨学科主题学习在英语学科体现为“英语综合实践活动”这一概念，具体是指教师基于一定的课程目标，以英语学科为背景，以学生的兴趣和直接经验为基础，以与学生学习和社会生活密切相关的各类现实性、综合性、实践性问题或任务为内容，整合相关学科资源，以探究性学习为主导学习方式，以培养学生核心素养为主要目的的新兴课程样态（闫赤兵，2020）。

《义教新课标》倡导教师“要通过开展英语综合实践活动，促进学生核心素养的全面发展”。英语综合实践活动可以是基于英语学习的展示类活动，如英文演讲、英语戏剧等，也可以是以英语为媒介而进行的综合实践、拓展和探究活动。

三、小学英语综合实践活动课程开发与实施

小学英语综合实践活动课程的开发与实施，以学生对课程的需求分析为出发点，关注课程目标的制定、课程内容的开发与建设以及基于学生核心素养培养的课程教学实践。

（一）小学英语综合实践活动课程需求分析

从课程改革的宏观需求来看，小学英语综合实践活动课程的重点是强调

从学生的实际生活出发，结合学生的认知水平和兴趣爱好，倡导体验、实践、参与、合作与交流的学习方式和任务型的教学途径，要将教育内容与生活实际紧密相连，让学生通过综合实践活动，对英语产生持续的兴趣。

从学生发展的现实需求来看，芳草地国际学校富力分校位于北京市东五环外，学生主要来自周边社区，其中60%以上是外省市户籍。地域差异造成了学生英语基础和能力水平参差不齐。面对“双减”政策的提出和课时的缩减，仅凭借传统的学科教学活动和现有的课时，学生的核心素养难以真正得到提升，因此需要校本课时的补充和英语综合实践活动课程的融入，最终实现学生核心素养的有效提升。对学校三至六年级学生开展问卷调查，发现44.95%的学生对英语综合实践活动课程“很感兴趣”，“比较感兴趣”的学生达到了36.36%，这说明英语综合实践活动课程是非常受学生欢迎的课程。而认为英语综合实践活动课程“一般”的学生占比14.65%；对英语综合实践活动课程“不感兴趣”的占比非常少，只有4.04%。

从教师的专业发展需求来看，对该校10位英语教师进行访谈后发现，教师们均认为英语综合实践活动课程对学生的英语学习具有促进作用，但仅有1位教师能够说出其课程性质，这也反映出教师们对小学英语综合实践活动课程真正的含义理解不够透彻，亟须加强对英语综合实践活动课程相关内容的学习。

由此可知，在小学阶段开发和实施英语综合实践活动课程有一定的现实意义和可行性。

(二)小学英语综合实践活动课程目标

1. 学生能够在综合实践活动中整合知识、技能、方法去解决实际问题，实现创造和应用新知识。通过合作创作、展示、评价、改进等活动，学生的主体性得以体现，在运用语言的同时发展文化意识和思维品质，提升学习能力，实现核心素养的整体协同发展。

2. 教师能够为学生提供交流思想、相互审视、学习和交流学习成果的平台，引导学生在主题的引领下建立知识间的联结，形成完整的单元知识结构，深化学生对主题的整体认知，将所学内容迁移到新的生活情境中创造性解决问题，激发学生的创新思维，使学生在达成学习目标和解决问题的过程中使用多样的工具和信息资源。

3. 英语综合实践活动课程形成校本课程的重要补充，体现学校课程的统一性与多样性，能促进学生的发展，更好地满足学生的兴趣与需要。同时，也能提高课程实施质量，促进学校的高质量发展，打造学校办学特色。

(三)小学英语综合实践活动课程体系

以北京版小学英语教材单元主题的选取为切入点，教师要充分考虑学生的学习兴趣，根据单元学习内容和现实生活确定任务及问题，引导学生结合个人生活经验和社会生活需要，围绕特定主题设计活动目标，以问题解决为导向设计学生的学习过程，根据活动要求设计评价方式，设计各年级体现综合性、层次性、关联性、实践性的英语综合实践活动课程。在不断实践并调整的过程中形成小学英语综合实践活动课程体系(见图 1-4-1)，助力学生核心素养的不断提升。

确定主题
学习兴趣
学习内容
现实生活
个人生活经验
社会生活需要

确定子主题并建构结构化知识
围绕子主题学习和运用语言
自主探究和建构结构化知识

开展英语综合实践活动
多维度探究主题意义
在新的情境中运用所学解决问题
表达观点和态度,体现正确价值观
评价和反思主题学习的成效

图 1-4-1　小学英语综合实践活动课程体系

(四)小学英语综合实践活动课程的规划与内容

根据学校课时实际，大约每 2 周开展 1 次英语综合实践活动，结合北京版小学英语教材，芳草地国际学校富力分校英语教师团队设计了一系列英语综合实践活动，每学期实施 6 次，以下为六年级上学期英语综合实践活动课程主题(见表 1-4-1)。

表 1-4-1　六年级上学期英语综合实践活动课程主题

周次	教学内容	综合实践活动课程主题
1	Unit 1 What did you do this summer?	My Summer Vacation
2		
3	Unit 2 What happened to your neck?	Calling on a Healthy Life
4		
5	Unit 3 How did you go to Hangzhou?	My Trip
6		
7	(节日放假)	—
8	Unit 4 Revision	
9	Unit 5 When did the ancient Olympic Games begin?	Being a Volunteer in Olympic Games
10		

续表

周次	教学内容	综合实践活动课程主题
11	Unit 6 What is he wearing? (节日放假)	My Family Members
12		
13		
14	Unit 7 What are the twelve animals?	Do You Know Chinese Zodiac?
15		
16	Unit 8 Revision	—
17	(单元主题复习一)	
18	(单元主题复习二)	
19	(单元主题复习三)	
20	(复习考试)	

(五)小学英语综合实践活动课程实施说明

下面以北京版小学英语教材六年级上册第二单元为例，阐述小学英语综合实践活动课程的实施过程。

1. 教学内容分析

单元主题：Living a Healthy Life。

该主题属于“人与自我”主题范畴，涉及生活与学习，健康、文明的行为习惯与生活方式。

本单元内容围绕“Living a Healthy Life”这一主题展开，包括 3 组对话语篇。

语篇一是小学生与医生的对话。在医生的诊室中，通过医生的询问和 Mike 的描述，了解 Mike 受伤的原因和症状，引导学生认识不安全运动的后果。

语篇二是小学生与妈妈的对话。在家中，妈妈发现 Yangyang 的腿伤，担心地询问他的情况，Yangyang 说明原因后安慰妈妈只是个小意外，并表示下次会小心。引导学生增强自我保护意识，防止意外伤害，感受家人之间的关心关爱。

语篇三是小猪 Piggy 和医生的对话。小猪由于午餐吃得过多而感到肚子疼，为此医生给出建议。引导学生关注饮食健康，并能够提出合理饮食的建议。

本单元通过以上语篇分别向学生介绍了健康生活中“do sports safely”“avoid danger in life”“eat healthily”三个方面，主题较为突出，体现了“人与自我”主题下的“健康的生活方式”这一子主题。语篇情境贴近学生生活，但是缺少如何引导学生形成健康的生活方式，语言内容有待丰富，可以通过补充相应的绘本帮助学生更好地感悟健康生活的意义，并且发出健康生活的倡议，使学生形成正确的态度并付诸行动。

2. 学情分析

(1)认知特点

根据皮亚杰(Piaget)的认知发展理论，六年级的学生处于形式运算阶段，思维发展到抽象逻辑推理水平。学生能够进行假设、演绎和推理，即先提出各种解决问题的可能性，再系统地评价和判断正确答案的推理方式。学习内容和作业中可以设计对于思维逻辑有挑战的任务。

(2)生活经验

根据健康生活方式问卷调查显示，大部分学生了解健康的生活方式，能够认识安全运动和饮食健康的重要性，但在实际生活中有一半以上的学生有过受伤经历或者在膳食上出现过问题，而且对于如何避免以上问题，学生缺乏经验。因此，在本单元的作业设计中需要全面地梳理和内化健康的生活方式，创设多种语言情境，应用本单元所学内容，促进学生问题解决能力的提升。

(3)知识技能基础

学生经过 5 年多的英语学习，已经具备了一定的语言基础。对于健康话题，学生在四年级下册第二单元“What's wrong with you?”中学习过描述自己的身体状况、在生病就医时描述自己的症状等；在六年级上册第一单元“What did you do this summer?”中初步了解了动词过去式，以及尝试对过往经历进行描述。

(4)发展需求

①六年级学生了解一些健康生活的方式，但欠缺相关的英语语言表达能力。

②在语言表达的逻辑性方面，部分学生缺少“发现问题—分析原因—提出解决方案”的思维路径。

③学生对于践行健康生活意识不足，知行合一方面有待提升。

(5)问题解决措施

首先，重构学习单元，补充绘本深化主题。在课标的引领下，立足单元主题，充分挖掘教材内容和学生的关联，将学习单元进行重构，从学生已知出发，引导学生分别通过“运动中的安全意识”“避免不良生活习惯”“如何拥有健康生活”三个子主题培养分析和解决问题的能力，提高健康生活意识，引发学生深度学习，促进知识向素养的转化。

其次，聚焦作业功能，关注语言与思维提升。在作业设计中关注语言知识的巩固和语言能力的培养，促进良好语言学习习惯的养成。在此基础上，在作业设计中借助“problem—reason—solution”的语篇梳理方法，使用各种可视化工具提升语言表达的逻辑性。

最后，开展英语综合实践活动。通过开展英语综合实践活动，引导学生运用所学内容解决生活中的实际问题，培养学生迁移创新的能力。

3. 单元育人蓝图

根据教材内容分析和学情分析，结合课标相关主题的要求，解构单元的育人蓝图，关注各课时之间的关联性，开展英语教学活动和综合实践活动。

本单元一共包含 3 个学习子主题。子主题一包括 2 个课时，这两个课时为并列关系，内容涉及运动中保持安全、避免意外伤害。子主题二内容涉及合理饮食。学生通过前两个子主题的学习提升了健康生活的意识，在子主题三中通过补充的绘本阅读，从饮食、运动、睡眠、心情等方面了解健康生活的方式。最后综合所学语言进行健康生活方式的梳理，并针对实际生活中的不健康生活方式发出倡议，帮助自己和他人拥有更健康的生活方式。

4. 单元教学目标体系

(1)单元教学目标

通过本单元的学习，学生能够运用所学语言与同伴交流自己在体育运动中身体受伤的情况并说明原因，提出合理建议，表达对安全运动的想法；描述主人公的身体健康状况及饮食情况，运用“problem—reason—solution”的结构梳理事件的发生过程，并提出解决方法和健康饮食的建议；介绍自身的健康生活方式，撰写并宣讲健康生活方面的倡议书。

(2) 综合实践活动课程内容

Step 1：以“Healthy Life! Healthy Me!”为主题撰写健康生活倡议书(如图 1-4-2 所示)。

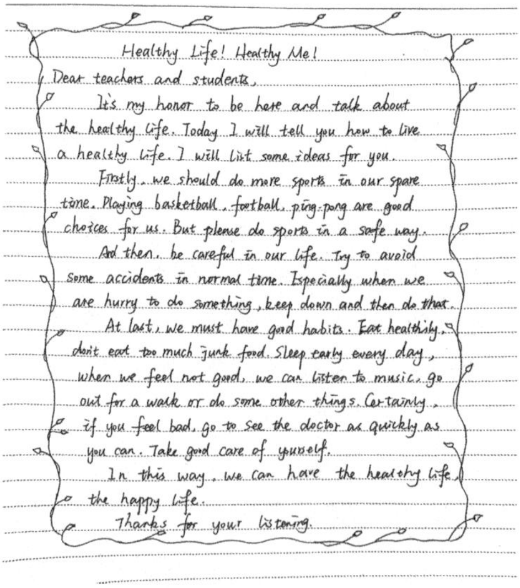
Healthy Life! Healthy Me!

Dear teachers and students,

It's my honor to be here and talk about the healthy life. Today I will tell you how to live a healthy life. I will list some ideas for you.

Firstly, we should do more sports in our spare time. Playing basketball, football, ping-pong are good choices for us. But please do sports in a safe way.

And then, be careful in our life. Try to avoid some accidents in normal time. Especially when we are hurry to do something, keep down and then do that.

At last, we must have good habits. Eat healthily, don't eat too much junk food. Sleep early every day, when we feel not good, we can listen to music, go out for a walk or do some other things. Certainly, if you feel bad, go to see the doctor as quickly as you can. Take good care of yourself.

In this way, we can have the healthy life, the happy life.

Thanks for your listening.

图 1-4-2　学生撰写的健康生活倡议书

Tips：A. Talk about the healthy life from at least three aspects.

B. Give more details in the speech.

C. Use some conjunctions to make the speech smoother.

Step 2：每组推选一位成员在班级内宣讲倡议书并评选最佳宣讲者。

Step 3：最佳宣讲者在学校“红领巾广播啦”广播站宣讲健康生活倡议书，向全校师生发出倡议。

5. 英语综合实践活动课程评价

英语综合实践活动有具体的评价量表，关于倡议书撰写和宣读的评价（见表 1-4-2 和表 1-4-3），教师要根据生生评价和健康生活倡议宣讲的受众群体数量进行评价。

表 1-4-2　倡议书撰写评价表

评价项目	具体标准	分值（分）	得分（分）
内容	内容全面，能够从不同方面给出健康生活的倡议且有细节内容的支撑	3	
	内容全面，涉及健康生活方式，但没有细节说明	2	
	仅简单列出相关内容	1	
	内容与倡议书无关或空白	0	
语言	恰当使用句式和连词等，有不多于 1 处的拼写或语法错误	3	
	句式运用准确，能使用连词，拼写和语法错误累计达到 2 处	2	
	不能准确地使用句式，连词等使用不当	1	
	语言难以理解	0	

表 1-4-3　倡议书宣讲评价表

项目	宣讲内容	宣讲技巧	宣讲效果	脱稿	演讲时间	总分（分）
分值（分）	3	4	1	1	1	10
评分标准	语言正确，逻辑清晰，主题明确	发音标准，语言熟练，表达清晰	宣讲富有感染力，仪态大方	不需要文字信息提示	限时 3—5 分钟，超时扣 0.5 分	
得分（分）						

教师借助形成性评价与终结性评价相结合的方式，对学生的学习行为进行示范、反馈和纠正。此外教师还可采用学生自主、生生或组组间的互相评价，研究设计评价工具，或利用学生课后反思自评表，引导学生实现自主性、

反思性和探究性的学习过程，产生使用语言的获得感，保持对英语学习的积极态度和自信心。

总之，英语综合实践活动课程在小学英语教学中具有重要意义，它是有力推动英语学习方式创新变革、贯彻落实立德树人和学科育人教育理念的关键途径。小学英语综合实践活动课程以任务为载体，以真实情境问题为纽带，为学生提供多种实践机会，学生通过深度体验、讨论、反思等一系列活动，激发参与活动的积极性，促进自主学习与合作交流行为的养成，实现核心素养的发展。由于综合实践活动打破了学科的界限，教师需要设计整合性、关联性的学习活动，这对许多教师而言都有一定的挑战性，因此学校还需要健全课程的管理制度，组建跨学科教学团队，开发小学英语综合实践活动课程的课程资源，完善小学英语综合实践活动课程评价体系，促进学生持续且全面地发展。

第二章　核心素养落位于课堂教学

第一节　绘本阅读培养小学生英语语言能力

《义教新课标》指出：英语课程要培养的学生核心素养包括语言能力、文化意识、思维品质和学习能力。语言能力是核心素养的基础要素，《义教新课标》对小学中高年级学生语言能力的要求如下：3—4 年级的学生能借助图片读懂语言简单的小故事，能根据图片或语境仿写简单的句子；5—6 年级的学生能读懂与主题相关的语篇，围绕图片内容写出意思连贯的话(教育部，2022)。绘本作为语篇的重要载体，比起英语教材，更有利于培养学生的阅读兴趣，提高学生的语言能力，让学生真正体验到阅读给他们带来的快乐。《义教新课标》同时指出教师要敢于突破教材的制约，充分挖掘教材以外的资源。然而在绘本阅读教学实践中，普遍存在只关注故事情节和主题探究而忽略语言能力培养的做法。本节结合实际教学案例，探讨如何通过开展课内外结合的绘本阅读教学活动和读后语言表达活动，发展学生的英语语言能力，培养学生的核心素养。

一、课内外阅读结合，激发阅读兴趣，培养阅读能力

阅读是语言的理解性技能，也是语言输入的重要途径。语言输入的目的是激活学习者的语言习得机制，语言输入必须是丰富的、大量的，而且既要包括旧有知识，也要积极吸纳新知识，语言的难易程度也要适合。英语绘本的特点正符合学生语言学习的需求，绘本中图文结合的呈现形式使学生更容易理解语言所表达的含义，生动的情节也更容易激发学生的想象力和创造力；绘本中大量趣味化与生活化的语言输入有利于学生快速地习得语言知识，满足语言交际需求(王妤颀，2022)。

(一)师生共读，进行意义建构和语言能力培养

课堂是教学的主要场所，课堂阅读教学的目标在于文本意义建构、阅读策略培养以及语言知识的学习和运用(张金秀、徐国辉，2018)。在课堂阅读教学中，教师根据学生情况挑选教育价值突出、难易程度符合学生语言水平和认知特点的绘本，进行文本分析和学情分析，在此基础上制定合理的教学目标。文本的深度分析包括话题内容、主题意义、语言特征等。在阅读过程

中采用图片环游或图片环游和自主阅读相结合的方式，通过师生交流进行主题意义探究和重点词汇的学习等，达成教学目标。《丽声三叶草分级读物(第五级)》中的绘本 *Chug the Tractor* 讲述了拖拉机突突每天都愉快地在农场劳动。有一天它发现自己老了，担心会被送到垃圾处理厂，最后发现自己被安置在一个漂亮的公园里供孩子玩耍。孩子们很喜欢它，它又找到了自己的价值。故事旨在引导学生合理地安置身边的老物件。在师生共读的阅读教学中，读前环节教师设计了两个活动，一是教师展示自己保存的老物件并说明它是什么、怎么处理它以及原因，之后是学生之间分享自己的老物件。二是观察绘本封面，预测绘本故事的内容，做好阅读准备。两个活动关注主题意义探究，激活了学生的主题词汇，激发了学生的阅读好奇心和兴趣。读中环节教师采用图片环游的方式带领学生解读绘本。图片环游本质上是一种分享阅读，教师和学生共读故事，以问题为引领启发学生观察、预测、思考和分享个人经验，培养批评性思维，同时学生在这一过程中学习语言知识，发展语言技能。师生共读故事是外语课堂阅读教学的主要活动，也是培养学生阅读兴趣和阅读策略的主要途径，最重要的是师生、生生基于故事主题意义探究进行交流，而互动和对话是学习的本质(钟启泉，2019)。

(二)亲子阅读，营造学习氛围并积累语言知识

教师根据学生语言水平和认知特点，精心建设绘本资源，之后学生自主选择想要读的绘本，并带回家与家长一起阅读。由于在非母语环境下，不是所有的家长都有指导或陪伴学生进行英语阅读的能力和条件，因此，教师设计了“我教爸爸妈妈读英语绘本”的活动，变学生的被动学习为主动学习，同时也减轻父母的陪伴压力。在开展亲子阅读活动之前，教师为学生设计了“阅读记录采蜜卡”，学生通过与家长一起阅读，了解故事内容，抄写感兴趣或者新学的词语，摘录自己喜欢的句子。关于“阅读记录采蜜卡”的配图设计，学生可以根据自己的绘画水平自主选择：卡 1——自主创意(如图 2-1-1)，卡 2——固定模板(如图 2-1-2)。绘画功底好的学生，可以选择卡 1，根据绘本故事内容自创配图。他们在绘画过程中，需要理解绘本中的语言，并思考绘本中主人公的动作、表情等。由此，“阅读记录采蜜卡”的使用不仅能发挥学生的绘画特长，还能助力学生语言理解能力的发展。不擅长绘画的学生，可以选择卡 2，直接使用教师提供的模板，学生不仅可以完成语言的积累，还可以为模板中的图片配色。这项活动不仅为学生提供了绘画、配色的条件，还为学生提供了语言积累的条件，只要长期积累，学生的语言能力就会有所发展。另外，亲子阅读还能引导家长发现阅读的重要性，有效地解决家长思想认识不足的问题，在家中营造良好的阅读氛围。

图 2-1-1　阅读记录采蜜卡 1

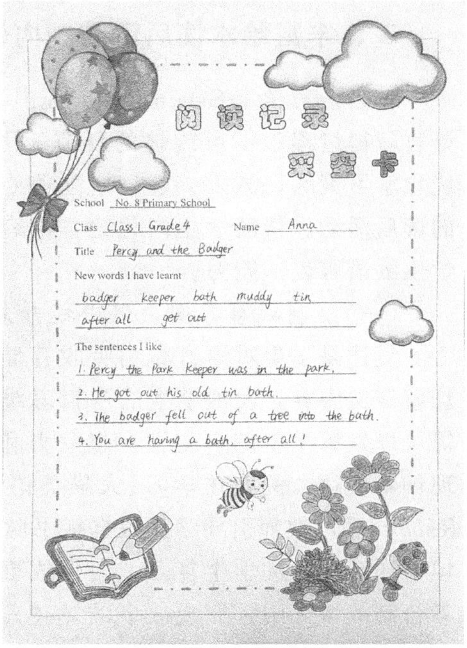

图 2-1-2　阅读记录采蜜卡 2

（三）持续默读，培养阅读习惯并丰富阅读体验

对于国内的英语学习者而言，大量的可理解性语言输入材料是掌握英语的关键因素。持续默读为自主阅读的一种方式，是指教师和学生一起在每天特定的时间段，不受其他事情的干扰自主默读。相关研究证明，持续默读对于培养学生的阅读习惯和改善其阅读态度都有积极的影响。在教学过程中，教师或学校构建阅读资源，通常是把教室的某个区域设置成图书角，同时设计监督学生阅读的阅读任务单，用来跟踪和记录学生阅读图书的情况，比如学生借阅的书目、每次的阅读时长等，保证持续默读活动顺利和持续开展。教师可以将持续默读安排在每节英语课的前 5 分钟，学生自主选择内容，可以是亲子共读的绘本，也可以是自己喜欢的其他绘本。在这个过程中，学生静静地翻看手中的绘本，无人打扰，没有特定任务。他们可以阅读连续的、富有情境、给他们带来想象空间的插图内容，同时在阅读中或者一本书阅读结束后摘录自己感兴趣的语言知识，也可以绘制自己感兴趣的某个情节的图画等。自主阅读的过程能够帮助学生深入理解故事情境，丰富英语语言以及阅读体验，有效地培养他们的英语阅读兴趣，为他们英语语言能力的发展奠定基础。

二、丰富绘本读后活动，内化巩固语言，培养语言表达能力

著名语言学家 Swain(1985)提出了“语言输出假说”，认为可理解性输出是语言习得过程中不可或缺的环节。语言输出有助于提高学习者的思维能力，优化学习策略，激发兴趣，增强信心。教学实践过程中，教师通过设计多样的读后活动，帮助学生内化绘本内容和语言知识，进行语言输出活动，培养学生的语言表达能力。

(一)绘制故事导图，促进提升复述能力

复述是学生对语言材料吸收存储、判断整理、内化表达的过程，有利于理解课文内容，发展学生的逻辑思维能力和语言表达能力等。绘制故事导图等可以发挥学生的自主性、想象力和创造力，提升学生运用语言的能力，实现创新表达。例如在学习《大猫英语分级阅读(第三级)》中的 *Percy and the Rabbit* 后，教师引导学生根据板书脉络(见图 2-1-3)，完成核心信息和语言的填空，旨在帮助学生复习、内化故事情节和核心语言。学生可以依据板书或者自制故事导图，完成故事的复述。在这个过程中，学生将输入的语言材料和相关的知识在活动中进行反复练习、反复加工。绘本故事具有非常强的趣味性，图画还给学生提供了想象的空间，学生非常乐于模仿、乐于复述。

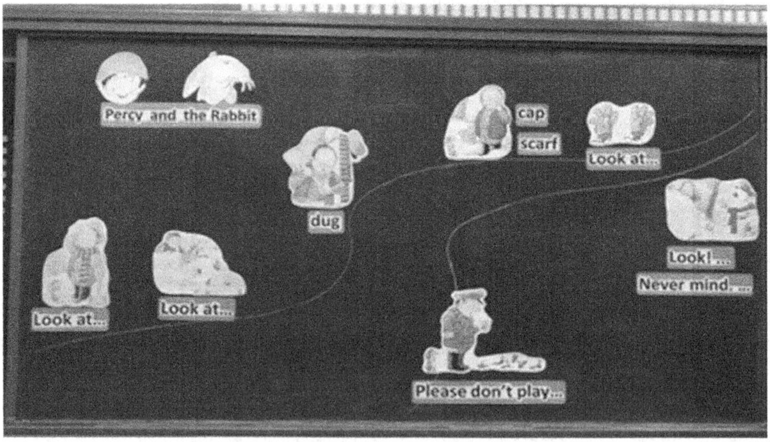

图 2-1-3 *Percy and the Rabbit* 板书

学生根据板书的内容或者自制故事导图，自主选择要完成的任务：完整地复述 Percy 在公园里铲雪时与 Rabbit 之间发生的故事；复述 Percy 在公园里铲雪时与 Rabbit 之间发生的几个主要事件；复述 Percy 在公园里铲雪时与 Rabbit 之间发生的一个事件。这样从图片到核心语言为学生的语言表达提供支持，并且分层次的语言产出任务也为不同学习水平的学生提供了语言表达机会，保证了所有学生的参与和语言表达能力的发展。

（二）制作绘本，内化语言，促进语言表达

图片是绘本的生命源泉，可以使不识字的幼儿“读懂”文本大意。教学实践中，教师应该根据小学生的年龄特点，充分发挥图片在促进学生阅读和语言能力发展的重要作用。

1. 卡片类绘本

学生根据卡片上的问题，做出回答并完善卡片。如《大猫英语分级阅读（第一级）》绘本 *The Pond*，在学习之前，教师设计了预习卡（见图 2-1-4）。预习卡的内容分为两部分，一部分为“读之前，我知道的池塘边的动物”，另一部分为“读之后，我知道的池塘边的动物”。学生在完成预习卡的过程中，锻炼了思维，积累了词汇，形成了归纳意识，为后续的表达做好了铺垫。在 *The Pond* 绘本教学之后，教师设计了复习卡（见图 2-1-5）。复习卡的内容分为两部分，一部分为“I have learnt those animals by the pond through the picture book（我通过绘本学习了池塘边的其他动物）”，另一部分为“I have learnt about the animals by the pond through other ways（我通过其他方式学习了池塘边的动物）”。在这个过程中，首先，学生结合绘本内容，将所学的动物类单词“frogs”“snails”“dragonflies”“pond-skater”“fish”“bird”等的图片粘贴在复习卡上或将其单词誊写在复习卡上。其次，学生通过已有经验、查阅资料、问父母或者亲自观察等方式，将涉及的新的动物词汇用同样的方式在复习卡

图 2-1-4　*The Pond* 预习卡

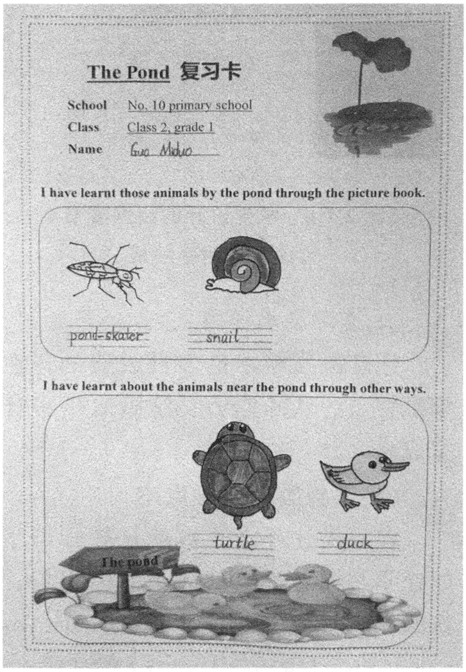

图 2-1-5　*The Pond* 复习卡

上完成，帮助学生拓展了词汇和语言。制作复习卡绘本充分调动了学生的兴趣，帮助学生强化、积累、拓展了语言。在展示交流的过程中，学生将新学的单词放在学过的句子中展示，有的学生运用学过的语言进行拓展，还有的学生能用“I feel…”表达自己的感受，培养了创新表达能力。

2. 手抄报类绘本

手抄报类绘本是指学生亲笔抄写和设计的英文报，展示了学生学习、归纳、创新的过程。制作英语手抄报可以提高学生综合语言运用能力，激发学生学习英语的兴趣。学生根据教师确定的主题，自选版面内容，完成手抄报类绘本。例如：在学习了有关中国春节的内容后，教师确定了手抄报的主题“Spring Festival”。学生为了更好地完成手抄报，会查阅或者询问家长关于春节的更多信息，有的学生在设计手抄报时凸显春节的传统习俗(见图 2-1-6)，有的学生结合 2022 年冬奥会的元素进行设计(见图 2-1-7)。在这个过程中，他们不仅增长了见识，了解并传播了中国传统文化，还积累了更多语言，为展示手抄报时的创新表达奠定了良好的基础。

图 2-1-6　学生设计的凸显春节传统习俗的手抄报

图 2-1-7　学生设计的冬奥与春节相结合的手抄报

3. 连环画类绘本

连环画类绘本是多页成册的，在创作这类绘本时，教师可以根据学生的年龄特点、认知能力、绘画水平设计下面两种形式的绘本，由学生自主选择完成。

(1)模板类连环画绘本

模板类连环画绘本就是教师帮学生设计版面，学生在里面填充内容。例如在学习完有关生日话题的内容后，教师提供给学生绘本模板，关注谈论生日的核心要点及语言：“When is your birthday? It's in… When was she/he born? She/He was born on… How old is she/he? She/He is…”结合主题内容、语言结构以及学生的认知特点，教师确定了自制绘本主题 *My Family*

Members，并提供了如下模板(见图 2-1-8)。

图 2-1-8　*My Family Members* 绘本模板

绘本的中间页从提供句型仿写，到自主介绍家人的年龄、生日以及从事的工作，不仅让学生知道写什么，还给学生留有自主写作空间，学生可以根据自己的能力使用自己熟悉的语言介绍家人的信息，这为学生创新表达搭建了平台。学生在插图页可以贴上家人的照片，画画水平高的学生也可以自己画出家人的样貌。学生在完成绘本的过程中，不仅英语学习的积极性被充分调动起来，英语书面表达的能力也得到提升，还培养了关爱家人的情感。在展示环节，学生兴奋地翻着自己制作的绘本，自豪地介绍着自己家人的信息，促进了语言表达能力的提升。

(2)自创连环画绘本

对于认知能力较强、绘画水平较高的学生，教师会引导他们自创连环画绘本。如学生在学完字母组合“oo”的两种发音之后，教师鼓励学生将相关单词创编成一个英文小故事，并配图完成自创连环画绘本。学生在创作过程中，根据内容确定主题，构思版面，创作画面，表达内容……充分调动了学生的兴趣，发展了学生的思维，培养了学生的创新表达能力。学生在展示过程中边翻边讲，用英语介绍自己的创作成果。这样做一方面增加了学生表达的自信，培养了学生的表达能力；另一方面也提高了学生开口讲英语的胆量。

（三）表演绘本内容，培养学生创造力和语言综合能力

教师在教学中应该借助课堂任务单和板书，采用问答、描述和表演等活动，用英语交流和表达新的认知，体现对主题的理解（教育部，2022）。在教学实践中，教师可以设计角色表演和读者剧场的形式，促进学生创造能力、合作能力发展，培养学生语言表达能力。

1. 角色扮演，夯实基础语言

角色扮演是一种综合性、创造性交流互动。在活动中，参与者通过扮演角色进行互动交流，获得体验，并表达自己的感受。英语绘本学习中采用角色扮演，能很好地调动学生学习英语以及运用英语表达的积极性，提升学生自主表达的能力。绘本故事中对话语言较多的，教师根据角色的数量以及特点对学生进行分组，学生分小组模仿角色，运用语言直接进行角色表演。在这个过程中，学生可以运用绘本中的语言进行交流；也可以发挥想象、自主思考，增加输出语言，丰富故事内容；还可以根据角色和情节补充对话内容，进行角色表演。绘本故事里有少量会话或者心理描写的，教师可以引导学生运用学过的单词、句型适当补充对话。这个过程不仅丰富了故事内容，使得故事更精彩，还锻炼了学生的语言表达能力。例如：《大猫英语分级阅读（二级）》中的绘本 *The Lion and the Mouse* 语言简洁，故事情节丰富，教师引导学生运用学过的单词或句子适当补充，丰富语言。在故事伊始，学生为狮子和老鼠的出场补充了语言“I'm tired. I want to sleep.”“I'm here. I'm coming.”；在故事发展中，学生为发怒的狮子和害怕的老鼠补充了语言“I'm angry. I want to eat you.”“I'm sorry. I'm sorry.”；在故事的结尾，学生为被困的狮子和聪明的老鼠补充了语言“Help! Help! Help!”“I can help you.”。这样做既丰富了绘本内容，又丰富了学生的语言表达。

2. 读者剧场，内化语言，传递情感

读者剧场起源于戏剧教学，是一种简单易操作的戏剧教学形式，亦称“朗读剧场”，指至少 2 名朗读者手持剧本，对传统的站位、服装、道具等戏剧元素不做过多要求，主要通过朗读者的声音、表情和动作传递故事情感。读者剧场强调朗读者选用恰当的语音、语调、音量、停顿及动作表达含义，关注学生的朗读表现力和韵律等，训练学生的朗读流畅度（徐国辉，2019）。在阅读、理解了绘本内容之后，教师可以设计读者剧场活动，学生 4 人或 5 人一组，也可以更多人一组，教师指定角色，也可以由组长指定。之后，教师分发台词，每人一张，学生利用几分钟时间默读或朗读台词，熟悉词汇和句子，尤其关注需要齐读的部分以及加入动作的部分。教师在设计台词时可根据学生的年龄特点和语言水平，增加合适的中文提示，便于学生理解和实践。接下来，学生在组长的带领下进行演练，除了教师规定的动作和声音，学生还

可以根据自己对故事的理解，创造本组特有的动作、声音等，更好地展示读者剧场，感受故事的魅力，深化主题意义，促进语言表达。以下为读者剧场活动片段。

Who Lost the Bottle?

Reader 1：Good morning，Mrs Chen.（挥手打招呼）

Reader 2：Can you help me?（请求语气）

Reader 3：Sure，Bill.

Reader 4：A boy lost this water bottle in the library.

All：Who lost the bottle，who lost the bottle in the library?（疑问、困惑的表情）

Reader 1：He's in your class，but I don't know his name.

Reader 2：What does he look like?

Reader 3：He has short hair.（加入适当动作）

Reader 4：And he has big eyes.（加入适当动作）

All：Short hair. Big eyes. Who is that boy? We really care!

Reader 1：Is he tall?（加入适当动作）

Reader 2：No，he's short.（加入适当动作）

Reader 3：He is wearing a green T-shirt and blue shoes.

All：A green T-shirt. Blue shoes. There are more and more clues（线索）.

Reader 4：OK. I see. It's Li Ming's water bottle.

All：Oh，it's his water bottle. We don't know him，but we can help him!

Reader 1：You are so ________. Thank you very much.（微笑地看着"Bill"）

读者剧场的活动不仅能帮助学生内化语言，感受故事情感，提升学生的英语朗读流畅度，还能提升学生的团队合作和创造思维能力，培养学生的英语学习兴趣，增强教师的教学自信。

三、结语

英语绘本作为深受小学生喜欢的学习材料，在英语学习中发挥着重要作用。教师设计丰富多样的阅读活动，能够很好地激发学生的阅读兴趣，培养学生良好的英语阅读习惯，积累学生的语言知识。同时，教师根据外语学习的基本规律并结合学生的年龄特点，设计适合学生的语言输出活动，提升学生的语言表达能力及合作学习能力等，培养学生的核心素养。教师在利用绘本阅读促进学生语言能力提升方面还应该关注优质阅读资源的选择，进一步优化阅读教学策略和学生自主阅读策略，丰富学生的语言应用和展示活动，最大限度地发挥绘本的功能，促进学生语言能力、学习能力等核心素养的全面发展。

第二节　整本书阅读培养小学生英语语言能力与文化意识

《义教新课标》明确指出：小学毕业生课外阅读量累计应达到4000—5000词，初中毕业生课外阅读量累计应达到15万词以上。阅读对于发展中小学生的英语语言能力、培育文化意识、提升思维品质、促进学习能力的全面发展具有举足轻重的作用。目前，英语整本书阅读理念逐步被广大师生认知、接受，但由于课时的限制，又缺少有效的阅读策略指导，教学中鲜有激发学生情感和思维参与的整本书阅读活动，出现理解层次表浅化、内容碎片化、品德教育标签化、教学思路混乱等问题，导致阅读的连续性和实效性不能保障，严重影响了学生语言能力、思维能力和文化意识的发展(卢国华，2020)。以上问题的出现，需要教师发挥整本书阅读的作用，合理规划整本书阅读的时间，教授学生不同的阅读技巧，根据学情及教学实际情况深入解读文本，整体设计教学目标和教学活动，帮助学生理解文本的深层含义，提高整本书阅读教学效果，培养学生良好的阅读习惯和综合素养。

一、英语整本书阅读的内涵

整本书阅读是相对于短小篇章阅读的完整书册阅读，需要整体规划、整体设计。根据学生语言能力以及认知能力的不同，英语整本书阅读可以是10页以内、50词左右的绘本阅读，也可以是上百页、3万词左右的英文文学名著阅读(张金秀，2019)。整本书阅读是在相对集中的时间内，在真实的情境里生动有趣地开展阅读活动，帮助学生完成阅读任务，使学生增加阅读兴趣，体会阅读的快乐，养成阅读习惯，扩大阅读量，学会自主阅读，提高阅读能力(郑桂华，2019)。

二、英语整本书阅读的价值和意义

英语整本书阅读以“整进整出”为教学理念，有着明确的学习目标、计划安排，在课内通过多种形式和方法阅读一本内容、结构完整的书，读后创造性地完成各种开放的、有意义的活动。整本书阅读能够给学生创设完整、连续的阅读情境，实现核心素养培育的整体性。

首先，英语整本书阅读题材多样，既有人物传记，又有科普阅读，教师要引导学生通过阅读不同题材的作品来探索自我、探索社会、探索世界；其次，整本书阅读主题丰富，不同于碎片化的单篇阅读，在整本书阅读过程中，学生通过探究丰富的主题，能更好地理解生活，丰富内心世界，促进精神世界的成长；最后，整本书阅读的语言地道，通过地道的语言给学生创设真实的语言使用情境，并且适合回读，让学生在多次阅读过程中既深化对主题的理解，又提高对语言的运用能力。

三、英语整本书阅读教学实施策略

英语整本书阅读教学实施是指在教育过程中，为引导学生深入、系统地阅读一整本书而采取的一系列规划和方法。为提高整本书阅读教学的有效性，教师不仅要认真做好文本分析，制定清晰的教学目标，还要结合学情，详细地制订整本书阅读的教学计划，通过设计多样化的阅读活动来有效培养学生的语言能力和文化意识等核心素养。

(一)做好文本分析，设计素养导向的教学目标

教师通过对整本书文本的深入、细致分析，不仅可以更全面、更深入地理解作者的创作意图、写作风格，挖掘作品深层次的内涵和价值，还能够清晰地把握整本书的核心内容、语言要点、体裁结构，从而确定素养导向的教学目标。

下面以 *Bully Bugs* 绘本为例说明教师如何做好文本分析，设计教学目标。*Bully Bugs* 是《多维英语阅读(第 9 级)》中的一本非虚构类绘本，属于“人与自然”范畴，涉及“常见的动物，动物的特征与生活环境”。全书共 16 页，350 词，适合小学五、六年级学生阅读。

本绘本介绍了自然界中的跳蛛、子弹蚁、螳螂、大黄蜂和行军蚁 5 种小虫的外形特征、生理特点及捕食方式。这些小虫虽然身形小，但都能充分利用自身的优势或通过集体合作来捕食，体现了自然界中适者生存的主题，启发读者思考并客观评价这些小虫的生存之道，增强对自然界科普知识的认知，激发探索自然的动力。

本绘本体裁为议论文，以“总—分—总”结构分三部分介绍了有关小虫的科学知识。第一部分提出观点：虫子虽小，但是它们可以很凶猛。第二部分介绍 5 种小虫的外形特征及如何发挥自身优势或借助集体力量进行捕猎。第三部分说明小虫凶猛是为了更好地生存。作者的问题启发读者思考如何评价这些小虫的生存之道。本书主要使用一般现在时描述客观事实，主要词汇包括小虫的名字、身体结构的描述以及描述小虫捕食动作的表达等。基于学情分析和文本分析，教师制定了整本书阅读教学目标：①借助图片、关键词或语言支架来简单介绍书中小虫捕食的方法；②在小组讨论活动中，比较不同小虫捕食方式的异同，对它们是不是利虫发表个人观点；③用“OREO”写作

法梳理，尝试描写一种自己感兴趣的小虫，表达对小虫的喜爱；④进行知识、能力和思维的迁移，意识到人类应当学习小虫的生存之道，如充分利用自身优势、重视团队合作等。

（二）结合学情，设计素养导向的整本书阅读教学计划

以往的英语绘本教学受单一课时限制，部分教师会将大部分时间用于处理文本，关注词汇和功能，很少引导学生开展真正的阅读体验活动和对主题的深入讨论。为了给学生提供充分的阅读输入、体验、内化、输出的活动与时间，使学生能充分参与阅读理解与表达的过程，进行深度阅读，教师通过设计 3 个连续课时的教学设计来进行整本书阅读的单元整体教学。第一课时，通过不同方式的阅读，帮助学生整体输入绘本内容，感知绘本大意，为后续的深入学习奠定语言基础；第二课时运用拼图阅读方式，通过读者剧场、趣配音等体验活动，在落实、内化绘本语言基础的同时，关注对绘本主题意义的理解与探究，为后续创造性表达与输出做准备；第三课时指导学生运用所学并激发想象，实现个性化的输出表达。以下是 *Bully Bugs* 整本书阅读教学计划（见图 2-2-1）。

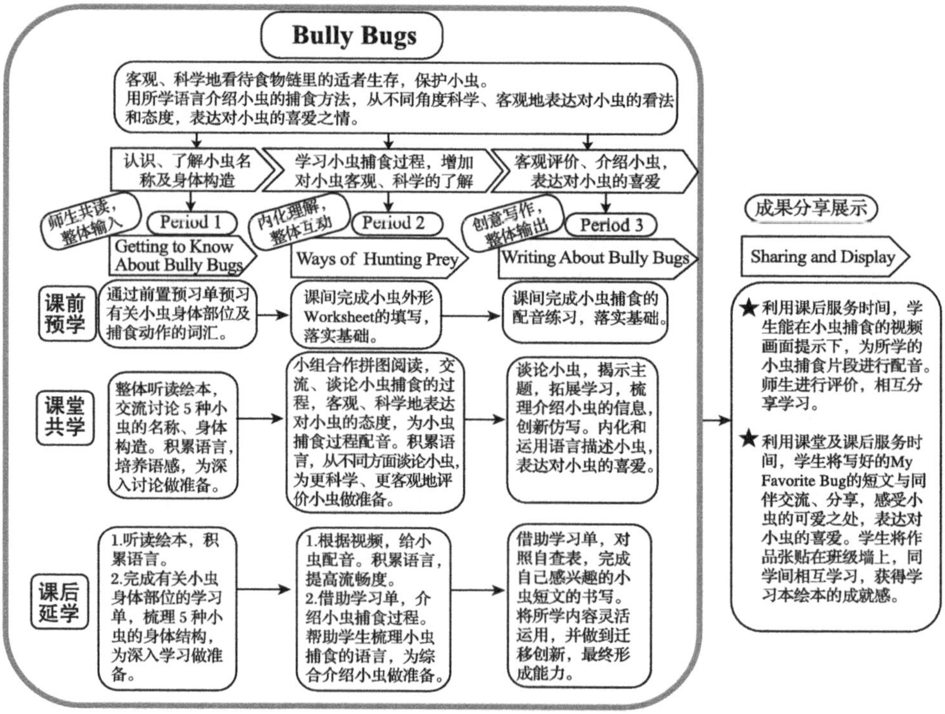

图 2-2-1 *Bully Bugs* 整本书阅读教学计划

（三）围绕核心素养的培养设计整本书阅读教学活动

整本书阅读可以培养学生终生阅读的习惯，提高思考的能力，获得精神的滋养，从而提升阅读素养。下面就以 *Bully Bugs* 为例，重点针对 3 个连续课时的单元整体教学进行详细阐述。

1. 语言能力的培养

《义教新课标》指出：语言技能分理解性技能和表达性技能，具体包括听、说、读、看、写等方面的技能及其综合运用。听、读、看是理解性技能，说、写是表达性技能。语言技能中的“看”通常指利用多模态语篇中的图形、表格、符号、视频等理解意义的技能。理解性技能和表达性技能在语言学习过程中相辅相成、相互促进。

（1）语言理解能力的培养

概括来说，理解别人运用语言传达信息的能力称为语言理解能力。语言理解能力可以分为几个层次，包括识别、提取、概括、分析、批判、评价，呈现从低到高的层级性。绘本 *Bully Bugs* 对于提升学生的读、看两个理解性技能起着积极作用。

从绘本封面入手，激发学生阅读整本书的兴趣。教师引导学生仔细观察绘本的标题、图画，并根据绘本中的图片和标题，推测绘本的主题、语境及主要信息。如在阅读绘本前，教师让学生观察封面并思考：What can you read from the cover? What is the praying mantis doing? Which bug is the bully bug? 等学生对绘本有一个大致的了解后，教师引导学生根据标题和图画信息，在疑问词“What”“Why”“How”“Where”“When”的提示下，围绕“What do you want to know about the bully bugs?”提出预测问题。学生经过小组讨论后，形成了以下问题链：

What are bully bugs?

What kind of bugs are bully bugs?

Why are they bully bugs?

How do bully bugs catch other small bugs?

Could the bully bugs be preys?

回答这些问题成为学生阅读整本书的驱动因素。不是所有的问题都能在绘本中找到答案，那些暂时没有答案的问题也能为学生持续学习该绘本提供动力。

借助可视化工具、绘本中的索引，帮助学生提取和梳理所需信息，对信息进行分类。如让学生拼图阅读，完成小虫捕食学习单的填写，帮助学生提取小虫捕食的信息，加深学生对小虫捕食的理解。再如教师借助绘本中的索引，让学生经过小组合作学习，将词汇按小虫名称、身体构造、捕食动作等分类，帮助学生整体理解绘本的重点信息。

虽然该绘本词汇量比较大，但是多数词为名词或动词，学生可以借助绘本中的索引，根据上下文线索来猜测语篇中词汇的意思，推测未知信息。如，对于“jaws”“claws”，学生易于混淆，教师让学生从文本中找到单词，并结合上下文来理解小虫的身体部位，从而更好地理解易混词汇。

此外教师还可以借助图片、视频等资源，帮助学生提取、梳理、归纳小虫捕食的关键信息，为学生介绍自己感兴趣的小虫做好铺垫。

(2)语言表达能力的培养

语言表达能力是指一个人把自己的思想、情感、想法和意图等，用语言、文字、图形、表情和动作等清晰明确地表达出来，并让他人理解、体会的能力。学习绘本，对提升学生说、写两个表达性技能同样有促进作用。

能借助关键词、可视化思维工具，用简单的语句描述、介绍小虫及其身体构造。如在第一课时，为了让学生更好地理解什么是“bully bugs”，教师用蚂蚁捕食举例：This ant is small，but it can bite the prey. So we can say：“Bully bugs are the bugs that bite their prey.” Can you read and find more words to describe what bully bugs are? 学生通过同伴合作，阅读文本第 2—3 页，找出关于其他凶猛小虫的关键词句，如“sting”“fight with sharp jaws and claws”“get into big groups to fight”等，学生在相互交流的过程中，整体理解“凶猛小虫”这一群体特征。如在第一课时最后一个描述小虫的环节，教师利用实物投影仪展示螳螂的身体部位，并出示语言支架“The praying mantis is small，but…It has a long sting，big jaws，sharp claws…”，引导学生填写其他小虫的身体部位，并在语言支架的帮助下口头介绍 5 种小虫的外形，从而达到初步运用所学语言进行表达的目的。

借助信息技术，为学生创设给小虫配音的机会。在第二课时学习小虫捕食的教学活动中，学生在听读绘本，完整、连贯地朗读所学绘本后，利用平板电脑自主、反复听读绘本，并给感兴趣的小虫配音解说，学生得到反复朗读所学绘本的机会，良好的语音、语调得到培养。学生在教师指导下借助语言支架复述语篇大意。如学生借助学习单上简单介绍自己喜欢的小虫的生理特点、生活环境及捕食过程，从而达到综合运用语言的目的。

能根据所读内容推断作者的态度和观点，并就绘本的主题意义和观点做出正确的理解和判断。学生在教师的引导下，围绕主题和所读内容进行简单交流，教师引导学生对凶猛小虫表达自己的态度和观点。学生在课堂上充分表达个人观点，从不同角度对凶猛小虫进行客观评价。有的学生说：“I like praying mantis. They are very gentle and cute. Their front legs are always curled up just like praying for something. They are very clever because they hide in the leaves to wait for their prey."有的学生说："They bully other small bugs because they need food to live. They have no choice. That's how nature works."还有的学生说："I like army ants because they are very powerful. They always work together."学生在综合表达对凶猛小虫的认识的过程中，了解了自然界的生存法则，学会了从不同角度辩证地看待问题。

借助可视化思维工具梳理、归纳所学内容，说出或写出几句意思连贯的话描述、介绍自己感兴趣的小虫。教师引导学生借助支架，模仿范文的结构和内容从不同方面写几句意思连贯的话，并尝试使用描述性词语添加细节，使内容丰富、生动。从学生书写的短文可以看出，学生在创造性地运用所学语言进行表达的同时，对凶猛小虫的喜爱之情也得到了培养。

2. 文化意识的培养

文化意识主要指对中外文化的理解和对优秀文化的鉴赏能力。只有具备了一定的文化意识，学生才能够在学习英语知识的过程中了解英语国家的文化内涵，并将其与我国文化进行分析比较，最终形成正确的价值观念。科普类绘本作为一种丰富的教学资源，不仅有助于提高学生的英语语言能力，还可以拓展他们的文化视野。本绘本有高清的照片、优美的插画、视觉化的图示等，能帮助学生直观了解事物，并吸引他们的阅读兴趣。

在读中环节，教师不仅要引导学生阅读文字，更要教会学生阅读图片，注意文化标识，获取文化信息，挖掘文化内涵，通过快读、细读、跳读等阅读活动以及分析、推理、预测、想象等思维活动，充分理解文化内涵，提升文化素养。如在文本处理的最后阶段，教师让学生结合个人生活经验谈论对这些凶猛小虫的看法，回答"What do you think of these bully bugs? What can we learn from them?"两个问题。这两个问题的设置是对文本的拓展和深化，有助于学生批判性地认识作者的观点，进一步认识到这些小虫能利用自身优势在自然界中生存，能从这些小虫身上学习到做人的道理。

3. 思维品质的培养

思维品质指人的思维个性特征，反映学生在理解、分析、比较、推断、批判、评价、创造等方面的水平。思维品质具有逻辑性、批判性和创新性等特征。

(1)发展学生思维品质的逻辑性

逻辑思维能力是指正确、合理思考的能力，即对事物进行观察、比较、分析、综合、概括、判断、推理的能力，以及采用科学的逻辑方法，准确而有条理地表达自己的思维过程的能力。

通过阅读绘本，学生能对获取的信息进行简单的分类和对比，从而加深对绘本意义的理解，能识别、提炼、概括绘本的关键信息、主要内容、主题意义和观点。*Bully Bugs* 绘本没有目录，为了让学生更好地辨识语篇中的衔接手段，判断句子之间、段落之间的逻辑关系，教师让学生在读完绘本后给绘本制作一个目录。学生在制作目录的过程中，不仅对绘本的内容有了一个大致了解，对绘本的结构也有了初步认识。通过对比绘本中5种小虫的异同，能比较客观地看待小虫捕食现象，了解自然界的生存法则，能从不同角度辩证地看待事物，从而做出正确的理解和价值判断。

通过 *Bully Bugs* 绘本连续3个课时的教学，可以清楚看出学生在这一过程中思维品质的发展。在第一课时中，学生了解了“What are bully bugs”，并在教师的引导下归纳出凶猛小虫的特征。而在第三课时，学生可以将这些bully bugs的特征内化于心，并用这些特征来判断哪些小虫属于bully bugs，并给出合适的理由。不难看出，通过3个课时的学习，学生的思维能力有了不同程度的提高。

(2)发展学生思维品质的批判性

2016年教育部发布的《中国学生发展核心素养》提出，学生要尊重事实和证据，有实证意识和严谨的求知态度；具有问题意识；能独立思考、独立判断；思维缜密，能多角度、辩证地分析问题，做出选择和决定等。由此可见，发展学生的批判性思维是核心素养发展的基本要求。

通过阅读绘本，学生能就作者给出的观点或意图发表不同看法，并说明理由，交流感受。该绘本的一大特点就是在文本的最后一部分，给读者留下批判性思考的空间。These bugs all look like bullies. But are they bad? 这个问题会引发学生在阅读的过程中不自觉地进行深度思考。有的学生认为这些小虫很坏，因为它们吃了别的动物，而有些学生则认为虽然它们去欺负别的小动物，但它们也需要食物来生存，这是自然界的生存法则。正是因为有不同的声音，学生才会对绘本的图片、文字进行深入的解读，在学生表达各自的观点的过程中，思维品质得到有效提高。

当第一课时教师跟学生谈论这些自然界的小虫时，有的学生会说出“I don't like them. They are bad. They are ugly.”等比较负面的评价。而在学完3个课时后，再让学生评价这些小虫时，学生都能对小虫进行客观的评价，并且能够从不同角度客观地看待这些小虫。通过学生态度上的转变，也能看出学生的思维认知能力在提升。

(3)发展学生思维能力的创新性

通过阅读绘本，学生都能说出或写出几句意思连贯的话来描述、介绍所学小虫的科学知识。学生在学完有关5种小虫的身体特征、捕食过程的语言知识后，能在可视化工具的支撑下介绍、仿写自己感兴趣的小虫，进行创造性表达；同时能够独立思考，发表个人观点，对小虫为了生存而捕食进行客观、科学的评价。

通过3个课时的学习，学生从完成第一课时能介绍红蚁的外形特征及身体部位，如“Red ants are very small，but they can be big bullies. They have long tentacles and sharp jaws. They can bully with their sharp jaws.”，到学完第三课时，学生能完整地介绍红蚁的外形特征、捕食过程并客观地评价红蚁，如“Red ants are very small，but they can be big bullies. Red ants have long legs and two tentacles. Red ants are very active animals so they catch prey together. They go to find food in a group. When they find the prey，they stop there and the work ant runs to the prey. They crawl over to the prey and use their jaws to kill and eat the prey. I don't think they are bad because they need food to live. What do you think of the red ants?”。通过学生对自己感兴趣的小虫的介绍，我们不难看出，在经过3个课时的学习后，学生的思维能力也有了不同程度的提高。

4. 学习能力的培养

作为核心素养内容之一的学习能力，并不局限于学习方法和策略，也包括对英语学习的认识和态度，如对英语学习有正确的认识和持续的兴趣，有积极主动的学习态度和成就动机，能够树立明确的学习目标，有主动参与语言实践的意识和习惯。

(1)有效激发并培育学生的阅读习惯和阅读兴趣

阅读不应局限于对文章词句的理解和对简单故事情节的欣赏，而要深入分析文本内容，从中获得良好的情感体验。绘本中讲述的是自然界中5种体型微小的虫子，是学生比较好奇和感兴趣的小动物。书中图片真实、语言生动，很容易激发学生的阅读兴趣。在连续课时的学习中，教师通过设计丰富的阅读活动(默读、听读、跟读、配音朗读等)来培养并强化学生的阅读兴趣。同时人教版小学英语六年级上册的教材中也涉及动物类别的学习，学生对于昆虫的认识比对哺乳类动物的了解要少一些，学习本绘本也培养了学生学习昆虫的兴趣。

(2)有效培养学生的阅读技能与策略

在整本书阅读教学中，教师根据阅读内容，选择合适的方法激起学生的阅读兴趣，提高学生对整本书阅读的期待，有效培养学生的阅读技能与策略。

如在阅读绘本前，教师做好“阅读导入”的环节，通过让学生观察绘本标题、封面预测绘本内容以及提出想要了解的问题，激活学生旧知，形成阅读期待。在阅读绘本过程中，教师结合图片、文字，让学生采用结合上下文等方式理解新词的含义，帮助学生形成识别主旨和细节的阅读技能；学生通过阅读书后的索引，将词汇分类，培养了归类意识，为更好地理解绘本大意做准备。在阅读绘本后，学生通过总结文本从哪些方面介绍了小虫，梳理语篇结构，整体理解文本结构，为更好地创意输出做准备。在绘本教学中，教师所设计的丰富多彩的阅读活动，都是为了培养学生相应的阅读技能与策略。

总之，整本书阅读教学实践有效促进了学生语言能力的发展，同时也培养了学生的思维品质。整本书阅读课堂上，教师需要利用思维可视化工具，使学生在学习单、学习活动的引导下自主探究、讨论交流、深化对文本的理解，从而阅读成就感倍增，阅读兴趣提升，进而促进英语语言能力的发展与核心素养的培养。

第三节　优化语言输入策略培养小学生英语语言能力

美国语言教育家斯蒂芬·克拉申(Stephen D. Krashen)提出第二语言习得理论，其中的语言输入假说(The Input Hypothesis)为语言习得理论的核心组成部分。斯蒂芬·克拉申认为，只有当习得者接触到“可理解的语言输入”(comprehensive input)，即略高于他现有水平的第二语言输入，有足够的输入量时，才能对语言发展产生积极的作用，从而习得这门语言。

《义教新课标》指出，语言能力是英语学科核心素养的基础要素，语言技能为学生获取信息、建构知识、表达思想、交流情感提供途径。语言技能具体包括听、说、读、看、写等方面的技能，其中听、读、看是输入技能，说、写是输出技能。优化语言输入策略可以帮助提高学习者的语言能力。通过高质量、足够数量、多样化、有针对性的语言输入，学习者可以更好地掌握语言知识，提高语言应用能力。

小学阶段是学习语言的入门阶段，小学生擅长模仿，积极性高，因此小学阶段也是语音、语调形成的黄金阶段。在此阶段有更好、更丰富的语言输入，会为学生语言学习、语言能力的培养奠定良好的基础。大量的语言输入能够促进语言习得的发生，因此小学阶段是语言习得的最佳时期。

一、英语课堂中关于语言输入存在的问题

《义教新课标》中的“教学提示”部分对不同级别的语言输入教学活动提出了要求，如预备级建议教师“在课堂上创设良好的学习氛围，提供自然、地道的视听语言输入，引导学生注意倾听、乐于模仿、大胆表达”；一级建议教师“通过让学生听说韵文、听唱歌曲、听读课文录音等，模仿语音、语调和情绪表达”；三级建议教师“为学生提供有意义的学习素材”(教育部，2022)。但是在实际的英语课堂教学中，关于语言输入仍然存在着如下一些问题。

（一）教师资源意识匮乏，语言输入量不足

在日常教学中，部分教师资源意识匮乏，难以主动寻求并整合多样化的教学资源，从而导致学生在英语课堂上的语言输入量严重不足。缺乏丰富的教学资源，学生难以接触到足够的语言素材，影响了他们词汇量的扩展、听力理解能力和口语表达能力的提升，进而限制了他们语言能力的全面发展。

（二）教师重讲授轻实践，语言输入方式单一

部分教师过于注重知识的讲解和灌输，忽视了学生在实际情境中的语言运用和练习，这种“填鸭式”的教学方法不仅无法激发学生的学习兴趣，还限制了他们的语言输入量。在课堂上缺乏与教材内容相关且能开阔学生视野和增加学生语言输入的拓展活动，如角色扮演、小组讨论、项目式学习等，教师未能根据学生的个体差异提供个性化的语言输入，这导致部分学生在课堂上难以获得足够的语言输入，学生缺乏机会去独立思考、解决问题或提出新的见解，学生的学习兴趣和动力都会下降。

（三）教师课堂指令语随意、不明确，语言输入质量不高

教师在课堂指令语的使用上过于简单，缺乏思维含量，无法有效激发学生的思维活动。教师的指令语不明确可能导致学生无法准确理解教师的意图和要求，从而无法完成学习任务或进行有效的课堂活动。指令语过长或过难，则会让学生感到困惑和沮丧，影响他们的学习积极性和课堂参与度。

（四）教师在教学设计上缺乏单元整体性和逻辑性，语言环境缺失

单元整体性和逻辑性的缺失意味着各个教学部分之间缺乏紧密的联系和过渡，学生难以在连贯的语境中学习和运用语言。逻辑性的不足会使教学内容显得杂乱无章，影响学生对知识的深入理解、掌握和应用。缺乏整体性和逻辑性的教学设计往往会导致知识呈现碎片化状态，学生难以将所学内容联系起来，形成完整的知识体系，影响语言理解和运用能力的发展。

英语教师应深入研读《义教新课标》，学习并了解其中提及的关于语言输入的方法和策略，并认识到课堂教学中存在的问题，对出现的问题加以改正，努力做到丰富和优化语言输入，帮助学生更好地习得英语这门语言。

二、英语课堂中优化语言输入的策略

教师结合小学英语课堂教学，可尝试一系列丰富语言输入的策略，如增加语言输入量、提高语言输入质量、创设优质语言环境等，通过这些策略在英语课堂上优化语言输入，最终达到丰富语言输出，进而习得语言的目的。

（一）引入丰富多元的教学资源，增加语言输入量

在英语课堂中引入丰富多元的教学资源，是提升学生学习兴趣、拓宽语言输入渠道、增强语言学习效果的有效途径。教材中的现有情境和语言并不

能满足所有学生的需求，这就要求教师合理利用教材，抓住时机引用适合的资源，如多媒体材料、英文绘本、歌曲等，为学生提供多样化的语言输入渠道，以此来丰富学生课堂输入，开阔学生视野，帮助学生习得英语这门语言。下面以多媒体材料和英文绘本为例，介绍在小学英语课堂教学中如何借助丰富多元的教学资源增加学生的语言输入量。

1. 借助多媒体材料增加语言输入量

借助多媒体材料增加小学英语课堂中的语言输入量是一种高效且富有吸引力的方法。多媒体材料以其丰富的形式、生动的内容和直观的效果，能够极大地开阔学生的语言学习视野，增加他们的语言接触量。对于小学英语教师来说，在多媒体材料中视频资源是最常见的内容。视频资源具有视觉和听觉的双重刺激，能够将抽象的知识具象化，帮助学生更好地理解和记忆。通过观看视频，学生可以更加直观地了解事物的发展过程、形态特征、实际应用等方面的信息，从而加深对知识的理解和掌握。

教师要选择与学生年龄相符、内容有趣且语言地道的英语动画片、短片、教育视频等。这些视频不仅可以提供大量的听力输入，还能在视觉上帮助学生理解语言情境。教师在课堂上播放精选的视频或音频片段，引导学生讨论、总结所学内容，加深理解。如在学习“colors”这个话题时，教师引入了大量的歌曲视频，提高学生学习兴趣的同时，也将教材中的 5 个颜色单词拓展到了 10 个；同时在对话教学时，学生也因为看到了生动形象的小故事，对话内容也从“What color is it? It’s red.”一个简单的话轮拓展到“What color is it? It’s red. How many red apples do you see? I see five red apples.”两个话轮，对话内容既复习了旧知，又结合单元新知有了进一步的拓展和提升，进而使语言能力得到提升。观看视频后，教师可以引导学生进行讨论和思考，让学生发表自己的观点、看法和感受。这种互动的方式可以激发学生的学习兴趣和主动性，促进学生思维能力和表达能力的发展。

借助多媒体材料，小学英语课堂可以为学生提供更加丰富、生动、真实的语言输入环境，激发他们的学习兴趣和动力，提高他们的语言感知能力和运用能力。需要注意的是，利用视频资源丰富教学内容只是教学的一种辅助手段，不能完全替代传统的教学方式。教师在利用视频资源时，需要合理安排时间、控制播放节奏、注重引导和互动，避免学生单纯地看视频而缺乏思考和实践。教师也需要不断学习和探索如何更有效地利用多媒体资源来优化教学设计，提高教学效果。

2. 借助英文绘本资源增加语言输入量

绘本是教师常用的拓展教材内容的资源，也是学生最喜欢的形式之一。在补充绘本时，教师应以教材为中心，依据教材中的主题语境、语用功能、语言特点、育人价值等，为学生选择契合的素材，适时、适度地将课内外阅读教学材料相融合。阅读和学习与单元主题相关的绘本，能够在很大程度上丰富教材内容，更能够有效调动学生的学习兴趣。

教材与绘本融合教学有多种方式和手段。教师需要“吃透”教材，并根据学生的兴趣和需求，寻找课内外教学材料的联系，搭建课内外阅读教学的桥梁，探索并采用适宜的教学途径，促使学生接触更丰富的语料，提升阅读兴趣，丰富阅读体验，发展阅读素养(顾洁，2022)。

下面以人教版小学英语教材一年级上册第六单元“Fruit”为例，对教材与绘本资源的融合情况进行说明。

本单元具体教学内容如下：第一课时借助歌谣学习 4 种水果的英语单词，第二课时依托水果摊情景学习询问喜好的功能句，第三课时借助动物颜色复习水果词汇及功能句“Do you like…？”，第四课时借助圣诞老人送礼物的故事进行综合语言运用。本班学生基本都有在学前学习英语的经验，他们都能够说出“banana”“apple”“orange”这三个词语，一部分同学还知道“pear”“watermelon”“strawberry”和“peach”。他们能够听懂并用“I see…”“I like…”“Show me…”“Do you like…？”描述和问答。这就表明本班大部分学生的已有知识水平已经基本达到教材中要求的语言知识水平，依据斯蒂芬·克拉申的语言输入理论，教师需要在教学中为学生提供相关的资源，且提供的语言材料应稍高于学生已有的语言水平。

基于此，教师依托教材学习内容，将本单元主题定位为“I Like Yummy Fruit”，尝试对单元内容进行整合，融合绘本来优化教学内容。第一课时融合了 *Greedy Monkey* 绘本故事，绘本讲述了贪婪的小猴子到果园里什么都想摘，最终摘太多压坏篮子的趣味故事。该故事将教材中第一课时的水果单词从 4 个扩充到 7 个，语言也在教材语言“I like apples.”的基础上加入了表达自己想法的句子“I want an apple.”，补充的水果类词汇以及表达想法的语言稍高于学生原有知识水平，符合斯蒂芬·克拉申的语言输入理论，丰富了语言的输入。第二课时引入了 *I Like Yummy Fruit* 绘本，该绘本是关于小毛虫一家进入果园后唯有小毛虫不喜欢吃水果，最终在家人的带领下小毛虫也开始尝试吃水果的故事。该故事趣味性强，且能够引导学生尝试不喜欢的食物，育人价值明显。故事输入语言集中在“I like apples. An apple is red. I am eating an apple.”。本故事语言稍高于学生原有语言水平，能够满足学生的需求，亦能够帮助学生表达真实想法。

绘本通常具有引人入胜的故事情节和精美的插图，这些元素能够激发学生的学习兴趣。当学生对所学内容感兴趣时，他们更有可能积极参与学习过程，从而提高学习效果。绘本通过生动的图画和简洁的文字，为学生提供了丰富的语境。这种语境有助于学生更好地理解词汇和句子的含义，提高他们的语言理解能力。绘本中的故事情节和角色设置可以为学生提供模仿和表演的机会，从而促进他们的语言输出。通过模仿绘本中的角色和情节，学生可以锻炼自己的口语表达能力和语言运用能力。

（二）加强英语课堂实践导向，确保语言输入方式的多样性

在小学英语课堂中加强实践导向的教学策略，旨在通过丰富多样的实践活动，提高学生的语言运用能力和学习兴趣。教学中要找好教师的讲授与学生实际语言运用之间的平衡点，确保学生在实践中学习和掌握语言技能。

首先，教师应明确教学目标，围绕教学目标设计一系列实践活动。这些活动应贴近学生生活实际，具有趣味性和挑战性，能够激发学生的参与热情。例如，可以设计角色扮演、情景对话、游戏竞赛等活动，让学生在轻松愉快的氛围中学习和运用英语。

其次，教师可以为学生创设语境，如在课堂上模拟购物、餐厅点餐、旅行问路等场景，让学生在这些场景中运用英语进行交流。这有助于学生更好地理解语言使用的情境和规则。

教师还可以为学生开展课外实践活动，丰富学生的语言体验。如组织学生参加班级英语角、英语演讲比赛、英语戏剧表演等活动。这些活动可以为学生提供更多的语言实践机会，让他们在实际运用中不断提高自己的英语水平。除此以外，在作业布置方面，教师也可以布置与实践活动相关的家庭作业，如观看英文动画片并复述故事情节、与家人进行英文对话等，这些活动都有助于学生将课堂上学到的知识应用到实际生活中。

总之，加强实践导向的教学策略需要教师在教学过程中注重实践活动的设计和实施，创设语境，注重过程评价和激励机制的建立，开展课外实践活动等方面的工作。通过这些措施的实施，确保语言输入方式的多样性，提高学生的语言运用能力和学习兴趣，为他们的英语学习奠定坚实的基础。

（三）优化教师及同伴语言，实现高质量的语言输入

要实现高质量的语言输入，优化教师及同伴语言至关重要。教师应确保语言规范、简练、生动且富有节奏，使用适合学生年龄和学段的词汇，避免使用复杂难懂的表达。同时，教师语言应具有趣味性和生活性，以吸引学生的注意力，激发他们的学习兴趣。在同伴沟通中，学生应遵循诚实、尊重的原则，积极参与语言交流，互相学习和借鉴，以提高整体语言水平。通过确保语言规范与加强互动，可以实现高质量的语言输入，为学生的语言学习打下坚实基础。

1. 优化教师语言，实现高质量的语言输入

教师与学生在课堂进行的交流也是交际活动，它既是教学的过程，也是

学生发展交际能力的过程。教师在课堂上说的话，既是教学的语言，也是学生学习的语言材料。因此，无论是关于交际的真实性的讨论，还是关于语言材料的真实性的讨论，都适用于教师课堂话语。也就是说，英语课堂上的教师话语也应该具有真实性(程晓堂，2010)。

英语教师在课堂中的话语要关注情境的真实性、语言的真实性和内容的真实性。教师要借助语言设计出真实的问题情境，其声情并茂的语言能够帮助学生迅速走入情境，了解所学，并在此基础上，借助教师的问题，联系实际，开阔思维。

在进行人教版小学英语教材三年级上册第三单元“Food”第二课时对话课教学时，教师基于教材提供的 Yaoyao 和爸爸妈妈在超市购物的图片，利用语言丰富主题语境：“Today is Saturday and now it's 3:00 in the afternoon. Yaoyao and her parents are in the supermarket. They want to buy some food for dinner.”主题语境中增加了对话发生的具体日期和时刻，也就是周六下午三点钟，帮助学生理解“dinner”一词的含义，同时，生动直观的主题图片将学生带入为准备晚餐选择食物的情境中。教师提问：“What do they want to buy for dinner?”学生带着兴趣和好奇进入对话内容的学习。在学习过程中，教师依次出示爸爸、Yaoyao 和妈妈的图片并提问：“What does dad/Yaoyao/mum want for dinner? How do you know?”学生观看视频，关注和感知核心句型“I want some…”的语用功能，并尝试回答：“They want some tomatoes, eggs, potatoes and meat. They are yummy and healthy.”学生在语境中初步运用句型和已经学过的主题词汇回答教师的提问，并初步感知食物词汇的单复数。

教师生动、有趣的语言可以吸引学生的注意力，激发他们的学习兴趣；教师的语言清晰、准确，有助于学生更好地理解知识；教师有逻辑、有条理的语言可以培养学生的思维能力。优化教师语言对促进学生的语言发展具有重要意义。教师需要使用规范、高质量的语言，引导学生模仿自己的语言表达方式和语法结构，同时关注学生的语言需求，为学生提供必要的指导和帮助。通过这些措施，教师可以帮助学生掌握正确的语言表达方式，提高他们的语言水平。

2. 优化同伴语言，实现高质量的语言输入

教师要重视学生的课堂生成，真正关注学生表达的意义，并据此给予学生及时、恰当而具体的反馈，对学生的问题给予有效的指导，或引导学生进行深入的探讨；同时要敏锐地捕捉学生表达的要点，以便在后续讨论或语言输出环节加以呼应和利用(王松美、郄利芹，2018)。优化同伴语言是提高学生语言能力的有效方法，同伴之间的交流和互动可以为学生提供更多使用语言的机会，同时也可以帮助学生从同伴的语言中习得语言。教师可以通过组

织小组讨论、鼓励同伴互动、促进语言多样性和提供语言支持等措施，为学生提供更多使用语言的机会和资源，帮助他们提高语言能力。

教师可以在课堂上为学生提供语言支架，引导学生借助支架进行回答，以此来优化学生语言。如在进行人教版小学英语教材五年级上册第六单元“Chores”的教学时，教师提出问题“Do you often help your parents do chores at home? What chores do you often do?”，教师借助板书为学生提供如“Yes，I do. I often… at home.”的语言支架。之后教师继续追问“Do you think we should help our parents do chores at home? Why?”，这次的语言支架为“I think we should(not) help our parents do chores at home because…”。语言支架帮助学生降低交流和表达的难度的同时，还能够规范学生语言，提高学生的语言表达能力。

英语课堂上有很多小组活动，在进行小组人员分配时，教师可以适时进行小组优化，确保每个小组学生的语言能力相对均衡。在进行小组练习和展示时，语言能力强的学生帮扶语言能力稍弱的学生，引导学生从同伴处习得优质语言，达到提高学生语言表达能力的目的。例如在请学生针对某事物发表自己的观点时，教师可以为学生提供以下支架：“I think it's… because… In my opinion，I think it's… I prefer… rather than…”。教师引导学生练习利用以上句型进行观点陈述，帮助学生规范表达的同时，也帮助他们从同伴处习得优质语言。

课堂实践表明，学生在语言学习中更容易接受、模仿来自同伴之间的语言信息。倾听同伴输出是学生巩固和强化输入的过程，同时能够有效地促进学生内化和习得语言知识。因此优化来自同伴的输入环节也是丰富学生语言的重要途径。教师可以在学生回答问题之后强调好的语言，以此来强化回答问题的同学的输出以及其他同学的输入。教师也可以对小组活动给予干预，发挥每个组员的优势，同时也可以引导语言较好的同学对其他同学进行帮助和辅导。

（四）加强单元教学整体性，创设优质的语言环境

《义教新课标》提倡加强单元教学的整体性，即围绕单元主题，对单元内容进行必要的整合或重组，建立单元内各语篇内容之间及语篇育人功能之间的联系，形成具有整合性、关联性、发展性的单元育人蓝图(教育部，2022)。英语教材的编排使语言知识突出，有利于语言技能发展，便于教师操作。但通过对学情的调研，教师发现对于学生来说，教材中有些单元及话题的教学内容比较单一，缺乏情境和挑战，内涵不够丰富，需要教师对这样的单元进行优化。

以人教版小学英语教材三年级上册第五单元“Clothes”为例，本单元授课

对象为小学三年级学生，根据学生核心素养发展需要，教师通过学情调研和教材内容分析，确定单元主题和各课时子主题，并对各课时教学内容进行调整和补充，设定单元教学目标及各课时教学目标，开展教学活动。

本单元由 3 个课时和 3 个主要板块组成。第一课时为词汇课，语篇是一首歌谣，借助歌谣和图片情境化地呈现 7 个服装类的单词。第二课时为对话课，主要内容是 Ann 与妈妈的日常对话，Ann 起床后问妈妈今天应该穿什么衣服，妈妈说今天外面在下雪，比较冷，应该穿毛衣和外套，还要戴上帽子和手套。第三课时为读写课，主要内容是 John 写给 Binbin 的一封信，在信中 John 介绍了自己所在的城市悉尼的季节、天气以及穿衣情况，并询问 Binbin 下周北京的天气和穿衣情况。“Let’s Check”板块是两段日常生活对话。对话一男孩问妈妈要和 Andy 去动物园，该穿什么衣服，妈妈回答今天很热，应该穿 T 恤和短裤。对话二女孩问爸爸，下午想去公园，该穿什么衣服，爸爸回答今天很冷，应该穿毛衣和夹克，还要戴帽子。“Fun Time”板块以图文结合的方式介绍服装的材质。“Story Time”板块讲述的是小乌鸦不喜欢自己的一身黑衣服，想在染缸里染出漂亮的衣服。它看到其他小动物的服装很好看，就把所有衣服和颜料都放在一起进行搅拌、加热。小乌鸦以为服装会变成自己喜欢的颜色，结果发现衣服还是黑色的。学生在故事中重复服装的英文名称，认识到要学会欣赏自己的美，不能盲目跟从他人。

原教材“Clothes”单元涉及 6 个板块，内容比较多，在实际教学中教师对教材语篇进行了整合与删减。为了帮助学生更好地用所学语言做事情，本单元增加了一节综合实践活动课，调整后共包含 5 个课时。根据学生发展需要和核心素养培养要求，确定本单元的主题为“Clothes in Our Life”。单元教学分 5 课时完成，并确定各课时的子主题：第一课时为“Clothes I Know”；第二课时为“Clothes for Different Weather”；第三课时为“Clothes in Different Materials”；第四课时为“I Love My Clothes”；第五课时为“Clothes for Traveling”。教师根据各课时的子主题，对教学内容进行整合、删减和补充。

优化教学内容和加强单元教学整体性是提高教学质量和效果的重要措施。在单元教学中，教师需要从整体上把握教材，注重教学内容的连贯性和系统性；注重教学内容的拓展和深化，促进学生的思考和自主学习；加强与其他学科的整合，促进跨学科整合和学生综合能力的培养；注重教学评价和反馈等方面，更好地掌握学生的学习情况，提高教学效果，最终达到全面提升教学质量和效果的目的。

三、优化语言输入对学生语言能力的培养

优化语言输入是提升学生语言能力的关键途径之一。通过提供丰富多样

的语言材料和有趣的教学手段，教师可以激发学生的学习兴趣，帮助他们拓展词汇量、培养语感、提高语言能力。因此，教师在教学过程中应该注重语言输入的质量和效果，为学生创造良好的语言学习环境。

首先，优化语言输入可以培养学生的语言感知能力。学生在接触大量的优质语言材料时，会逐渐熟悉语言的发音、语调、节奏和韵律等特点，熟悉语言的正确用法和表达习惯，从而培养出对语言形式的感知能力。这种感知能力有助于学生在口语表达和写作中更准确地运用语言。

其次，优化语言输入还可以提高学生的语言理解能力。优质的语言材料包含了丰富的内容和语境，有助于学生更好地理解语言的含义和用法。教师需要关注学生的个体差异和需求，并根据实际情况调整教学策略，确保学生能够获得最佳的语言输入效果。同时，教师还需要注重与学生的互动和反馈，及时了解学生的学习情况和问题，并给予有针对性的指导和支持，从而全面提高学生的语言理解能力。

最后，优化语言输入有助于提升学生的语言表达能力。学生在模仿和学习优质的语言材料、倾听和模仿同伴语言时，可以学习到各种表达方式和修辞技巧。教师可以通过引导学生进行口语练习、写作训练和角色扮演等活动，帮助他们将所学知识转化为实际表达能力，提高语言的流畅度和准确性，最终达到提升语言能力的目的。

总之，优化语言输入需要教师在教学过程中灵活运用多种方法，结合学生的实际情况进行有针对性的指导和支持。教师设计真实的语言交流场景，为学生提供多样化的语言输入资源，帮助学生在实际运用中接触和吸收语言知识。通过讨论、角色扮演等不同形式的小组活动，促进学生在课堂内外的互动与交流。教师鼓励学生积极参与语言交流活动、与他人合作完成任务，以提高他们的语言运用能力。

第四节　运用思维可视化工具提升小学生英语阅读能力

阅读是获取信息的重要手段，在语言学习中占有重要地位，是有效学习语言的重要途径。英语阅读教学过程是信息梳理、语言学习、阅读方法探索、思维训练等多重因素的整合，其中内容、思维和语言是三个重要方面。然而在当前的英语阅读教学中还存在很多问题。如教师层面上，缺乏理论和实践指导，经常出现重语言知识，轻阅读技能培养；重语法、词汇等细节之处，轻语篇的整体感知和理解等现象。学生层面上，学生阅读能力比较薄弱，没有养成良好的阅读习惯；缺乏阅读方法，不会有效阅读；阅读时注意力不集中，捕捉信息的能力较差等。在教学实践中，教师应该关注如何根据学情和语篇内容选择合适的思维可视化工具，根据教学目标和教学活动合理运用思维可视化工具等，提升学生阅读效果，培养优秀的阅读者，助力核心素养落位于课堂教学。

一、思维可视化工具的内涵和定义

思维可视化工具是教育技术领域的一项重要创新，它深刻改变了学习者思维过程的呈现方式，如同思维的显微镜和放大镜，将原本无形、难以捉摸的思维过程转化为直观、生动的图像与图表。这一过程不仅让思维的结构、路径和方法变得清晰可见，还极大地促进了学习者的深度思考与知识建构。

(一)思维可视化工具的内涵

思维工具也被称为认知工具，对应的英文有“thinking tools”“mind tools”“cognitive tools”。最早使用“思维工具”这一名称的是爱德华・德・博诺(Edward de Bono)，博诺于1972年成立了认知研究基金会，并于1975年出版了以该基金会命名的《柯尔特思维训练课程》。该书包括思维的广度、思维的组织、思维的交互、创造力、信息与感觉、行动6大模块，共介绍了60个思维工具。虽然频繁使用“思维工具”这一术语，但博诺并未就“思维工具”给出明确的定义。通过对其提供的思维课程进行分析，我们发现博诺的“思维工具”本质上是一套用来引导人们的思考方向和侧重点的思维策略方法。以《柯尔特思维训练课程》中的第一个思维工具“PMI”为例，其引导人们在做出决定之前，需要从有利因素(plus)、不利因素(minus) 和兴趣点(interest)三个角度进行思考以拓展思维的广度，从而避免仅凭直觉对某一观点或建议做出评价。

德里(Derry)则使用了“认知工具(cognitive tools)”这一概念，他将其定义为“支持、引导和拓展用户思维过程的心理和计算设备(mental and computational devices)”。可以看出，德里眼中的“认知工具”既包括“内部的心理设备”，也包括“外部的计算设备”。其中“内部的心理设备”主要指的是认知和元认知学习策略，这一点与德博诺的“思维工具”类似，属于思维策略工具的范畴；“外部的计算设备”所指较广。德里认为，只要运用得当，任何能帮助达到支持、引导和拓展思维的工具都可以被视为“认知工具”。

乔纳森(Jonassen)是另一位对“思维工具”或“认知工具”领域研究有巨大贡献的学者，他将“认知工具”定义为“能够扩展学习者思维过程的外部的、基于计算机的设备和环境”。可以看出，乔纳森眼中的“思维工具”更多地属于德里眼中的“外部的计算设备”，只是更加具体到基于计算机的设备和环境。乔纳森的“认知工具”主要包括专门设计的知识构建工具，如语义组织工具、动态建模工具、信息表示工具、知识建构工具和交流协作工具等。乔纳森认为这些工具使得学习者可以参与到有意义的认知加工过程中。

(二)思维可视化工具的定义

思维可视化是学生进行思维活动时，通过外显的方式把思维的过程呈现出来，其对应的英文为“visible thinking”或“graphic representations”，在阅读教学中亦常称为“visualizing”。广义的“思维可视化”概念由 Tishman(蒂什曼)和 Palmer(帕尔默)提出，是指通过文字、图像或动画等任何可观察的形式记录个体或群体提问、推理、反思等思维的过程，让发生在人脑中的隐性思维得以显现(Perkins，2011)。在素养导向下的课程改革中，我国有的学者聚焦狭义的“思维可视化”，关注用图示或图示组合的方式，把原本不可见的思维结构和思维路径呈现出来，使其清晰可见的过程(刘濯源，2014)。可视化的实质是促进知识的创造与传递，其最大的价值体现在对关系的表征上(赵国庆等，2018)。

概念图(concept map)、思维导图(mind map)和思维地图(thinking map)是典型的思维可视化工具。三者在理论基础、关键特征等方面存在差异，但作为思维工具促进学习的作用机理相同(赵国庆，2012)，即利用图形、符号等显性载体建立和描绘学习内容的结构化组织关系，使知识碎片得到整理和优化，有效降低认知负荷，让学习者将注意力专注于建立内容之间的联系等更高层次的认知活动上，提高思维加工的质量和效率，促进新旧知识之间的融合，激发学习者的学习兴趣和动机，强化记忆，提升理解力和创造力，提高元认知水平和学习效率(赵慧臣、王玥，2014)。

(三)思维可视化工具的类型及功能

适合运用于小学英语阅读教学的思维可视化工具主要有思维导图、思维地图和图形组织器(visual organizer 或 graphic organizer)。不同的思维可视化工具具有不同的功能。

思维导图由英国心理学家托尼·博赞(Tony Buzan)提出，是一种可以将发散性思考可视化的工具。它使用多色、多图案的示意图，其中表征主题的关键词与核心概念位于图形中央，思维主题的层次发散性以放射性的图形分支表征(尹晗，2017)。思维导图主要用于进行类别归并、主次区分，将碎片化、无序化的信息有序化、结构化，激发联想与发散等能力，常用于开场导入、头脑风暴、笔记、汇报总结等教学场景。

思维地图是美国学者大卫·海涅瑞勒(David Hyerle)基于认知心理学、语义学理论创建的可用于语言学习的可视化工具，用八种图形来表示思维的特定要素，如主题、分析、描述、归因、排序、比较、归类、类推等，每一种图形分别对应一种特定的思维方式(海涅瑞勒，2011)。常见的思维地图有括号图(表示整体和部分间的关系)、树状图(用于分组、归类)、气泡图(集中描述人物、性质)、双气泡图(比较两个事物之间的异同)、桥型图(进行类推、类比)、流程图(表示事情发展的顺序、时间、经过等)、复流程图(表明结果与原因)等。

图形组织器形式多样，更为形象，使用范围更广，它用结构化图形的方式组织概念、话题或重要信息，是体现信息之间逻辑关系的视觉表征，可分为描述类、比较对比类、分类、序列类、因果类以及决策类6个类别(刘政良、申昌安，2009)。常见的图形组织器有故事情节图(呈现故事发生的时间、地点、起因、发展、高潮、结局等)、鱼骨图(分析影响事物的因素和事物带来的影响)、KWL教学法(根据已有认知水平探索未知领域)、5W1H分析法(从对象、地点、时间、人员、原因、方法六个方面思考问题)、韦恩图(对比两个及以上主题之间的异同)、T形图(列举问题及解决方法、正反做法等)、锚图(以“要点 ＋ 图形”的方式呈现复杂概念、梳理思维等)、OREO(表达个人观点，并通过具体事例来佐证)，以及其他为达成教学目标而搭建的学习支架，如表格等。

(四)思维可视化工具在英语阅读教学中的价值

思维可视化工具被引入英语教学中以来，便以其直观性、趣味性和对信息的深加工等优势，得到越来越广泛的应用。在阅读教学中运用思维可视化策略，不仅有利于学生通过可视化解读过程厘清文本整体结构，发现内部逻辑关系，加强对主题意义的深层理解，培养逻辑思维和语言表达能力(金施琪 等，2018；金施琪，2021)，还能帮助学生在与作者、教师和同伴的交流中构建立体的知识结构，对问题进行全方位的描述和深刻而富有创造性的分析，找到解决问题的关键因素和重要环节，发展批判和创新思维(孙静，2018)。

可见，思维可视化工具具有让知识更易被理解和记忆的显性价值及提高思维能力和学习兴趣的隐性价值(刘濯源，2014)，为解决教学内容碎片化、教学活动表层化、教学模式僵化等影响英语教学质量、阻碍核心素养发展的实际问题提供了新的视角和路径(孟庆涛，2019)。

二、思维可视化工具在小学英语阅读教学中的应用实践

在小学英语阅读教学中，引入鱼骨图、KWL教学法和思维导图等思维可视化工具，丰富了教学手段并提升了教学效果。

(一)借助鱼骨图培养学生分析概括能力

鱼骨图是由日本管理大师石川馨先生发明的，故又名“石川图”。鱼骨图

是一种发明问题"根本原因"的方法，因此它也可以被称为"因果图"。鱼骨图的最大特点是透过现象看本质，对于有明显因果关系的语篇，教师常借助鱼骨图帮助学生厘清文本的因果关系，并引导学生发现语篇背后所传达的深刻内涵。常用的鱼骨图有三种：整理问题型鱼骨图、原因型鱼骨图和对策型鱼骨图。

以整理问题型鱼骨图为例加以说明，该类鱼骨图针对问题，罗列原因，各要素之间不存在因果关系。其特点是简洁实用、深入直观。在使用整理问题型鱼骨图这一可视化思维工具时，教师会依据文章内容，从"what""when""where""how""who""why"6 个方面提问。学生通过回答鱼骨图中列出的这 6 个细节问题了解文章大意，并通过整合信息，在"鱼脊柱"上写下主题思想。这种模式使信息可视化，让学生对整个文本信息一目了然，进而能够在理解信息的基础上对信息加以整合。

以《丽声经典故事屋(第四级)》绘本 *No Problem* 为例，绘本故事以一般过去时讲述了爸爸给 Sami 买了一件绿色的夹克，但是 Sami 不喜欢绿色，所以他们打算去商店换一件。在商店里，爸爸遇到一个朋友，两个人聊了起来，Sami 在一旁闲逛。Sami 闲逛了一会儿之后想要找爸爸时，发现爸爸不见了。当穿着绿色夹克的爸爸出现在 Sami 的视线里的时候，Sami 放心了。他发现自己开始喜欢绿色了，于是他留下了这件绿色的夹克。作者通过爸爸给 Sami 买夹克、换夹克、保留夹克的故事，展现了父子之间的爱。

基于以上文本分析和已有的学生学情，教师以"Problem"和"Solution"为主线展开故事的学习。师生共读，找到故事中第一个"Problem"即"Sami liked the jacket, but he didn't like the color"；"Solution"就是"They went back to get a blue one."，并一起建构鱼骨图的第一个分支，如图 2-4-1 所示。

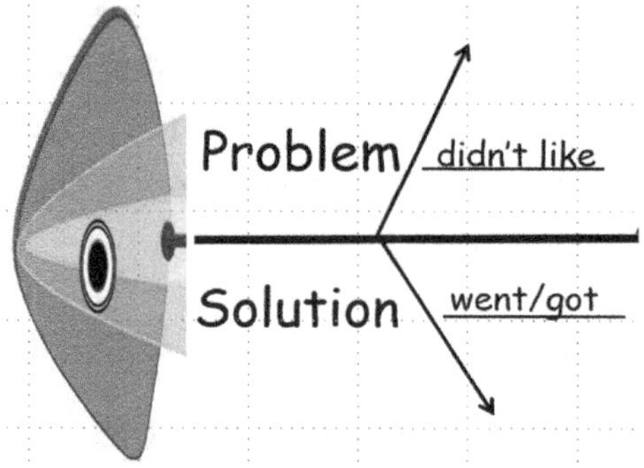

图 2-4-1　鱼骨图第一个分支

在第一环节示例的基础上，教师设计小组合作活动，小组共读找出“Problem”和“Solution”、分组反馈共建板书、完成对绘本故事中所呈现的“Problem”和“Solution”的分析与概括，如图 2-4-2 所示。

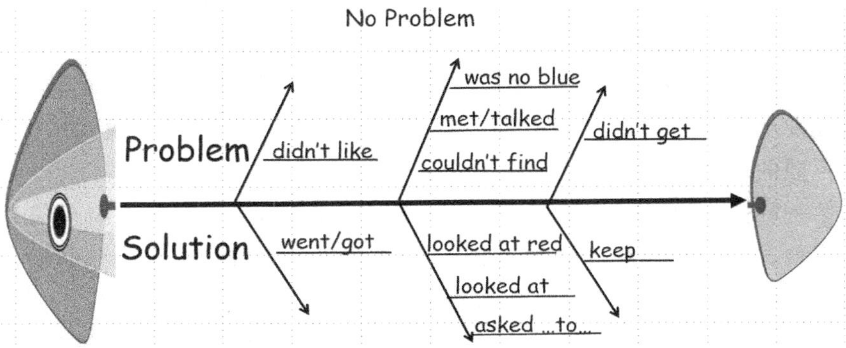

图 2-4-2　鱼骨图板书设计

整个阅读过程中，思维无处不在，阅读的过程无非是读者根据作者及其创作环境以及文字、语法、修辞特征而进行的“释义”过程（顾晓鸣，1987）。学生通过与教师共读文本、小组合作阅读并完成任务单、集体反馈等一系列的直觉、联想、想象、逻辑分析和综合判断等思维活动，并结合自己的已有知识和经验，使用一定的策略在文本的各部分之间、在文本与个人经验之间积极建构意义。通过运用鱼骨图进行阅读教学，教师发现这种新型的阅读形式广受学生的欢迎，他们在课堂上更加活跃了。学生回答鱼骨图上“what”“when”“where”“how”“who”“why”6 个问题就是对文章脉络进行梳理的一个过程，在这一过程中加深对文章的理解。在学生逐步熟悉这种模式后，教师又鼓励学生自己搭建鱼骨图甚至是其他图形组织，使学生的思维能力得以展现，同时学生的学习和思维能力也得到了进一步提升。

（二）借助 KWL 教学法培养学生归纳推理论证能力

KWL 教学法由唐娜·奥格尔（Donna Ogle）于 1986 年创建，是国外教学中最常使用的策略之一，尤其是在小学阶段。KWL 不只是简单的学习英语的策略，更是训练批判性思维的一种通用工具，是学生在思考或讨论某个主题时的一种范式（顾修平、曹红艳，2011）。奥格尔还认为 KWL 策略能够帮助学生在阅读时进行积极思考，找到明确的学习方向，并对所学习的内容进行积极的反思，成为积极的阅读者。学生获取原有知识是第一步，然后把它和新的概念知识相整合，在大脑内形成新的图式。

KWL 教学法中，“K”是“Know”，即“What I already know”，意思是关于主题“我”已经知道什么，是集体讨论、引导学生获取对某个主题的已有知识，并从别人的说法中进一步增进对相关知识的理解；“W”是“Want”，即“What I want to know”，意思是关于主题“我”想知道什么，是利用学生的好奇心，引导学生提问心中所渴望知道的知识；“L”是“Learn”，即“ What I have learned ”，意思是关于主题“我”已经学到了什么，学生通过阅读，尝试从文章中找出上述问题的答案，并总结自己在文章中学到的新知识。

KWL教学法因其突出的认知功能风靡世界，在各类课堂中被普遍应用，并由此发展出多种模式，如KWLS模式。学者们对于KWLS模式中的“S”有两种不同的理解。

第一种是“分享所知”，即“Share what I have learned”，强调对信息的加工和重构，在分享探究成果的过程中实现对知识的内化、迁移和创新，提升解决问题的能力，并通过互动增进情感。

分享的内容可以是阅读材料中的内容，也可以是以阅读材料中某个知识点为基础而延伸出来的内容。分享既可以以讨论、辩论等口语活动的形式开展，也可以以英语写作等书面形式开展；既可以在线下进行，也可以在线上进行。也就是说，既可以采用传统的方法让学生在课堂上“说”或者“写”，也可以充分利用现代移动技术，鼓励学生通过拍视频等新鲜有趣的方式来“说”英语，通过发邮件或者群共享的方式将书面作文与同伴、老师进行共享。分享既可以在阅读完之后即时进行，也可以在课后进行。分享的范围既可以是小组内，也可以是班级内。

第二种是“仍想知”，即“What I still want to know”，意在激发学生潜在的学习欲望，将课内阅读延伸到课外阅读，培养学生的信息搜索能力、合作能力和解决实际问题的能力。教师可以鼓励学生通过上网、查阅参考书等方式，对于已经记录在“W”栏中但在课文中没有找到答案的问题进行扩展探究。教师可适当为学生提供参考资源及方法指导，学生的任务是质疑、提问、拓展、深化和分享等。

KWLS模式有助于激活学生在阅读文本方面的相关背景知识，使学生自主确定阅读目标，从课内到课外，形成“已知—想知—新知—分享已学、仍想知”的认知链，构建个性化的知识体系。KWLS模式以学生为主体，以有意义的互动为主要特征，实现了阅读课堂由关注“教的目的”到关注“学的需要”的转变。在KWLS模式下，学生是鲜活、有独立思想的个体，其思维和想象力可以得到激发，主动阅读习惯和自主探究能力可以得到培养和发展，学生在这种阅读过程中能积极思考，明确自己阅读的方向。

以北京版小学英语教材五年级上册第四单元为例，基于文本分析和学情分析，教师将本单元的主题设定为“Exploring the U. K. ”，运用KWLS模式开展教学的过程如下。

第一阶段(K—What I already know)，即激活学生已知，通过图片提示和问题引导，唤醒学生的认知，引起学生的学习积极性，引导他们对已知进行分析，调动学生的思维。如教师通过播放英国的旅游宣传片，激发学生对文本的兴趣。接着，教师提问“What do you know about the U. K. ?”并呈现插图及标题，开放性的问题使学生的思维一下子被打开，他们纷纷抢着回答。这一阶段起到了激活已知、刺激想知的作用。(学生谈到英国风景很美，是“garden city”时，教师的一句“Do you want to travel in the U. K. with me?”，实现师生共情、情感渗透。)

第二阶段(W—What I want to know)，即课堂教学要以学生为中心，时刻关注学生的学习，使学生关注文本信息，引导学生主动探索，激发学生求知欲，训练学生自主提问能力(框架图见图 2-4-3)。如教师提问：“Now we know something about sports, what else do you want to know about the U. K. ?”学生根据自己的兴趣点自主提问，在此过程中，教师给学生提供适当的语言支持，并提取其中的关键词，以发散性思维导图的形式呈现在黑板上，然后以问题“You want to know so much, but what can we know from the passage?”将学生引向文本。

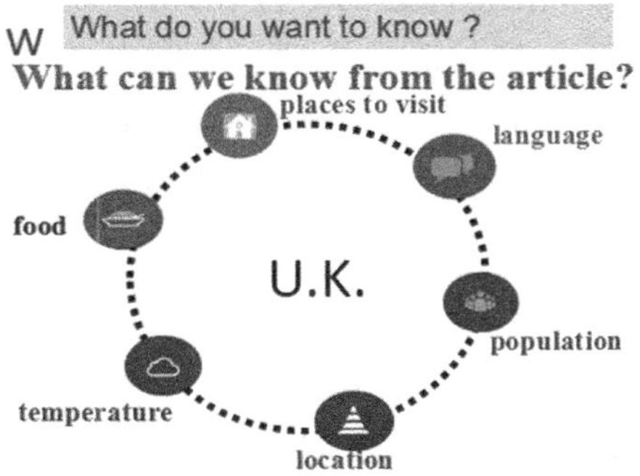

图 2-4-3　WHL 教学法中的“W”框架图

第三阶段(L—What I have learned)，即鼓励学生将在语篇中学习到的知识用自己的语言表达出来，这是引导学生对知识进行内化的过程，旨在训练学生对语言的综合运用能力。如让学生自主阅读文本，并向其渗透阅读策略“skimming(快速阅读)”。学生根据阅读文本，找出思维导图中的已知问题和未知问题，并标记出已知问题所在的段落。学生快速找到感兴趣的六个方面：food、temperature、location、population、language、places to visit。这个步骤中学生阅读动机强、效率高，从被动的“要我读”向主动的“我要读”转变，还帮助学生梳理了文章结构，未答问题也能为课后拓展与探究文本未涵盖的内容提供方向。在此阶段，教师通过整体感知、细读文本和深入品读三个环节，给学生搭建了一个脚手架；学生积极思考，明确阅读方向，同时，学生在这个思考的过程中，观点互相碰撞，达到了思维的延伸拓展。

第四阶段(S—What I share and still want to know)针对的是板书的思维导图上书本没有解决的部分。教师问“What do you still want to know?”，并在学生感兴趣的问题上标注记号，以示区分。之后教师告诉学生“You can surf the Internet or read some books to find the answers.”，引导学生通过上网、查阅课外书籍等方式，对于已经记录在黑板上但在课文中没有找到答案的问题进行扩展探究。

教师在创新迁移环节，设置“我为北京代言”的写作任务，学生根据教师搭建的脚手架自由发挥，写出了北京具有吸引力的多个方面，还以小组形式上台展示，将知识性、趣味性有机结合，展示效果十分惊艳。在评价环节，小评委们从语言、台风、动作、配合等各个方面做了细致、全面的评价，超出教师的预期，达到了获取信息与个人生活经验建立联系的效果。

从本节课例可见，KWLS 模式实现了阅读课堂由关注“教的目的”到关注“学的需要”的转变，有利于学生反思习惯和思维的形成和发展，有助于提升学生学习的自我效能感。践行 KWLS 模式，需要教师提升文本解读能力、语篇分析能力和提问能力，在提问题的维度、方法和技巧上对学生加以循序渐进的指导，让学生能积极参与课堂活动，在做中学，在学中思，在思中用。教师要设计有效的写作任务，鼓励学生将新旧知识整合，发挥学生的创新精神及发散思维，激发学生的情感，使其自由开放地表达。

(三)借助思维导图，内化新知、梳理语篇

思维导图是托尼·博赞根据脑神经生理的学习互动模式创造的一种组织性思维工具。思维导图有四个基本特征：注意的焦点集中在中央图形上；主题的主干从中央向四周的分支放射；分支由一个关键的图形或写在产生联想的线条上面的关键字构成，比较不重要的话题也以分支的形式表现出来，附在较低层次的分支上；各分支能形成一个连接的节点结构。在英语语篇阅读中，运用思维导图来进行分析，可以使复杂的内容变得清晰，从而能帮助学生更深刻地理解阅读的内容，也能够更加容易地记住所读材料。

以北京版小学英语教材五年级下册第四单元“Revision”中的阅读材料 *What are Materials* 教学为例，文本以“What are Materials”为题，分段介绍了 5 种常见的材料（stone、metal、wood、paper、cloth）。在学生读完标题初步感知文本以后，教师以第一段为例，画出思维导图梳理关于“stone”的内容。之后，教师将全班学生分为 4 组，合作梳理第二、三、四、五段内容，按照学案绘制关于“metal”“wood”“paper”“cloth”的思维导图，学案如图 2-4-4 所示，小组间进行介绍。最后，教师邀请 4 位同学到台前从问题的四个方面介绍所读段落的内容，并将关键词写在黑板上，其他同学进行补充和纠错，最后形成板图，达到以读促说的目的。思维导图能让学生轻松分辨作者的写作思路，即每种材料的介绍基本都是按照“is…，…comes from…，is used for…”进行的。这样学生的记忆负担会减轻，记忆知识时就能按照思维导图中的这三个方面分别加以理解记忆。因此，在本环节中使用思维导图是在为接下来的口语活动打下内容基础。图 2-4-5 为教师和学生一起完成的思维导图，以“materials”为中心词，关于“stone”的内容由教师示范，关于“cloth”“wood”“paper”“metal”的内容由学生完成。

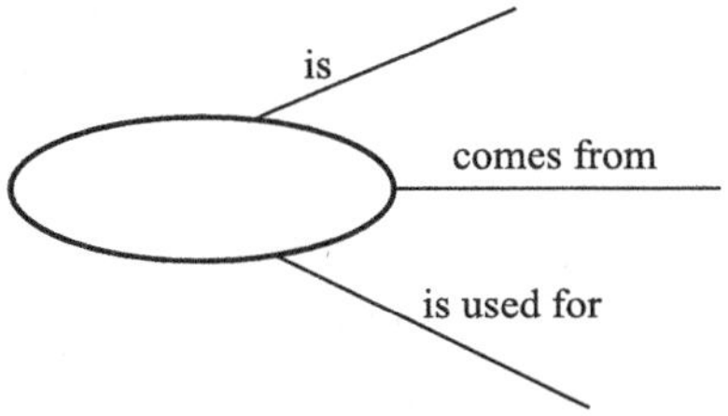

图 2-4-4　*What are Materials* 课程学案

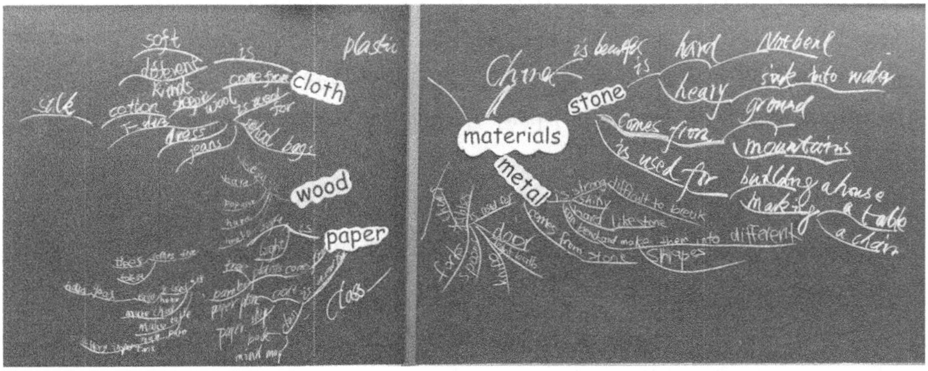

图 2-4-5　*What are Materials* 课程思维导图

形成图 2-4-5 所示的完整的思维导图后，教师让学生两两一组结合黑板上的思维导图进行复述。当其中一位学生复述时，教师要求另一位学生就表述不清楚或遗漏的信息点进行提问或补充。教师观察到大部分学生的复述都能涵盖课上所学的“stone”“wood”“paper”“cloth”“metal”等材料，并就每一种材料的来源、属性、用途等方面展开描述。学生的发散性思维能力得到了锻炼，同时练习了思维导图上呈现的词汇和句型（it comes from…；it is used for…；等等），能说出较为完整、正确的句子，口头表达整体更具逻辑性。以其中一组为例，一名学生复述道：“I know many materials. They are stone, cloth, wood, paper, metal. Stone is hard. We can't bend it. It comes from mountains and ground …”在他说完关于“stone”的内容后，他的搭档说了一句“stone is very heavy.”。这时他意识到自己遗漏了这一信息点，于是看了看黑板上的思维导图并回应道：“Yes，it will sink into the water.”

学生学习运用思维导图进行梳理和表达应从最简单的形式开始，随着学生思维水平、逻辑分析能力以及所阅读文本的信息复杂程度的提升，思维导图的内容和形式也会呈现得更为丰富。

三、思维可视化工具应用于阅读教学中的原则

为了提升在教学中应用思维可视化工具的实际效果，教师应坚持学生主体地位、以问题解决为导向、结合思维策略工具、尊重学生已有认知，在学生思维发展的最近发展区寻找着力点并加以干预。

（一）坚持学生主体地位，谨守思维可视化工具的建构主义属性

乔纳森认为，认知工具是基于建构主义认识论的，它们并不专注于对客观知识的呈现，而是要促使学习者去创造知识以反映他们对信息的理解。乔纳森还从参与、控制和生成性三个维度对认知工具进行了定位，认为认知工具的使用是学习者控制的、主动的创造过程，而非教师控制的、被动的呈现过程。认知工具并非学习者可以轻松、自然、有效使用的“指尖”工具，设计它们不是为了减少信息的加工。相反，认知工具提供了一种环境，它要求学习者对正在研究的主题进行更加“费力”的思考，去生成在没有工具支撑时难以生成的想法。

（二）以问题解决为导向，提升思维可视化作品的价值和意义

思维可视化不是为了画图而画图，而是要以解决具体的问题为目标。离开了问题的指引，思维激发就失去了方向，思维整理也就失去了依据。有了具体问题的引导，思维可视化作品的价值和意义就会大幅度提升。以概念图为例，由于知识都是相互联系的，在缺乏问题约束的情况下，概念图的绘制将是无止境的。为了解决这一问题，概念图的研究者们创造性地提出了“焦点问题(focus question)”这一概念，要求每一幅概念图都应该围绕一个“焦点问题”来展开。

（三）结合思维策略工具，提升思维可视化作品的思维含量

很多学校都在显眼位置展示了大量的思维可视化作品，但这些作品有的缺乏内在逻辑。除了教师在指导学生应用时常常重发散轻聚合、重画图轻修改、重展示轻评价外，思维策略本身的缺位是导致这些作品思维含量不高的根本原因。思维可视化工具的最大作用在于将思维过程和思维结果进行可视化呈现，减少对学习记忆本身的依赖，从而帮助学生将更多认知资源用到高端的思维加工上。

总之，思维可视化工具不仅能够提升学生的英语阅读能力，还能够促进

学生的思维发展和教师教学方法的改进，对小学英语阅读教学具有积极的推动作用。它是一种有效的教学辅助手段，不仅能够提升教学效果和质量，还能够促进教师教学方法的创新和专业发展。

第五节　运用支架培养小学生英语读写能力

阅读和写作密切相关、相辅相成。阅读者与写作者既是信息的发送者，也是信息的接收者。读与写依赖于相似的知识表征、认知过程以及上下文间的限制性(Fitzgerald & Shanahan，2000)。然而对于学生而言，阅读和写作能力不一定是同步发展的，因此在读写教学中有效组合和搭配多模态的支架并恰当运用，能够帮助学生探究单元主题，实现元认知、主题知识、文体特征知识和程序性知识的显性梳理和建构，创设可期待的学习任务，助力深度思考，发展学生表达和交流的能力。

"支架(scaffolding)"是美国教育心理学家布鲁纳(J. S. Bruner)从建筑行业借用的术语，比喻教学中学生在积极建构知识意义过程中必要的脚手架。支架理论起源于苏联心理学家维果茨基(Lev Vygotsky) 的最近发展区理论，即通过有能力的人搭建支架提高学生的潜在学习能力，促进学生从现有的实际水平提升到潜在的发展水平。支架是从学生的实际发展水平到最近发展区之间的桥梁和台阶。

一、设计单元主题进阶式读写活动，搭建任务型支架

钱小芳、王蔷(2020)从读写有效连接的视角，认为教师要在研读阅读文本并找出阅读文本与写作文本之间关联的基础上，设计基于内容或基于形式进行创新迁移的写作任务，并参照英语活动学习观进行教学。

(一)基于主题整合多语篇，搭建丰富的共享知识

阅读和写作共享多个维度的知识，主要有四种共享知识：一是元认知知识，包括了解读写的功能和目的，知道读者与作者之间具有互动关系等；二是内容知识，包括知识背景或在阅读和写作中获得的主题知识等；三是文体特征的知识，包括词形、词音、词法、句法等；四是程序性知识和技能，包括无意识加工(如回忆相关信息)和有意识加工(如预测、提问、类推等)(梁爽，2022)。因此读写结合会有力促进学生阅读和写作能力的提升。

以北京版小学英语教材六年级上册第五单元"When did the ancient Olympic Games begin?" 为例，在本单元中有三个主语篇：语篇一为第 15 课对话，讲述了 Lingling 和 Yangyang 讨论古代奥运会的起始年份、举办城市，并介绍了女子不能参加；语篇二为第 16 课对话，两人了解到现代奥运会的起始时

间、口号、赛事、男女均可参加；语篇三为第 17 课对话，Sara 和 Yangyang 谈论 2008 年北京奥运会上中国获得的奖牌数量。三个语篇均为对话，且为同一主题和情景，并具有明显的时间发展线索。

除此外，教材中还有 5 个次语篇。第 18 课“Now I can read”板块中的两段话是对语篇一和语篇二的综合复述，教师将第一段中的“Then the Games stopped in Greece about 1600 years ago. There were no games for about 1500 years until 1896.”调整到第二段中。调整后的第一段即语篇 A，是对语篇一的复述。第二段即语篇 B，是对语篇二的复述，且增加了“Every four years, a different city hosts the Games.”的信息。语篇 C 即教材补充故事 Story 1，介绍了古代奥运会的庆典。语篇 D 即教材补充故事 Story 2，介绍了现代奥运会的奥委会、奥运五环和奥运火炬。语篇 E 为教材第 27 课“Can you read and write?”板块中的“The Opening Ceremony of the Olympics”。

依据语篇一、语篇二与语篇 A 所谈论的话题，教师选择《牛津阅读树》中的 *Olympic Adventure*，即语篇 F，来补充语篇一中提到的“In the Ancient Olympics, there were no woman. Only men could take part in.”。

据此教师将本单元的教学目标定为：①能与同伴交流古代奥运会的年代、发源地、意义；②能够交流现代奥运会的口号、开始年代、标志(如火炬)、举办间隔等，知道国际奥委会等信息；③了解 2008 年北京奥运会及其开幕式；④能够了解古代和现代奥运会的差异，并知晓奥运会发展的故事；⑤能够介绍 2008 年北京夏季奥运会和 2022 年北京冬季奥运会。单元主题内容框架如图 2-5-1 所示。

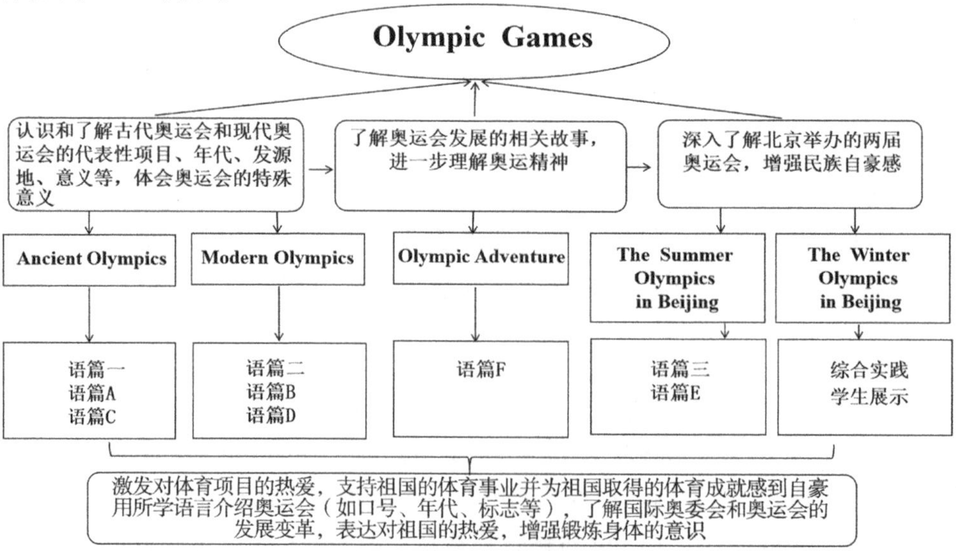

图 2-5-1　单元主题内容框架图

在以上的资源整合中，既要紧紧围绕单元的主题，又要把握本质、去繁就简，且从一开始就考虑到读与写之间元认知知识、内容知识、文体特征知识和程序性知识的链接，建构意义和主题的探索。为任务支架的设计、情景支架的搭建、语料支架的选择等做好准备。

（二）聚焦单元主题，设计读写任务支架和任务群

单元主题进阶式的读写活动是以一系列任务型支架体现的任务群。该任务群要有明确的目标、清晰的递进层次、互补的形式、统一的价值取向，并关注中心问题、聚焦核心语言。单元读写任务支架的设计要基于课时读写任务的设计，并兼顾任务之间的语言项目、表现形式等的差异。

1. 分析单课时内多个语篇，设计单课时读写任务

在本单元第一课时有主语篇一和次语篇 A、语篇 C，学生学习后，教师所设计的课上以写促读的活动和任务单如图 2-5-2 所示，课下以读促写的读写活动和任务单如图 2-5-3 所示。

Period 1 *Promote reading by writing*

Ancient Olympics

The first ancient Olympic Games began in ________, about ______years ago. And it held in ________ , a city in __________.

The celebration of the Olympic Games in ancient times was a chance for people from different ________________to______________. People not only__________ but they also talked about______________.

The mordern Olympic Games had a history of only about ______years.

The most impotant difference between the ancient and mordern Olympic Games is______________________________. Lingling thought it wasn't__________.

Read, catch and write

Step 1: Read the dialogue of Lesson 15

Step 2: Read the 1st paragraph of Lesson 18

Step 3: Read Story 1 on P66

Step 4: Catch the key information

Step 5: Fill in the blanks

Think and color

I can get

图 2-5-2　第一课时以写促读任务单

以上两个任务单虽然都是针对语篇一、语篇 A 和语篇 C 所设计，且题目相同，但任务单 1 为以写促读(promote reading by writing)，任务单 2 为以读促写(promote writing by reading)，且任务单的设计体现了阅读与写作的差异。

在任务单中教师也进行了精心的设计：任务单的标题引导学生了解阅读和写作的主题、目的和意义；教师设计了“Think and color”，帮助学生进行自我评价、检测和改进，关注共享的元认知知识、元认知体验和元认知监控；教师设计了填空(或问题链)，引导学生关注主题知识；教师进行了分段(或设

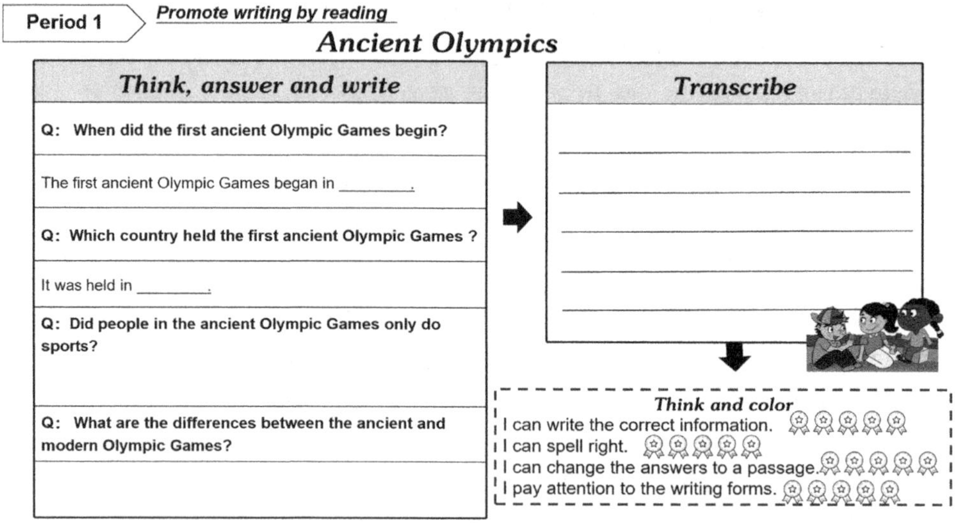

图 2-5-3　第一课时以读促写任务单

置 Question，简称“Q”），引导学生关注文本结构、段落、段落中心句的含义、逻辑关系等文本属性和通用的文体知识；教师设计了“Step”（或→）引导学生关注写作提纲、步骤等，引导学生关注程序性知识和技能。

2. 兼顾单元整体，多样化设计各课时的读写任务

教师要根据各课时的语篇特点和风格，设计任务间的梯度。教师结合以上 9 个语篇，设计了该主题下的 10 个不同的读写任务。其中课上为以写促读的活动，课下为以读促写的活动。10 个任务有机组合为单元主题引领、内容关联、层次清晰的系列化、结构化的读写教学活动（见图 2-5-4）。

课时	Period 1	Period 2	Period 3	Period 4	Period 5
课时主题	Ancient Olympics	Modern Olympics	Olympic Adventure	The Summer Olympics in Beijing	The Winter Olympics in Beijing
阅读语篇	语篇一 语篇A 语篇C	语篇二 语篇B 语篇D	语篇F	语篇三 语篇E	综合实践 学生展示
课上复述	填空式复述	问题链式复述	结构图式复述	用故事地图复述	用关键词讲述
课下写作	说明文 问题链式写作	说明文 汉堡包式写作 总分总结构	仿写Winter Olympics Adventure	说明文The Summer Olympics in Beijing 关键词式写作	书信体The Winter Olympics in Beijing，结构不限

图 2-5-4　单元读写任务设计

横向来看，各课时的主题逐步递进（Ancient Olympics→Modern Olympics→Olympic Adventure→The Summer Olympics in Beijing→The Winter Olympics in

Beijing)，课时主题聚焦单元主题，并由远及近、由广至细，最后落脚点为2022年举办的北京冬奥会，激发学生对祖国的热爱，增强学生的民族自信。

从语言功能的角度来看，各课时的语篇是聚焦主题的群文阅读，包括对话、说明文、绘本、科普配图短文等多种体裁。各课时的写作有两条暗线："以写促读"线(填空式复述→问题链式复述→结构图式复述→故事地图复述→关键词式讲述)，"以读促写"线(问题链式写作→汉堡包式写作→仿写→关键词式写作→结构不限)。语篇包含说明文、书信体、故事传说三种文体。学生接触到具有不同撰写特点的文本，并据此开展各种体裁文本的撰写，逐步提升了学生的阅读和写作能力。所设计的任务相互交叉、循环上升，有利于学生在真实情境中运用本单元所学语言和知识。

纵观本单元各课时的以写促读和以读促写的读写任务，均基于教材或绘本中的语篇设计，聚焦本单元的主题，课上与课下读写任务有效结合。课上的作品是所学内容的总结，课下的作品是对课上知识的进一步深化运用，二者相互补充。

二、运用以写促读的支架，助力学生理解阅读语篇

以写促读活动侧重促进阅读理解的过程。按照阅读教学的阶段来划分，比较常见的是读中阶段的书面表达活动，如书面形式的回答问题、完成表格等，以及读后的读书随笔、汇报、报告等(钱小芳，2021)。

(一)运用问题链支架发展思维品质

如在第二课时中，针对语篇二教师提出的核心问题是"What is the Modern Olympics?"，并衍生出以下一系列问题：问题1"When and where did people hold the first Modern Olympics?"；问题2"How many years are there between the Ancient and the Modern Olympics?"；问题3"What are the differences between the Ancient and the Modern Olympics?"；问题4"What's the motto of the Modern Olympics?"。针对语篇B，教师提出问题5"How often does a city host the Games?"和问题6"Which city held the 29th Olympic Games in 2008?"。其中问题1和问题4是基础问题，学生从文中找到事实信息即可。问题2难度有所提高，需要学生根据文本进行分析，并选择对话中的原句回答。问题3需要学生综合分析、推理和比较才能够回答出，难度最大。答案3有3个要点。要点一，"Men and women take part in the Games."。要点二，"There were more events."。这两个要点学生从文中找到即可。教师必须要继续启发，学生联系语篇C的信息"The celebration of the Olympic Games in ancient times was a chance for people from different Greek cities to get together."，并对比语篇二中的信息"People from different nations can meet and get to know each other better.”，才能够发现要点三：“There are more people（或 In Ancient Olympics there are people from different Greek cities，but in Modern Olympics there are people from different nations.）”。问题 5 和问题 6 是针对语篇 B 的提问。语篇 B 是对语篇二的复述，问题 5 和问题 6 是针对语篇 B 对语篇二的补充信息进行的提问，引导学生关注两个语篇的信息差。

教师在这两个语篇的教学中设计了 6 个问题。问题 1 聚焦课时主题；衍生问题 2—4 促进高阶思维的发展，需联系旧知，进行对比，为下一课时的主题探究奠定了话题基础；问题 5 和问题 6 针对两个语篇的信息差而提问，引导学生关注更多的补充信息。每一个问题的设计都具有深意。

(二)运用任务单支架培养学习能力

任务单是导学单的一种，可以明确学习内容，指导学习方法，反馈学习结果，可以在一定程度上引导学生个体学习。

如在第三课时中教师在课前设计 KWLM 任务单(见图 2-5-5)，力争从一个新的角度，引导学生关注古代和现代奥运会的差异，并综合前两课时中从四个语篇中所学的知识，激发阅读绘本的兴趣；引导学生梳理相关知识，建构知识网络和体系。

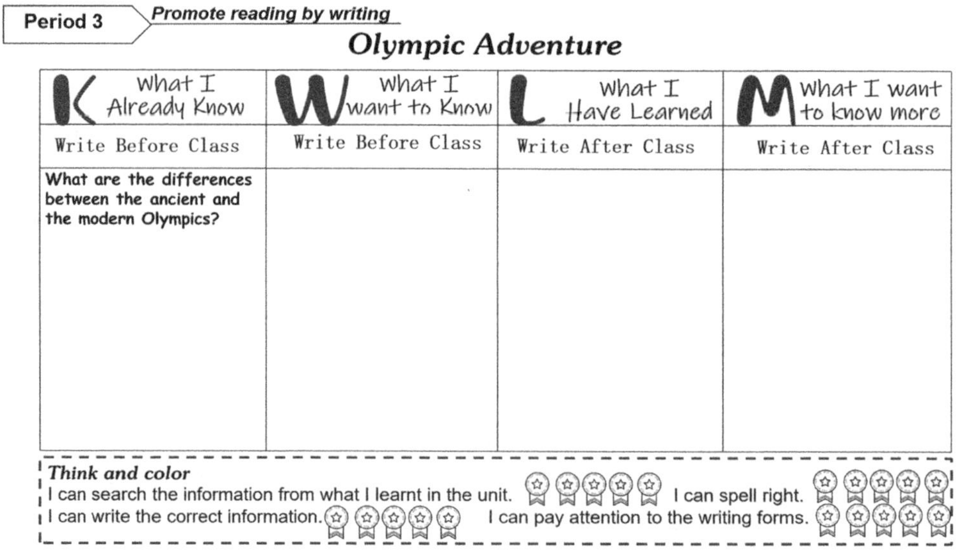

图 2-5-5　第三课时中的 KWLM 任务单

但该绘本情节较为曲折，内容丰富，仅靠一个 KWLM 任务单难以引导学生了解绘本逻辑曲线和细节，所以教师又设计了较为细致的学习任务单(见图 2-5-6)，以补充 KWLM 学习任务单。

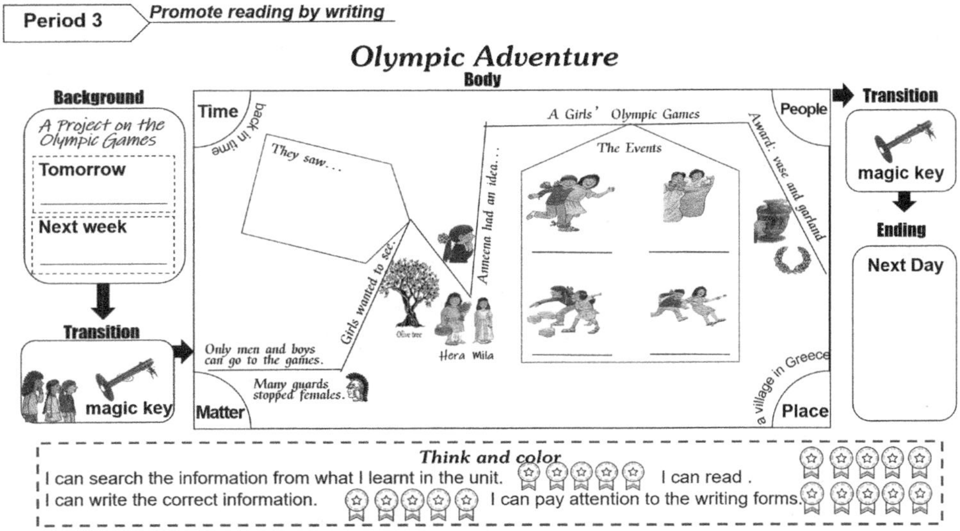

图 2-5-6　第三课时中的阅读任务单

该任务单呈现了故事的发生和发展过程(Background→Transition→Body→Transition→Ending)，这不仅是从故事中提炼出的语篇结构，也是学生可以模仿写作的结构，同时使学生关注到“magic key”在本文中起到的转场的作用并进行仿写。在“Body”环节，教师通过故事地图的方式展现故事的发生、发展、高潮和结局，以及各阶段的主要任务、事件、所见所闻及体育项目，引导学生细致地了解女子参加奥运会的过程、女子的心理变化、参赛项目以及奖品的来历。最后通过“magic key”再次转场，回到现代博物馆关于雅典奥运会的展览(There was a display about the Greek Olympics)。

图 2-5-5 和图 2-5-6 所示的两个任务单都是以写促读的任务支架，各有长处，建议学生完成图 2-5-6 后，将其粘贴在图 2-5-5 中的“L”部分。两者结合使用，就能够清晰地看出学生对“Olympic Adventure”核心问题的探索过程，并形成比较清晰、全面的认识，既承接了前两课时的主题知识，又为后续两课时体会中华民族的伟大复兴、增强民族自豪感奠定了情感基础。

(三)运用语言素材支架突破语篇难点

语言素材包括句型、词汇、背景知识等资源。语言素材的支架有多重模态，可以是音频、视频、图片、语篇等形式，也可以是同伴、师生等支持。

本单元中的次语篇就是语言素材支架之一。如在第一课时中就运用语篇 A 作为针对主语篇一的检测手段，将语篇 C 作为信息补充的来源，再综合语篇一的信息，这样就能够完成图 2-5-2 所呈现的任务单。学生需要综合信息、分析梳理、选择填写，这既有助于学生的理解，又提高了学生的能力。

在第二课时中，教师自制视频来解释奥运会停办1500年的原因："A war broke out in Greece. Later Greece became a province of Rome. They held the Games and changed the rules as they like. The Roman emperor stopped the Olympics."生动有趣的画面和讲解既使学生了解了奥运会的发展，又能够感受到奥运会举办的不易和奥运精神的可贵。

在第三课时中，教师利用绘本中的图片使学生理解three-legged race、sack race、throw discs、olive-and-spoon race这几个距离学生生活比较遥远的体育项目，并认识了"magic key""olive tree"。

在第四课时中，教师补充了大量北京夏季奥运会和冬季奥运会的特色项目，著名运动员，值得纪念的事件的视频、图片，激活学生的回忆，增强了解，增加自豪感。

(四)运用检验型支架增强对语篇的理解

检验型支架包括判断、连线、选择、填空等形式，以及复合形式。不同的检验型支架具有不同的作用，如判断型支架更侧重区分信息的细致差异，连线型支架侧重于并列结构或项目的辨析和区分，选择和填空型支架可以检测对文章主旨的理解，亦可检测对文章细节的理解。对于同一语篇，教师可以选择多种模态的支架搭配和综合运用，以达到教师对语篇的不同角度和层面的检测。

在第四课时中教师采用了复合式检验型支架(见图2-5-7)。该支架运用花瓣式结构图检验学生对主要信息的认知和逻辑的建构。再结合评价支架和步骤支架，达到检测语篇理解水平的目标。

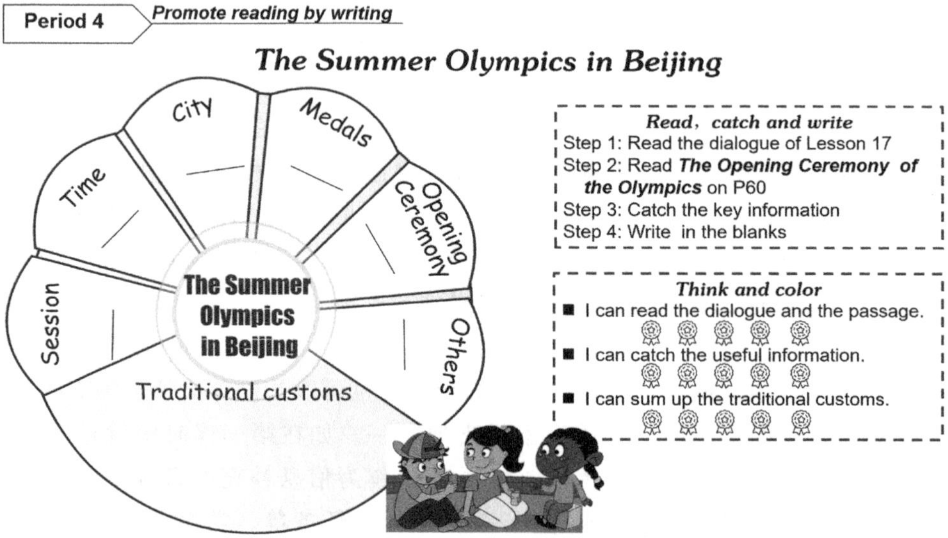

图2-5-7 第四课时的检验型支架

教师引导学生阅读完语篇三和语篇 E 后，学生需要综合两个语篇的信息，梳理奥运会的届数、时间、城市、奖杯、开幕式等。学生还需要读懂检测任务单的逻辑顺序和思路，选择相应的信息填入任务单对应的位置，同时梳理奥运会的传统风俗和仪式，如“The athletes enter the stadium in a certain order. The host country's head of state declares the Games open, followed by the raising of the Olympic flag.”等。学生还可以补充自己所知道的事情。

三、运用支架构建“读”与“写”的桥梁

从信息加工理论的视角来看，读与写虽然皆属于意义建构行为，但阅读偏向输入，而写作偏向输出(李金云、李胜利，2020)。教师利用读写的差异性与相似性，对文本开展理解性重组。依据阅读和写作“共享知识”的视角，教师主要提供两种支架作为读和写的过渡。

(一)语篇结构类支架的搭建

语篇结构类支架是由“读”转向“写”的支架中最重要的支架，主要帮助学生布局谋篇、决定详略、确定写作视角、使用衔接语句等。语篇结构类支架还能够体现元认知知识、主题知识、文本特征知识的共享，也利于素材的组织。

1. 提炼和了解不同文体的格式差异

不同题材的语篇具有不同的布局特点，如记叙文可以是“Background→Beginning→Body(Development、Climax)→Results”结构，说明文可以是“General→Sub item→General”结构，书信体可以是“Addressee→Greetings→Body→Sender”结构等。从阅读语篇中提炼的语篇结构类支架，带有阅读语篇时的学习体验、心理感受、观点认同和知识结构，对学生来说是天然的学习资源。

在本单元的学习中共有主、次语篇 9 个，从形式上看以对话、绘本、配图短文为主，从体裁上看有说明文、传说故事等。以第五课时 *Winter Olympics Adventure* 的写作来说，教师所设计的语篇结构如下(见图 2-5-8)。

2. 突出和体现“读”与“写”的共享知识

在这个语篇支架中，从阅读语篇“Olympic Adventure”到习作“ Winter Olympics Adventure”的迁移，首先使学生了解了阅读与写作的目的、知晓了其联系；其次教师提供了大量有关北京冬奥会的素材、知识支架，给学生提供主题知识的支撑，学生还可以运用先前所学的知识；最后教师给予了文体特征的知识，如语篇运用“magic key”实现了两次转场。

3. 促进搭建写作语篇的结构和组织素材

语篇结构类支架是学生列提纲的一个媒介。组织素材和列提纲是激发学生从“读”转化到“写”的深度思考的重要环节，这一环节看似简单，但实际却

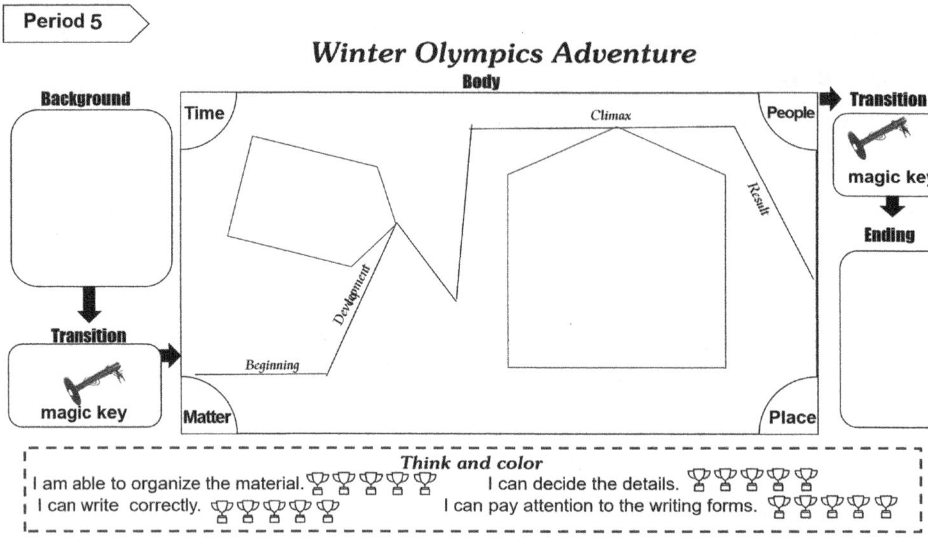

图 2-5-8　第五课时 *Winter Olympics Adventure* 的语篇结构支架

承载了生活经验、价值认知、知识沉淀、情感态度等内容。

在这个环节学生需要思考的是：每部分写哪个事件或人物、写主人公(或目标物)的哪件代表事件、是从当事人还是从旁观者的角度来写、整篇文章最想体现的核心观点或情绪价值是什么、如何体现逻辑顺序或转场。这一系列问题都通过语篇结构支架的充实(即列提纲)体现，所以学生在这个环节需要较多的时间思考。

(二)写作程序支架的搭建

对于需要学生综合运用信息或较大的写作任务，教师常辅助以程序性支架，指导学生写作的过程，部署策划写作的整体框架和写作走向。

仍以上文 *Winter Olympics Adventure* 的写作为例，就个人写作来说，学生能够按照“Reading→Analyzing→Organizing→Drafting→Transcription”的写作流程和提示完成写作任务，明晰写作流程(见图 2-5-9)。

就合作学习来说，在“Drafting”环节有与同伴交流和互相学习的内容“Read, check and correct”，在“Transcription”环节有教师批阅和再次修改的步骤。且在该页的评价中有对写作步骤、组织图的备注、合作学习、教师指导后的调控策略等内容的自我评价，促使学生养成良好的写作习惯，促进个人写作和合作学习的融合。

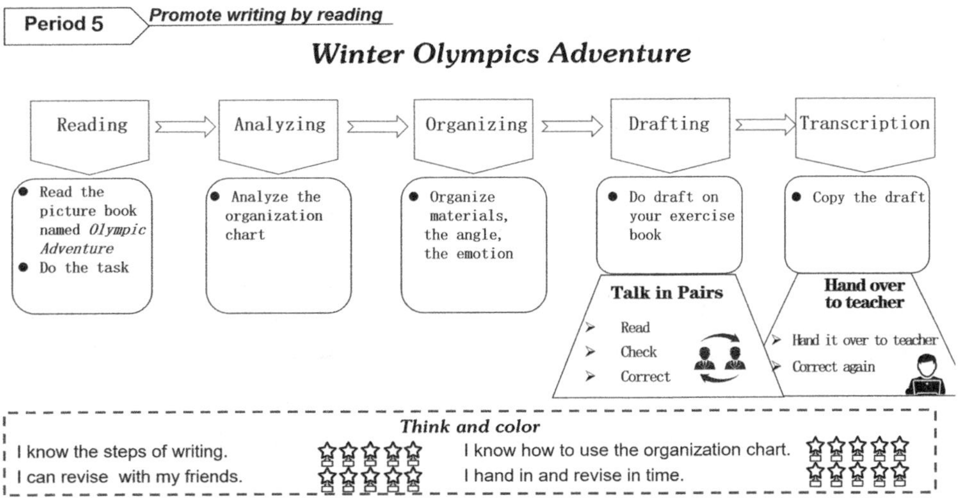

图 2-5-9　第五课时 Winter Olympics Adventure 导写支架

四、运用语言输出支架，优化学生书面表达效果

学生进行书面表达的过程，是由语言输入到输出的转化过程，是学生在已有的思维模式下，综合运用语言素材、篇章概念、生活经验等的真实表达。教师根据学生的需求提供各类支架，帮助学生沿着支架跨越最近发展区，攀爬到潜在发展区，使学生的写作能力有质的飞跃。这里以第五课时写作为例，说明在写作过程中支架的搭建和运用。

(一)利用情境支架助力真实表达

情境支架为写作作品提供了事件发生、发展的时间和空间，为人物的“相聚”和“交流”提供了合适的场景。情境支架与任务支架紧密相关，且常以同一个载体出现。

在某个特定的单元内，各课时的情境支架也是连续、系统并阶梯式发展的。如本单元的五个课时从希腊奥运会(古代奥运会、现代奥运会)谈到奥运会的发展，再谈到北京奥运会(夏季奥运会、冬季奥运会)。这五个课时的课时主题、课时情境的发展和推进是按由古至今、由远及近的顺序，且都紧紧围绕着单元主题。在情感上，学生在前三课时感受奥运会的厚重历史和曲折发展，在第四课时和第五课时激发爱国情感和民族自豪感。所以本课时的写作也要延续单元主题、情境和情感。

在第四课时中，学生了解了 2008 年北京夏奥会是第 29 届夏奥会，了解了其开幕式、奖牌、口号等，并由此自然过渡到本节课对 2022 年北京冬奥会的回忆。其主题统一、话题顺延、情境自然、情绪和价值观统一。

(二)利用语料支架丰富表达

语篇结构类支架像是习作的骨，语料就像其血肉，丰富的语料可满足不同层次和类型学生的需求，学生可以自主选择并充分表现，可以深化语言理解、活化语言运用，利于创新和迁移。

1. 语料支架的内容

结合单元习作的要求，教师首先要提供主题和背景知识支架。如北京冬奥会是第 24 届冬奥会，冬奥会开始和闭幕的时间，北京、延庆和张家口三大赛区，冬奥会的主题口号、吉祥物，开幕式的特色，荣获奖牌的运动员及其故事等。丰富的背景和主题知识，大量的图片和视频支持，能够激发学生的回忆。也许某个知识点就是学生极其想表达、有的说的内容。

其次，教师要梳理本单元核心语言知识，如“When did… begin? When did people hold…? How many medals did… win?”，同时也要梳理必要的旧知，如“The motto is…”和“24^{th}(the twenty-forth)”等。

最后，要有观点或情绪的表达，如“I am proud of Beijing.”“The athletes liked the delicious food.”。这些也可以启发学生的思维，激发学生表达的欲望。

2. 语料资源的来源

语料资源可以由教师提供，也可以由学生自主搜索。学生搜索的主题和背景知识一定是他们自身最想要表达的内容；学生梳理的核心语言也一定是本单元所学的重点语言。学生在梳理核心语言的过程中再次进行了温故，同时也在写作运用中进行了深化，观点和情绪的表达，可以在写作前的头脑风暴中碰撞和擦出火花。

所以教师在教学第五课时前，设置了课前任务 KWSN 导写支架(见图 2-5-10)，学生在课前梳理关于冬季奥运会的信息(What I already know)，思考想写的信息(What I want to write)，搜索哪些信息(What I need to search)，思考需要什么帮助(What help I need)，并且进行自我评价。

课前 KWSN 导写支架的准备，既使学生梳理了已有的该主题的背景知识、语言知识，也激发了学生继续探索该主题的兴趣，增强了主动搜索和筛选信息、寻求帮助的热情，检验和调整了自我探究的学习行为。

(三)利用评价支架保证写作质量

“教、学、评”是指一个完整教学活动的三个方面，“一体化”则指这三个方面的融合统一(王蔷、李亮，2019)。评价有利于阅读的深度理解、写作的有效开展，可以助力教师改进教学策略，助力学生改善学习方法。针对一个单元的阅读和写作的评价，大约需要半个月的时间，所以要整体规划和设计，使其成为一个立体并综合的评价体系。

Period 5

The Winter Olympics in Beijing

Before Class

Think , search and record

K What I Already Know	W What I Want to Write	S What I need to search	N what help I need
You can write... ■ Every four years there is a Summer Olympics and a Winter Olympics. ■ All athletes come here.	For example... ■ Which Winter Olympics is it? ■ What are the mascots? What's the meaning? ■ What is the motto?	After searching, I know... ■ It is the 24th Winter Olympics. ■ Bing Dwen Dwen Shuey Rhon Rhon ■ Together for a Shared Future	

Think and color

I can write what I already know.

I know what I want to write and I can search.

I know how to use tools(工具).

I know what help I need.

图 2-5-10　第五课时中的 KWSN 导写支架

1．评价的形式切合单元主题

在本单元各课时的学习任务单上至少有两种评价，一种是阅读评价，一种是写作评价。各课时的个体评价均以涂色为表现方式，且形态统一：阅读类评价的每个维度都是以不同形态的奖章为呈现方式；写作类评价的每个维度都是以不同形态的奖杯为呈现方式。无论是奖章还是奖杯，都切合本单元“Olympic Games”的主题。

2．评价的维度突出重点

各课时阅读的语篇的深度、广度和难度都是逐步推进的，写作的难度和要求也是逐步提升的。

仅从阅读来说，评价有固定的维度且不断累加，但过多的评价维度会造成学生的负担。教师根据各课时语篇的特点和重点来设计评价维度。例如本单元第一课时语篇的阅读评价仅仅是“I can get…”；第二课时的评价结合语篇的特点和任务，强调信息的选取、抄写或拼写的正确以及句子的形式，评价维度有“I can search the information.”“I can read. I can retell to friends.”“I can classify information.”；第四课时的评价强调对话和科普短文的共同阅读、强调从文中提取奥运文化的风俗和传统，如“I can catch the useful information.”“I can sum up the traditional customs.”。

在写作评价中也突出了各课时写作的差异。例如，在第三课时中强调素材的组织、详略搭配、书写正确、格式规范，评价维度具体如下：“I an able to organize the material.”“I can decide the details.”“I can write correctly.”“I can pay attention to the writing forms."。在第四课时中强调写作步骤、使用图形组织器、跟同伴互批互阅、跟老师互动，评价维度具体如下："I know the steps of writing.""I know how to use the organization chart.""I can revise with my friends.""I hand in and revise in time."。在第五课时的 KWSN 导写支架中强调学生对旧知的梳理、对问题的搜索、对工具的使用等写作策略的培养，评价维度具体如下："I can write what I already know.""I know what I want to write and I can search.""I know how to use tools." "I know what help I need."。

3. 评价主体的多样性

该单元的评价中非常注重学生的个人评价，通过各种任务单上的"Think and color"实现。但除了学生的自评外，还有教师课堂上的即时评价和同伴的互评。在单元学习结束后综合所有评价的结果，教师向学生颁发"Master of learning""Progress prize"等奖章。

本单元的所有评价及其体系达成了对学习过程的监控和调整，有效地提升了学生阅读和写作的能力，是学生学习效果的过程性评价和成长的记录。

总之，支架的运用贯穿单元教学的始终。在单元教学前，教师根据单元主题整合多模态阅读语篇，设计进阶式读写任务群，兼顾读写任务的体裁多样化、难度递进化；在单元教学中运用以写促读的支架助力学生理解语篇，构建"读"与"写"的桥梁，运用语言输出支架优化学生书面表达效果；并在学生写作后，运用评价支架检验学习效果，调整学习策略。教师聚焦单元主题精心设计任务支架，根据学情选择支架种类和数量，调整支架目标和方向，是培养学生读写能力的有效方法和手段。

第六节　运用任务单培养小学生英语读写能力

《义教新课标》中指出，课程内容六要素之一是语言技能，它为学生获取信息、建构知识、表达思想、交流情感提供途径。语言技能包括理解性技能和表达性技能。听、读、看是理解性技能，说和写是表达性技能。学生在听、读、看的过程中获取、梳理语言知识与文化知识，建立知识间的联系；在说和写的过程中运用语言和非语言知识及各种策略，表达思想、交流情感。程晓堂教授(2022)指出："在义务教育阶段，学生主要通过听、说、读、看、写等语言实践活动来学习英语。听、说、读、看、写等语言实践活动也是语音、词汇、语法、语篇等语言知识及文化知识的教学途径。因此英语教学应将知识的教学与技能的教学紧密结合起来，知识的学习应该立足于语言实践活动，语言技能训练活动也要以相关语言知识的学习为基础，否则语言技能就会成为无本之木。”

《义教新课标》在语言技能一级(3—4 年级)的内容要求中规定：“在听、读、看的过程中有目的地提取、梳理所需的信息”“能简单介绍有关家庭、个人、日常生活、学校等信息；在书面表达中，能根据图片或语境，仿写简单的句子等”。学生从预备级(1—2 年级)以视、听、说为主，到了一级，除了继续发展听、说能力，同时读、写能力也在发展之中。一些学校 3—6 年级的学生英语读写存在很多困难，产生这些困难的主要原因是缺少语言技能和学习策略构成的技能和方法类知识，这类知识“具有动态特征，发挥盘活和促进语言知识和文化知识学习和习得的作用”(王蔷，2022)。可以说一级是小学阶段语言学习的过渡期，这个阶段的读写能力不过关，将严重影响学生持续学习英语的积极性，也会成为二级(5—6 年级)语言技能提升的障碍。

因此根据《义教新课标》对学生语言技能内容的要求，结合语篇学习的内容及学生的年龄特点，借助语言学习的技能和方法类的知识，教师可以尝试通过任务单这种可见的思维活动工具，针对三、四年级学生的读写能力问题开展读写活动，以提高学生的读写能力，为学生持续学习英语奠定基础。

一、任务单的内涵与定义

任务单的功能是支架。从这一点来看，任务单是教师依据教材和学情，设计并提供给学生进行自主学习以达成学习目的的一种支架，是教师指导学生学习的工具和学生进行学习的阶梯。任务单的形式是表单。李海林(2013)介绍了美国学校课上使用的“一张纸”，他说，在美国中小学听了 100 多堂课，让他印象最深的是“一张纸 ”。上课开始第一件事，往往是教师给学生发一张纸，接下来的整堂课就围绕这张纸来展开，这张纸就是任务单(Worksheet)。任务单一般以表单的形式呈现，可以是纸质文本，也可以是电子文本，是供教师和学生使用的图表、文字等印刷材料，是教学的辅助性工具。任务单的核心是“任务”，是教师依据教学目标，从教学材料中分解出一个个具体明确、层层递进的学习任务，学生通过完成学习任务来落实学习内容，达成学习目标。任务单的主体是学生。任务单是为谁设计的？毫无疑问，一定是为学生设计的，学生是任务完成的主体。任务单使课堂教学将重心从“教”转到“学”，是为学生的学而教，将“课堂”变为“学堂”。任务单的设计和使用体现了教学理念的转变和育人方式的变革。任务单的主导者是教师，突出教师的设计、指导、引领作用。任务单的设计是否科学合理，是否体现了以学生为中心，是否达成了教学目标等，对教师来说都是考验。

由此看出，任务单的设计者是教师，使用者是学生，是教师为帮助学生完成学习任务设计的“支架”(表单)，这个支架会根据学生的学习需要及时搭建和撤出，为学生提供“学什么”和“怎么学”的方向指引和策略指导。

以上阐述了任务单的功能和作用，但对于什么是任务单，不同的学者有不同的观点。第一种观点侧重任务单的支架作用，认为任务单是教师依据教材和学情，设计并提供给学生进行自主学习以达成学习目的的一种支架。第二种观点侧重任务单中的任务，认为任务单是教师为完成教学目标而设计的一些任务，以文本的形式呈现出来，学生在课堂中完成，从而达到实现教学目标的目的。第三种观点突出学习主体，认为任务单是便于学生开展自主学习活动、需要学生完成的任务的文本，引导学生明确学习目标，并通过完成其中的学习任务达到学习目标。

综合学者们的观点，任务单可以被总结为教师为帮助学生有效达成学习目标而设计的表单型学习支架，是使学生思维可视化的工具。

二、借助任务单提高学生的读写能力

教学中要遵循“激发兴趣、操作方便、尊重差异、反馈评价”的原则来设计任务单，它的编制要科学合理、切合实际、时效性强。任务单的种类多样，课堂上常用的任务单以图表为主，其他还有如名片、卡片、清单、海报等多种形式，任务单都是为达成学习目标服务的。

(一)借助任务单搭建阅读的桥梁，提高阅读能力

“在听、读、看的过程中有目的地提取、梳理信息的能力”，这是《义教新课标》对语言理解性技能(一级)的要求，这对于三、四年级的学生，尤其是刚上三年级的学生来说，难度很大，教师借助合适的任务单帮助学生学习阅读方法、提高阅读能力是非常有必要的。

1. 借助鱼骨图厘清语篇的因果关系

人教版小学英语(本节后面所举例子都是这个版本的教材)三年级下册第三单元的“Story Time”为配图故事，内容为一个小男孩没有合理的课后活动安排，看到别人干什么自己也想去，最后背了一大堆活动用品，但是不确定自己要去干什么。这个故事适合使用鱼骨图这样的任务单帮助学生厘清故事内容的因果关系，便于学生更好地思考故事背后的含义。

教学时，教师首先借助图片抛出问题，“Is Peter(教师给出的名字) happy? Why?”，预测主人公 Peter 不开心的原因，激发学生的阅读兴趣。接下来借助任务单引导学生从问题出发阅读文本，共同发现问题存在的原因。

教师先带领学生进行教材中图片 1 和图片 2 的环游，共同获取与梳理这两

幅图的信息，既帮助学生理解故事，也教给学生阅读的方法。这之后让学生借助教师的阅读方法，自主阅读、小组交流，完成任务一，梳理出鱼骨图，使他们比较清晰地了解问题产生的原因，从而达到对故事的理解，实现以读促思。

故事的因果关系厘清之后，教师引发学生思考本质问题：Why is he not happy? 学生也就从“没主见、人云亦云”的理解到“没有明确、清晰的目标”的高度概括。

鱼骨图的使用既能培养学生获取和梳理信息的能力，也能提升学生发现问题、分析问题、解决问题及对事物做出正确判断的能力。

2. 借助故事地图理解故事的结构关系

故事类的语篇一般包括时间，地点，人物，故事的起因、经过、结果等故事结构。教学中为学生提供故事地图，帮助学生通过视觉化的方式理解故事的结构和情节发展，从而加深对故事的理解，有助于培养学生的阅读策略。

四年级上册第四单元 Lesson 3 的语篇介绍了小男孩 Steven 和爸爸走失后，主动去公园咨询处请求帮助，借用工作人员的电话最后找到了爸爸的小故事。

教师要正确把握语篇知识的内涵，即不同类型语篇的信息组织方式，如结构特征、语言特点和衔接手段等。教师在教学中为学生设计了如图 2-6-1 所示的任务单，学生将阅读与动手实践相结合，通过读一读、贴一贴、写一写，初步理解故事类语篇的结构。

任务一：阅读书第 42 页，将图片贴在合适的位置，并将横线上的内容补充完整。

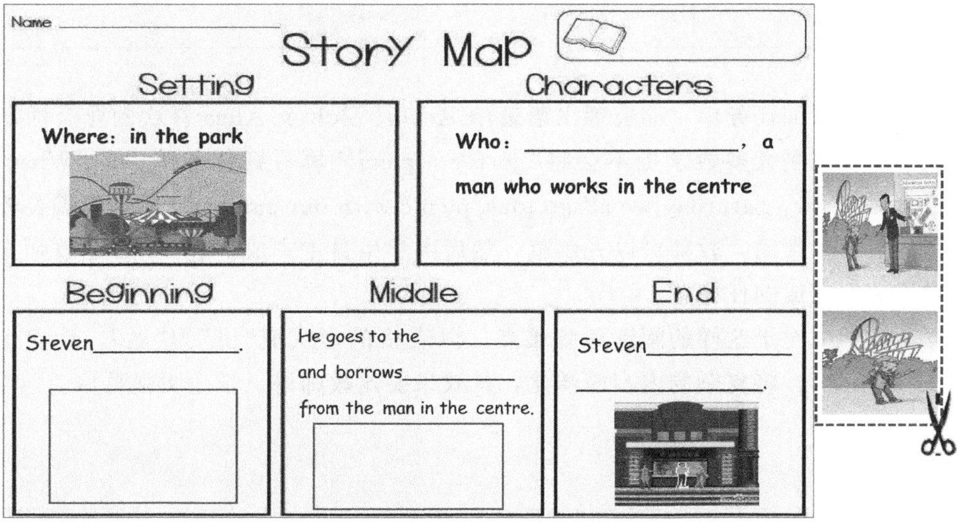

图 2-6-1　Lesson 3 任务单

故事类语篇可以借助故事地图帮助学生了解语篇的结构特点，为学生有条理地复述故事提供支架，也为学生在五、六年级实现“归纳故事类语篇中主要情节的发生、发展与结局”这一语言技能要求做铺垫。

3. 借助表格突破语篇的阅读难点

表格可以将复杂的信息以简洁的形式展示出来，使得信息的传递更加清晰和明了。语篇中的一些阅读理解难点，教学中可以借助表格让学生在写一写、画一画的过程中突破。

四年级下册第五单元“Let's check”语篇中，“Every Saturday we all go for a picnic with our parents.”是阅读理解难点，学生常常不理解这句话的意思。根据以往的经验，教师反复讲，学生看似明白，但是再遇到这样的问题，理解依然有误。教师在教学中可以尝试利用如表 2-6-1 所示的任务单让学生把对这句话的理解写出来、画出来，也就是把思维的过程可视化。

表 2-6-1 “Let's check”语篇任务单

Who	What	How often	Why
Kevin		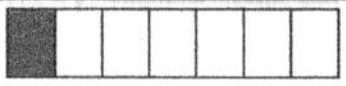	
	goes skating	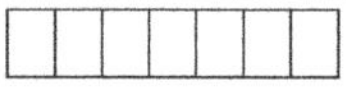	
		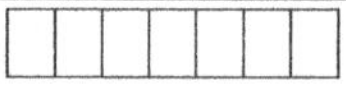	dances well

学生借助任务单，能梳理出语篇中 Kevin、Bob 及 Alice 喜欢的业余活动及理由。但是大多数学生不会将“go for a picnic”填写到任务单中的“What”栏。对“Every Saturday we all go for a picnic with our parents.”的理解需要教师的引导和帮助，教师可以先示范，然后由学生自主完成。表 2-6-2 是教师指导后学生完成的任务单。

教学中对于这样的阅读理解难点，以表格的形式变“讲”为“做”，让学生在“做中学”，将复杂的内容简洁化，其效果要比教师讲、学生听强百倍。

表 2-6-2　教师指导后学生完成的任务单

Who	What	How often	Why
Kevin	go to a science club	■□□□□□□	interesting
	go for a picnic	□□□□□▨□	fun
Bob	goes skating	▨□▨□□□□	cool
	go for a picnic	□□□□□▨□	fun
Alice	learn to dance	□▨□▨▨□□	dances well
	go for a picnic	□□□□□▨□	fun

（二）借助任务单搭建写的桥梁，提高学生的仿写能力

《义教新课标》在语言的表达性技能（一级）中要求：在书面表达中，能根据图片或语境，仿写简单的句子。从仿写一句话到几句话，需要教师为学生逐步搭建支架，在学生掌握基本的仿写技能后再逐渐撤掉支架。

1. 借助主题任务单仿写简单的句子，了解简单句的表意功能

这里的“主题”说的是语境，通常指规则、指令、宣传等应用文体的主题内容，如交通规则、家规、校规、宣传海报等。这类文体的特点是内容简单，一句话就可以表达一个主题；句式简单，可以是一个词，也可以是一个简单句；实用性强，与学生的生活息息相关。在学习这类内容时，教师通常会为学生设计主题任务单，让学生围绕主题仿写所学内容，在生活中运用所学内容。

四年级上册第五单元“Safety”前四个课时分别学习居家、在路上、在学校及外出游玩的安全规则，针对不同场合的安全守则，教师设计图 2-6-2 这样的一组任务单，在语境中让学生设计不同场所的安全规则，不限制学生的思维，让学生在画一画、写一写的过程中学习祈使句的表达方法。

图 2-6-2 “Safety”任务单

图 2-6-3 是学生完成的任务单，不论是绘画还是书写，都能看出学生在做中思考。学生在模仿中学习了祈使句的表达方法，这种多种感官参与的学习方式，要比传统的教师讲、学生听的效果更好。

图 2-6-3 学生完成的“Safety”任务单

2. 借助“汉堡包”任务单进行仿写，了解语篇的写作特点

“汉堡包式结构”俗称“汉堡包写作法”，其实就是语文教学中耳熟能详的“总—分—总”写作结构，英语教学中也可以借助这个神奇的“汉堡包”来帮助学生进行仿写。

三、四年级每个单元 Lesson 3 中的部分语篇结构特征明显(为“总—分”或“总—分—总”的写作结构)，有利于学生仿写有关联的几句话。三年级上册第二单元 Lesson 3 的语篇是“总—分—总”结构，学生首次接触这样的文体结构。教学中利用汉堡包结构图(见图 2-6-4)帮助学生发现语篇中段落主题句与段落内容之间的关系，借助母语语篇结构的学习方法进行英语语篇的学习，这种正迁移有利于学生更好地学习英语，降低学习的难度。

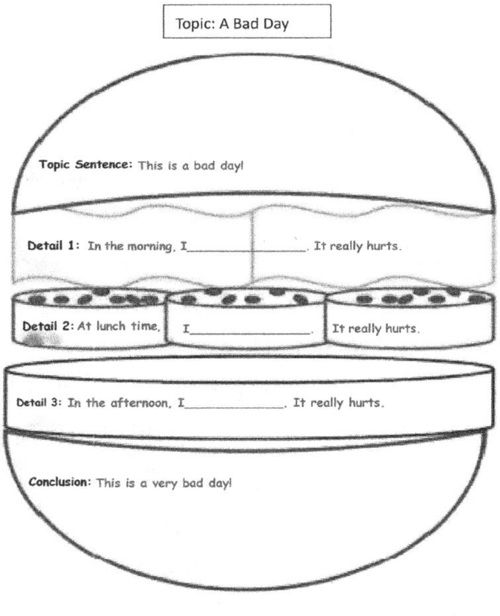

图 2-6-4　为学生提供的任务单

理解语篇之后，第二次利用汉堡包结构图(见图 2-6-5)，通过填词的方式让学生介绍自己快乐的一天“A Happy Day”，理解语篇中段落主题句与段落内容之间的关系。

利用汉堡包结构图，让学生更加形象地看到“总—分—总”的语篇结构是什么样的，使其写作结构清晰、条理分明，也为实现二级要求“模仿范文的结构和内容写几句意思连贯的话”做铺垫。

3. 借助海报任务单搭建“创造”的桥梁，写出自己的创意

“海报”的英语表达是“poster”，是极为常见的一种宣传媒介。海报具有画面大、内容广泛、艺术表现力丰富、远视效果强烈的特点。这要求设计者将

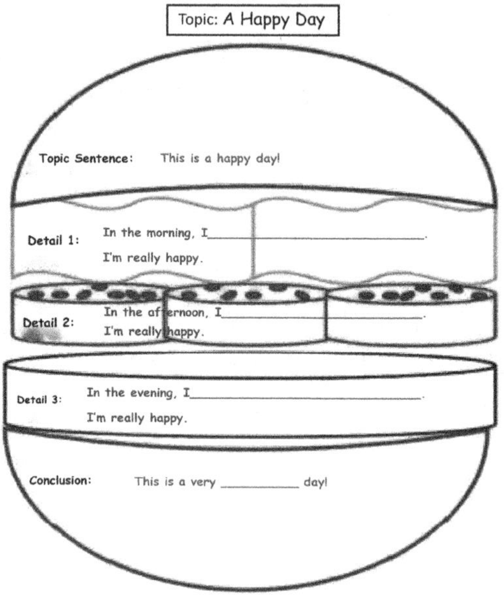

图 2-6-5　为学生提供的仿写任务单

图片、文字、色彩、空间等要素进行结合，以恰当的形式向人们展示出所要宣传信息。其语言要求简明扼要，形式要求新颖美观。

“根据需要，运用图表、海报、自制绘本等方式创造性地表达意义”，这是《义教新课标》对语言技能(二级)的要求。从三年级开始，每个单元的“Fun Time”板块都有海报制作的实践活动，为学生提供制作海报表达创意的机会。

四年级下册第二单元的主题是“Cities”，学完这个单元的“Fun Time”板块之后，教师布置给学生的一个任务是“以海报的形式设计自己的梦想城市，并能简单介绍自己的梦想城市”。学生结合自己的生活经验去创作，这其中有一部分学生的创作是在课下完成的，将任务单转化为家庭作业。在下面两个学生的作品(见图 2-6-6)中，可以看到创造性思维在运用语言的过程中得以体现。

图 2-6-6　学生完成的任务单

依托任务单开展阅读活动，帮助学生运用有效的阅读策略理解文本的主要内容；依托任务单开展写作活动，为学生搭建“想表达”和“会表达”的平台。任务单是学生思维可视化的工具，任务单的合理使用可以有效提升学生的读写能力。总之，课堂上任务单的使用，对于保持学生(3—4 年级)的读写兴趣、使其顺利开展读写活动有很大的帮助。合适的任务单的使用，不仅能提高学生的读写能力，学生的创造力、综合语言的运用能力等在完成任务的活动中也会有所提高。任务单同时还是对课堂教学的过程性评价，能够助力教师判断学生学会了什么、还不会什么、学到了什么程度以及还存在什么问题等，并据此为学生提供及时的、具有建设性意义的反馈、指导和帮助(王蔷、蒋京丽，2023)。任务单的使用能够引导学生做到想表达、能表达和会表达，体验英语学习的乐趣与意义，获得成就感和自信心，因此是英语学科核心素养落地的有效途径。

第七节 单元整体教学培养小学生文化意识

《义教新课标》在“课程性质”中指出，英语对中国走向世界、世界了解中国、构建人类命运共同体具有重要作用(教育部，2022)。为了能够使用英语向世界传播中华优秀文化，需要学生在英语学习的过程中形成文化意识，提高文化传播能力。文化意识指对中外文化的理解和对优秀文化的鉴赏，是学生在新时代表现出的跨文化认知、态度和行为选择(教育部，2022)。义务教育阶段英语课程在培养文化意识方面要加深学生对中华优秀文化的理解和认同，树立国际视野，坚定文化自信。培养文化意识有助于学生增强家国情怀和人类命运共同体意识，涵养品格，提升文明素养和社会责任感(程晓堂，2022)。

一、小学英语课堂教学培养学生文化意识存在的问题

现行的北京版小学英语教材在名胜古迹、风土人情、传统习惯、生活方式、文化艺术等方面大幅度增加了介绍中华优秀文化的内容，目的在于加深学生对中华优秀文化的理解和认同，能用英语初步介绍中华优秀文化。但是，在小学英语课堂上，文化意识培养还普遍存在着以下问题。首先，中华文化内涵挖掘还不够深入。这主要是因为教师对于文化意识培养的重要性认识不足，没有根据教学内容进行相关文化知识的深度挖掘，使对文化知识的学习局限于教材提供的内容，影响了学生对中华优秀文化的深度理解。其次，中华优秀文化资源的开发还不够丰富。虽然有的教师会适当补充相关知识内容，但是内容一般比较简单，无法满足学生系统了解中华优秀文化内容的需求。

最后，中华优秀文化学习方式还不够灵活，学生的传播意愿还不够强烈。对于教材中呈现的文化内容，教师通过讲解或提问，学生通过观察图片、阅读文本、回答问题等方式进行初步了解。这样的学习方式单一，学生没有真正参与到文化学习的过程中，不利于学生文化意识的形成。

二、培养学生文化意识和文化传播能力的策略

在小学英语课堂上，教师可以通过以下策略与途径提高学生的文化意识，培养他们的文化传播能力，为他们将来可以用英语向世界传播中华优秀文化奠定基础。

(一)深挖教材文化资源

教师要善于挖掘教材中的文化内容，把握教材中文化意识培养活动的设计意图和实际操作要领，有目的、有意识地将文化知识教学和文化意识培养渗透到教学活动中(程晓堂，2022)。现行的北京版小学英语教材中有比较丰富的中华优秀文化方面的知识和内容，但是不够系统化，英语教师要有一双文化的“眼”，善于发现和挖掘语言教学中的文化内容(武和平，2019)，对教材中的文化内容进行深度挖掘，让学生更加深入地学习中华优秀文化。

(二) 补充课外文化资源

语言学习以及文化知识积累需要充分的信息输入以丰富文化体验和促进知识内化(高洪德，2019)。虽然现行教材中有一些相应的文化知识，但往往是单一的、零散的，不够丰富和系统。教师要敢于突破教材的制约，充分挖掘教材以外的资源(教育部，2022)。根据单元主题和教材原有内容，补充相应的课外文化资源，使之系统化，让学生深入学习中华优秀文化。

(三)创设真实的文化情境

在语言学习过程中，教师需要创设好语言使用的情境(王蔷，2022)。在英语课堂上，文化知识的学习是融合在语言知识的学习过程中的，同样需要创设相应的文化情境。教师创设出与学生生活实际密切相关的文化学习情境，激发学生的学习兴趣，让学生体会到中华优秀文化在真实生活中的实用价值，文化学习才能起到事半功倍的效果，才能提高学生的文化意识。

(四)丰富文化学习方式

“文化导入”模式是当前最主要的一种文化学习方式，学生在熟悉单元话题内容的过程中，了解和熟悉相关的文化知识和文化背景(武和平，2022)。这种单一的学习方式以了解为主，文化知识基本上还游离于语言知识之外。但是，文化知识的学习不限于了解和记忆具体的知识点，更重要的是发现、判断其背后的态度和价值观(教育部，2022)。文化内容要避免单纯的讲解，应创造机会让学生观察、发现和体验文化内容(程晓堂，2022)。因此，教师

们在课堂上要广泛使用体验、感知、实践、参与、交流、合作、探究等学习方式，提升学生的文化意识。

三、基于单元整体教学培养学生文化意识的教学实践

结合《义教新课标》的相关要求和当前小学英语课堂在培养学生文化意识方面存在的问题，教师可以通过深挖教材文化资源、补充课外文化资源、创设真实的文化情境、丰富文化学习方式和尝试进行文化表达等教学策略，积极开展单元整体教学实践，在小学英语课堂上培养学生的文化意识和文化传播能力。现以北京版小学英语教材六年级上册第七单元“What are the twelve animals?”的教学为例进行说明。

（一）教学背景介绍

本课例授课对象为小学六年级学生。根据学生核心素养发展需要，教师通过学情调研和教材内容分析，确定单元主题和各课时子主题，并对各课时教学内容进行调整和补充，设定单元教学目标及各课时教学目标，有效开展教学活动。

1. 单元教学内容和教学目标

北京版小学英语教材六年级上册第七单元“What are the twelve animals?”的单元话题是谈论中国传统生肖文化，主题范畴属于“人与社会”下面的“传统节日、文化体验”子主题。本单元3个新授课时运用3个功能句型（“How often does each animal come around?”“Which animal was the first of the twelve?”“Grandma likes the dog best. She is as caring as the dog.”）分别谈论十二生肖的循环、顺序和性格，内容彼此关联，共同呈现中国的传统生肖文化。根据本单元的教学内容，教师确定本单元的主题为“We Can Introduce Chinese Zodiac in English”。通过对教材内容的删减、移动和改写，并补充丰富的相关教学资源，用6课时完成本单元的教学任务，使学生可以谈论中国传统生肖文化并能够主动传播、弘扬中华优秀传统文化。

根据单元学习内容，制定单元学习目标。通过本单元的学习，学生能够：①正确理解单元对话内容，正确、流利地朗读对话；②在情境中运用本单元所学词汇、句型及相关拓展知识交流十二生肖的文化知识；③读懂有关十二生肖的故事，完成相关阅读理解和写作练习；④用英语讲好“中国故事”，主动和外国朋友谈论中国传统生肖文化，提升文化自信。

2. 课时教学内容和目标

本课时“Chinese Zodiac and Birth-year Animals”是第七单元的第一课时。对话板块内容为春节期间Sara和Yangyang在家门口谈论中国的十二生肖，功能板块用功能句型“How often does each animal come around? Every twelve years."谈论十二生肖的循环周期，实践活动板块让学生介绍自己家人的生肖。除了教材内容之外，教师补充了十二生肖来源短视频、生活中的十二生肖图画书等课外资源，使学生深入了解祖国的传统生肖文化，为达成向外国友人介绍中国传统生肖文化的单元目标奠定基础。基于单元整体教学设计、教材基本内容、补充的教学资源和学生实际情况，教师制定本课时教学目标。通过本课时的学习，学生能够：①理解对话内容，正确朗读对话；②听懂、认读"rat""rooster""enter"等词，并在情境中运用；③运用本课所学的重点词汇和相关句型"Chinese Zodiac appeared / is formed in… ""They are… ""…birth-year animal is… "谈论十二生肖历史起源、生肖动物名称、循环周期和自己及家人的生肖；④主动用英语谈论、传播生肖文化，提升文化自信。

（二）培养学生文化意识的教学实践

教师抓住"中国传统生肖文化"这个中华优秀文化切入点，开展提升学生文化意识和文化传播能力的教学实践。教师按照"关注主题，激活学生已有知识—探究主题，关注文化知识和语言能力培养—深化主题，提升文化传播能力"的整体教学思路，在统一的文化情境中，引导学生把语言知识和文化知识融为一体进行学习，提升学生的文化意识和传播中华优秀文化的能力。

1. 关注主题，激活学生已有知识

在预热环节，教师出示一段关于动物的小视频，要求学生大声说出视频中动物的英文名称。关于视频中的动物，教师有意选取我国的十二生肖动物。然后教师出示十二生肖的图片，引出本节课的学习主题——Chinese Zodiac（十二生肖）。师生用"Free Talk"的形式进行互动交流，说一说关于生肖文化"What have you known?"和"What do you want to know?"，不仅有效激活了学生的文化知识背景，同时也激发了学生深入了解我国生肖文化的兴趣。

2. 探究主题，关注文化知识和语言能力培养

主题意义探究的教学，是语言与内容融合教学理念（Content and Language Integrated Learning，简称"CLIL"）下的一种外语教学模式，学习者围绕某一特定主题，通过对语言学习材料内容的探究性理解，在真实的情境中运用语言来完成任务，最终掌握语言使用技能，形成语言能力。

（1）挖掘教材内容，理解中华优秀文化

教师在深入研读教材、挖掘教材文化内涵的基础上，通过提问，帮助学生理解中华优秀文化。教材是英语课程的核心资源。教师要深入研读教材，在教学中根据学生的水平和教学的需要，有效利用和开发教材资源（教育部，2022）。在本课时的呈现环节，以3个核心问题"Who named the years after twelve animals? What are the twelve animals? How often does each animal come around?"为引领，学生自主学习理解主题对话的主要内容，学习生肖文

化知识：我国古代劳动人民命名了十二生肖的动物名称，分别是子鼠、丑牛、寅虎、卯兔、辰龙、巳蛇、午马、未羊、申猴、酉鸡、戌狗和亥猪，十二生肖每十二年循环一次。这些是教材提供的文化知识，学生在学习语言知识的同时，也理解了传统生肖文化知识。

(2)补充教学资源，丰富对中华优秀文化的学习

积极开发与合理利用课程资源是有效实施英语课程的重要保证(教育部，2022)。虽然教材在主题对话中呈现了一些文化知识资源，但是受篇幅所限，内容单薄，达不到学生文化学习的要求。所以，在课堂呈现环节理解“Who named the years after twelve animals?”这一知识点的过程中，教师通过图片和文本，补充介绍了“十二生肖在我国秦朝开始出现，在汉朝时基本形成。在东汉王充的《论衡》中，十二生肖的种类和顺序已经和现在完全相同”这些生肖文化知识。在学生理解了“生肖十二年循环一次”之后，教师补充了“animal year(本命年)”的生肖文化知识，让学生交流自己的本命年和本命年收到的礼物，更加深入地学习我国传统生肖文化。在课堂练习环节，教师补充了一段视频，内容是生肖的起源、传承，生肖崇拜以及现代生活中十二生肖的表现形式。这些补充的图片、文字和视频使学习资源更加丰富，有助于学生对我国生肖文化有更加系统的认识，形成文化意识。

(3)设计学习活动，体验中华优秀文化

培养学生的文化意识，不能仅仅在教学内容中添加一些文化背景知识，还要将文化知识的学习和文化意识的培养渗透到大多数英语教学活动之中(程晓堂，2021)。文化知识与语言知识紧密相关，文化意识的培养可以且应该“润物细无声”地融入语言知识和语言技能的教学之中。在课堂呈现环节，学生理解了十二生肖循环规律之后，教师设计了游戏活动：生肖大转盘。

教师首先出示如图 2-7-1 所示的生肖大转盘，指针会随机停在某一个年份，学生根据生肖的顺序快速说出当年的生肖“… is the year of the …”，以此加强学生对生肖顺序的理解与记忆。接着教师出示如图 2-7-2 所示的生肖大转盘，告诉学生“2020 is the year of the rat.”，让学生根据生肖的循环规律说出上一个鼠年和下一个鼠年分别是哪一年，并且说明理由。学生运用语言“2032 is the next year of the rat, because 2020 plus 12 is 2032.”和“2008 is the last year of the rat, because 2020 minus 12 is 2008.”进行表达后，自己点击转盘进行验证。这样可以帮助学生掌握生肖的循环规律。学生在转盘游戏活动中，一边开心地做游戏，一边用所学语言进行交流，既提高了语言能力，又加深了对生肖文化知识的体验，促进了文化意识的形成。

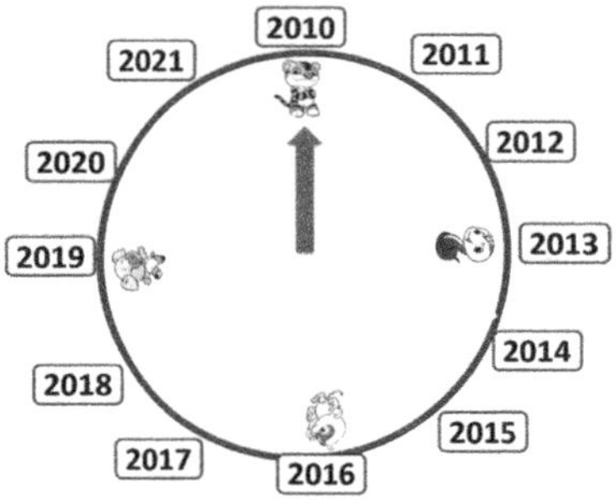

图 2-7-1　生肖大转盘一

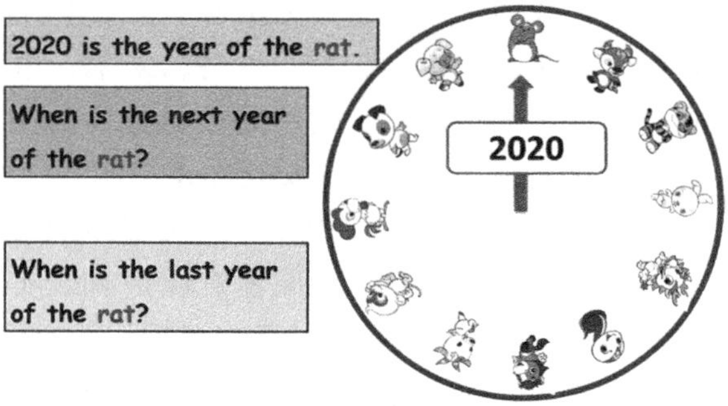

图 2-7-2　生肖大转盘二

3. 深化主题，提升文化传播能力

通过深挖教材内容、补充文化资源和设计文化体验活动，学生在学习语言知识的过程中同时学习了中国传统生肖文化，提升了文化意识。本课例中，教师结合教学内容设计相应的教学活动，在学生形成初步的文化意识之后，提升学生的文化传播能力。

(1)内化文化知识，夯实文化传播基础

文化知识的获得过程是一个逐步由外向内的转化过程，是知识作为“精神种子”发育成为个体的思想、智慧和美德的过程(郭元祥、吴宏，2018)。学生学习了文化知识之后，需要通过相应的学习活动进行内化。文化知识只有内化为学生自己的文化品德，才能在恰当的生活情境中进行输出，进行文化传播，所以教师要设计内化文化知识的活动，夯实文化传播的基础。本课例的练习环节，教师设计了如下一个半开放的填空练习活动。

Chinese Zodiac

________ named the years after twelve animals. They are ________, Ox, Tiger, Rabbit, ________, Snake, Horse, Sheep, Monkey, ________, Dog and Pig. Each animal comes around every ________ years. The Chinese Zodiac first appeared in the ________ Dynasty. It is formed in the ________ Dynasty. This year is the year of the ________. Next year is the year of the ________. I was born in the year of the ________. My birth-year animal is the ________.

练习中既有“生肖名称”这种教材文本中出现的单词，也有“Qin Dynasty”这种教师补充的生肖文化知识单词，还有“学生自己的生肖和今年的生肖”这种来源于学生真实生活的生肖文化单词，这就需要学生梳理总结在课上新学到的生肖文化知识，将其和自己课前原有的生肖文化知识进行整合并且重新建构，选择恰当的单词或短语把文段补充完整。学生在填写单词完成文段的过程中，生肖文化知识得以内化，为接下来的口语输出也就是文化传播夯实了基础。

(2)创设生活情境，提升文化传播意识

在学生对文化知识有了深入理解并进行内化之后，教师要创设真实的文化传播情境，在情境中引导学生对所了解的文化知识进行表达，自信地传播中华传统文化，践行文化传承，彰显文化素养。本课例的语言产出环节，教师设计了“向曾经来我校参观交流的外国小朋友介绍我国的生肖文化”的教学活动。教师告诉学生生肖是我国传统文化，发源于我国，后来传播到一些其他国家和地区。“曾经来我校参观交流的小朋友 Alex 和 Carol 特别想了解咱们国家的生肖文化，你能把今天学到的生肖文化知识和他俩分享吗?”接下来教师播放了预先录制的两个小朋友的视频，使用多媒体教学手段创设了真实的交际情境。学生看到真的是他们认识的外国小朋友想要了解生肖文化知识，积极性和自信心空前高涨，争先恐后地向视频中的 Alex 和 Carol 进行介绍。在这个相对真实的语言情境中进行表达，不仅培养了学生的语言表达能力，也提高了学生向外国友人传播中华优秀文化的意识。

(3)设计语言输出活动，提升文化传播能力

在英语课堂上，教师不仅要让学生在学习语言知识的过程中学习相应的文化知识，还要设计相应的表达活动，让学生使用结构化的语言向他人介绍中华优秀文化，提高学生的文化传播能力。在本课例中，教师结合语言知识的学习设计了层次清晰、难度螺旋上升的 3 个语言输出活动，逐步培养学生的文化表达能力。在呈现环节，教师设计了“介绍自己和家人的生肖”的表达活动，让学生用“… birth-year animal is …”介绍自己和家人的生肖，这是一个简单的语言输出活动。在练习环节，学生观看十二生肖小视频，阅读十二生肖图画书，形象地感知十二生肖的起源和排列顺序的传说，了解古人的生肖崇拜和十二生肖在现代生活中的艺术表现形式等丰富的文化知识，习得了丰富的生肖文化相关语言。

在阅读图画书之后，教师要求学生从生肖文化在现代生活中的表现形式中选择自己最喜欢的一种介绍给其他同学。这个活动的话轮增多，既要使用本课功能语言，也要使用图画书中的情境语言，难度有所提高，但是学生有前面学习的基础，表达得相当出色。有的学生说喜欢生肖邮票，“I like zodiac in stamps. They are very beautiful. My father likes collecting stamps. I like stamps, too. I have some birth-year animal stamps. I have a dragon-year stamp and a horse-year stamp. I love them very much. ”；有的学生说喜欢生肖玩具，“I like zodiac in toys. They are very cute. My mum gives a zodiac toy to me every Spring Festival. I have six now. They are horse, sheep, monkey, rooster, dog, and pig.”。在前两个口语表达活动的基础上，最后的语言产出环节，教师设计了向曾经来我校参观交流的外国小朋友 Alex 和 Carol 介绍我国生肖文化这个活动，这是一个综合语言产出活动，需要学生整合本节课所学全部语言知识和文化知识进行表达。这三个语言产出活动层层递进，文化含量螺旋上升，有效提升了学生的文化传播能力。

四、基于单元整体教学培养文化意识的教学反思

在小学英语课堂上，教师要深挖教学内容中的文化内涵，补充相关学习资源，创设来源于学生生活实际的文化学习情境，设计以学生为主体的文化表达活动，以此来提升学生的文化意识，提高学生的文化传播能力。

（一）文化知识学习要基于教材内容的学习

教材是教学内容的载体，是教师的教和学生的学之间沟通的媒介。长期以来，教材都被看作教学的出发点、内容和依据，受到教师的重点关注（程晓堂，2021）。所以，教材内容是培养学生文化意识、提高学生文化传播能力的根本。现行教材中的文化知识有显性的，也有隐性的，以对话、歌谣、短文、图片等多种形式呈现。教师要以这些基本材料为主体，适当补充相关材料引导学生进行文化学习，提升学生的文化意识，不能盲目补充过多的文化知识材料而忽视教材内容本身，否则不但会加重学生的学习负担，而且容易偏离文化学习的正确方向，影响学生文化意识的培养。

（二）文化资源补充要关注中西方文化对比

在教学实践中，教师要根据单元主题为学生提供可供探究的文化教学资源。在选择资源时，不仅要为学生提供充足的中华文化知识内容，同时也要选择一些西方的相关文化知识。比如，学习中国传统节日时可适当介绍西方主要节日，学习中国生肖文化时可适当介绍英语国家的星座文化等，让学生在学习活动中进行中西方文化的对比，加深对中华优秀文化的理解与认同，提高文化意识，确立文化自信。

（三）文化意识培养要融于语言知识的学习

英语教育是语言教育和文化教育的有机统一体（郭宝仙，2021）。但是，英语课程内容由主题、语篇、语言知识、文化知识、语言技能和学习策略等要素构成（教育部，2022），文化知识只是英语课程内容的一部分。英语课堂，特别是小学英语课堂，教学目标是培养学生初步的文化意识和文化传播能力，不能把文化知识学习从语言知识学习中分离出来，把英语课上成“中华文化课”。语言是文化的载体，学生从中汲取文化精华，涵养内在精神，形成良好的文化修养，坚定文化自信（王蔷，2018）。教师要在主题意义的引领之下，在词汇学习、语篇理解、句型练习和产出表达等每一个教学环节中，把文化知

识以“润物细无声”的方式融入语言学习之中，使学生既提高语言能力，也习得中华优秀文化知识，提高文化意识和文化传播能力。

总之，博大精深的中华优秀文化是所有中华儿女共同的魂，是中华民族保持旺盛生命力的不竭源泉，传承和弘扬中华优秀文化是中华儿女的历史责任和光荣使命。教师要在英语课堂上用英语讲好“中国故事”，让越来越多的青少年更加关注中华文化，汲取中华文化中的营养和智慧，拥有更为深厚的中国文化情怀和鸟瞰世界的中国文化自信，把中华优秀文化传播到世界各地。

第八节 绘本阅读教学培养小学生思维品质

《义教新课标》指出：学生通过英语课程的学习，能够在语言学习中发展思维，在思维发展中推进语言学习；初步从多角度观察和认识世界、看待事物，有理有据、有条理地表达观点；逐步发展逻辑思维、辩证思维和创新思维，使思维体现一定的敏捷性、灵活性、创造性、批判性和深刻性(教育部，2022)。思维品质是指学生具有的独特稳定的思维方式和思维能力，是学生的思维个性特征，这种能力通常能够反映学生各方面的水平，也能凸显学生的层次。思维品质的提升有利于培养学生发现问题、分析问题和解决问题的能力，能让学生做出正确的价值判断。小学阶段是学生思维品质发展的关键时期(陈笑南，2023)。结合小学生的年龄特点和思维特点，借助图文并茂的英语绘本，开展英语阅读教学，探究教学策略和方法，可以促进学生思维品质的提升。

一、借助图片观察，发展学生思维品质的发散性

小学英语绘本由简洁的英语句式和大量色彩丰富的图片组成，通过重复的英语句式，加深学生对句式的记忆与理解，学生可以在图片的帮助下，通过猜测、推理等方式读懂故事内容。根据英文绘本故事的特点以及学生的年龄特点，教师应该充分挖掘图片素材，最大限度地开发学生的思维。

(一)观察封面，激活学生的已知和对故事的预测

封面包含了大量的绘本信息，教师应该引导学生解读封面，获取封面信息，大胆推测，发散思维。通过观察封面，学生可以获得很多有用的信息，学生的观察能力不同，获取的信息也不一样。在讲 *It Was a Cold, Dark Night* 绘本时，教师首先呈现绘本封面，学生观察封面并交流信息：有的学生看到了绘本的作者，有的学生看到了绘本的人物，有的学生看到了不同的色彩。由于学生年龄小，观察事物具有片面性，受个体差异的影响，有的学生观察得比较仔细，有的学生观察得比较笼统，因此，在观察封面之前，教

师可以告诉学生观察封面的时候要仔细，不仅要观察画面，还要观察画面上的文字，要善于利用自己的眼睛捕捉别人看不到的东西。学生根据自己观察到的封面信息，积极思考，激活已知，扩大表达范围，合理推测。

(二)观察插图，理解和推进故事的主题探究

绘本教学中，教师要引导学生认真观察插图，并且在课堂中与同伴进行分享。在讲 *It Was a Cold, Dark Night* 时，第三页的插图是小刺猬走在漆黑的夜里，教师引导学生仔细观察，他们发现了呼啸着的狂风、深蓝色的夜空和闪耀的星星，这些细节都衬托出了小刺猬的处境非常困难。教师又顺势引导学生想象小刺猬的心情。借助插图，他们开动脑筋，发散思维，觉得小刺猬此时此刻心里既害怕又难过。当小刺猬走到猫头鹰家门口的时候，学生通过小刺猬那可怜的眼神，推理出它更加害怕了，害怕在这个寒冷的夜里被冻死。当小刺猬钻到树叶下面的时候，学生通过插图，看到小刺猬闭上了双眼，美美地睡去，推断出这时候的小刺猬一定非常幸福。教师还注意引导学生与同伴分享观察结果，以便学生能够更加全面地了解图片。同时告诉他们要向观察细致的同学学习，形成良好的观察习惯，探究绘本故事的深层含义，提升思维品质的发散性。

二、借助大意概括，发展学生思维品质的深刻性

《义教新课标》指出：高年级学生要具有能识别、提炼、概括语篇的关键信息、主要内容、主题意义的思维品质(教育部，2022)。概括语篇大意，要求学生能够读懂语篇，在此基础上，对语篇内容进行分析、提炼、加工、记忆和输出，从而提升思维品质的深刻性。大意概括包括概括故事段落大意和概括故事整体大意。

(一)概括故事段落大意，理解故事内容

概括故事段落大意，既是深入理解绘本故事的手段，也是发展学生思维品质深刻性的好方法。学生通读完故事之后，教师可以根据故事的内容和体裁，把绘本故事分成几个篇章引导学生进行阅读。在讲 *It Was a Cold, Dark Night* 时，教师把这个绘本故事分成三个篇章。在第一个篇章的教学中，教师引导学生通过观察图片和阅读故事内容，体会小刺猬的心理，概括出第一个篇章的主要内容：The hedgehog can't find his home。在第二个篇章的教学中，教师引导学生自己阅读，梳理出小刺猬的行走路线，概括出第二个篇章的主要内容：The hedgehog meets the rabbits，the foxes，the owls and the bats，but their homes are not his。在第三个篇章的教学中，学生概括出其大意：The hedgehog finds his home. It is a pile of leaves。通过三个篇章大意的概括，学生可以更加深入地理解故事细节，体会小刺猬的心情，发展思维深

刻性的同时，为概括故事整体大意做好铺垫。

（二）概括故事整体大意，领悟故事内涵

教师可以根据绘本体裁的不同，采用不同的教学策略引导学生概括故事整体大意，深入探究，领悟故事内涵。教师可以引导学生自己先阅读一遍故事，用铅笔勾画出整个故事的主要内容，即故事的梗概。学生在阅读的时候就会集中注意力，重点关注语篇的关键信息。教师还可以结合段落大意引导学生概括出故事整体大意。教师也可以引导学生结合板书概括故事整体大意。或者这三种教学策略融合使用。在 *It Was a Cold, Dark Night* 的教学中，教师采用了结合段落大意概括故事整体大意的教学策略。由于学生概括能力有差异，有的学生会说这是一个小刺猬找家的故事；有的学生会说这是一个在寒冷漆黑的夜里，小刺猬克服困难，找到自己家的故事；还有的学生会说：在一个漆黑的夜里，小刺猬寻找自己的家，它去了小兔子的家，小狐狸的家，猫头鹰的家，蝙蝠的家，但那些都不是小刺猬的家，一堆树叶才是它的家。从这三种回答中不难看出，学生的概括能力参差不齐，需要教师进行适当的训练，促进学生思维品质深刻性的发展。

三、借助任务单，发展学生思维品质的灵活性

借助任务单，学生可以把英文绘本故事内容转化为表格内容，然后借助表格内容转化为口头表达内容。学生在信息转化的过程中，尝试从多角度认识事物，促进思维灵活性的发展。

（一）借助课前任务单，完成文本内容的信息转化

教师根据教学计划，可以布置预习作业，引导学生提前阅读绘本故事，标记出自己不熟悉的词汇，借助课前任务单，完成由文本内容到表格信息的转化。学生通过预习，了解故事的主要内容，找出难点，为课上阅读做好充分的准备。在课前任务单的设计上，教师可以采用填涂表格的方式。这种方式具有简单、明了、直观等特点，学生在阅读的过程中，通过灵活思考，把文本信息转化成表格信息，初步理解绘本故事大意。课前任务单的使用既可以检测学生对绘本故事的理解程度，还可以促进学生思维灵活性的发展。低年级学生认识的词汇比较少，阅读能力较弱，所以在填涂表格的时候，教师可以采用选择、画画、判断正误等方式引导学生完成表格。例如在讲《海尼曼分级读物》中的 *At the Pond* 时，教师可以为学生设计任务单（见表 2-8-1）。教师可以把这些小动物的英文名称和图片做成选项，学生通过阅读绘本故事，在看到的小动物前面打钩。这种任务单的设计，解决了一年级学生不会写字母的问题，学生只需要阅读绘本故事，在选项前打钩即可，降低了任务单的难度，增强了绘本阅读的趣味性，同时通过任务单的完成，学生可以加深对

故事中出现的动物的理解与记忆，还可以提炼绘本信息内容，完成表格，促进思维品质灵活性的发展。中高年级学生词汇量比较丰富，阅读能力、书写能力以及分析问题和解决问题的能力有所提高，教师可以采用选词填空、书写名字等方式设计任务单。讲 *It Was a Cold, Dark Night* 时，教师可以为学生布置这样的读前任务(见表 2-8-2)：在任务单上填出小刺猬遇到了哪些小动物以及它们的家都是什么样子的。学生通过完成任务单，选择并抄写描述小动物们的家的句子，完成从文本信息到表格信息的转化，促进思维品质的提升。

表 2-8-1 *At the Pond* 任务单

What animals do you see by the pond?	
(　　) 1. dog	
(　　) 2. duck	
(　　) 3. frog	
(　　) 4. turtle	
(　　) 5. fox	
(　　) 6. fish	
(　　) 7. snake	
(　　) 8. butterfly	

表 2-8-2 *It Was a Cold, Dark Night* 读前任务单

What animals does the hedgehog meet?	What are the animals' homes like?
(　　)1. rabbits	
(　　)2. foxes	
(　　)3. owls	
(　　)4. bats	
(　　)5. snakes	

(二)借助课后任务单，完成由文本内容到口头表达的转化

学生通过通读故事、品读故事、朗读故事、复述故事等教学环节，完成对绘本故事的学习。在布置作业阶段，教师可以布置这样的课后任务单：为父母讲述绘本故事。记忆力强的学生，不借助任何媒介，直接讲述绘本故事；

记忆力稍弱的学生，对预习作业中的表格进行修改，保证故事内容的准确性。讲故事时，学生根据表格的信息，完成从表格信息到口头表达的转化。从文本内容转化成表格内容，再从表格内容转化成口头表达，调动学生的多个器官参与活动，通过完成阅读、思考、书写、转化、讲述等一系列的学习活动，促进学生思维品质的发展。

四、借助思维导图绘制，发展学生思维品质的逻辑性

思维导图按照发散性思维的特征，把注意的焦点清晰地集中在中央图形上，主题的主干从中央向四周放射，分支由一个个关键的图形或写在产生联想的线条上面的关键词构成，次级话题也可以以分支形式表现出来，附在较高层次的分支上，各分支形成一个连接的节点结构并且末端开放（Buzan T. & B. Buzan，1996）。逻辑性思维是一种运用逻辑工具对思维内容进行抽象和推演的思维活动，如判断、推理、论证等(王军翔，2020)。将思维导图应用于绘本阅读，可以使学生在大脑中迅速搭建绘本故事的框架，更加清晰地对故事中的角色、事件进行比较、分析、综合、概括、推理等一系列思维活动，厘清思维脉络，形成合理化思维过程，从而发展逻辑思维。

(一)学生自主绘制思维导图，探究故事脉络

有的学生不会思考，没有思考的方法，导致英语语言表达没有逻辑性。英语绘本是训练学生多种能力的载体，并且整个故事不是在同一个版面上，这就为训练学生的逻辑思维提供了足够的空间。绘制思维导图可以调动学生多种感官参与活动，有条理地把故事的梗概呈现在思维导图上，促进逻辑思维的发展。教师也可以通过学生绘制的思维导图，了解学生对绘本故事的掌握情况以及学生的思维情况，在教学中有的放矢地引导学生进行绘本阅读。

1. 学生独自绘制思维导图

学生独自绘制思维导图，有利于学生积极运用和主动调适英语学习策略、提高英语学习效率，掌握科学的学习方法，养成良好的终身学习习惯。学生独自绘制思维导图活动，可以放在课前预读环节，也可以放在课后作业环节。课前，学生对英文绘本故事进行预读，并画出关于此故事的思维导图。为了高质量地完成思维导图的绘制，学生必须认真阅读绘本故事，查阅生词，运用阅读策略，梳理绘本故事的脉络。课后，学生根据教师对绘本故事的梳理，完成思维导图的绘制，加深对绘本故事的深入理解，增强思维品质的逻辑性。

2. 小组合作绘制思维导图

小组合作绘制思维导图也是教学中常用的教学手段。有的绘本故事比较长，内容比较丰富，可以采用小组共同绘制思维导图的办法。小组成员相互协商，把绘本故事内容分段，根据绘本故事内容选择合适的思维导图模板进行绘制。

也可以根据小组成员的不同特点分工绘制，比如善于绘画的同学负责绘制思维导图，书法好的同学负责书写，思维能力强的同学负责出谋划策，总之既要保证导图内容准确，又要保证导图美观，同时让自己小组的导图逻辑性更强。

（二）师生共同绘制思维导图，把握故事脉络

师生共同绘制思维导图，既是加深对故事理解的过程，也是学生自主检测阅读效果以及提升逻辑思维水平的过程。师生共同绘制思维导图这个教学环节，教师可以采用板书的方式呈现给学生。板书是最直观的教学工具，它能聚焦学生的注意力，也能启发学生的思维。在教学中，教师可以先引导学生阅读整个绘本故事，学生利用图片、文字等在黑板上呈现故事的梗概，即思维导图的框架，教师根据学生的呈现情况进行必要的指导。对于绘本故事中的细节问题，学生可以通过再读故事，在思维导图中增加文字、图画，进行完善，为讲故事环节做好铺垫。从通读故事构建故事梗概，到再读故事细化故事情节，每一步都需要学生充分思考，并且要有充分的逻辑性，在教师的指导和帮助下完成整个思维导图的绘制，理解绘本故事内容的同时促进逻辑思维的发展。

1. 绘制气泡图（bubble map）

“bubble map”由很多泡泡组成，中间一个主题泡泡描述核心主题，周围的属性泡泡描述关于这个主题的属性，而且每个泡泡都和主题泡泡有一条线相连。这种图通常用于定义事物的属性或相应的联系。例如在讲《大猫英语分级阅读（一级）》中的 *In the Jungle* 时，通过师生共读、图片环游、贴一贴、写一写等教学活动，借助气泡图，完成板书的构建，把整个英文绘本故事内容以图文结合的方式呈现在黑板上（见图 2-8-1）。气泡图形象直观，可以清晰地呈现绘本故事的整体框架，通过制作气泡图，学生可以加强对绘本中人物或事物的认识，提高对其进行描述的准确性和全面性，增进思考的深度和广度，更加有逻辑地描述人物或事物。

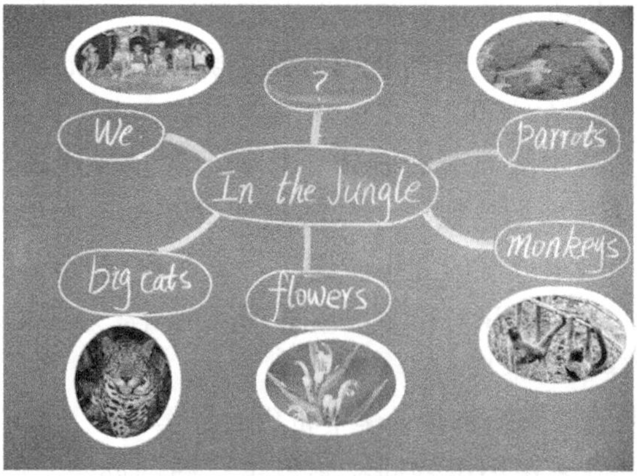

图 2-8-1 *In the Jungle* 气泡图

2. 绘制流程图(flow map)

“flow map”就是俗称的流程图，它描述了一件事情的全过程。首先在最大的方框内写好这个事情的主题，然后用小方框描述完成这个事情所需要做的每个步骤，并且用箭头将这些步骤联系起来。绘制流程图非常锻炼学生的逻辑思维能力和思维的缜密性。例如在讲 *It Was a Cold, Dark Night* 这个绘本故事时，教师和学生按照事件的先后顺序一起构建流程图(见图 2-8-2)。师生借助绘制流程图，把小刺猬找家的路线呈现在黑板上，同时清楚地展现了小刺猬找家过程中的情感变化，让此流程图更加有逻辑性，为学生下一步有逻辑地输出绘本故事做好铺垫。

图 2-8-2　*It Was a Cold, Dark Night* 流程图

五、借助问题探究，发展学生思维品质的批判性

批判性思维指的是根据一定的价值标准，以事实为依据，进行思维上的评价、思维上的论证以及思维上的完善。这是一种合理的、反思性的思维，不仅仅是思维技能，还是思维倾向(李敏，2023)。在英文绘本教学中，引导学生对问题进行探究，有利于学生形成良好的思考能力和分析问题的能力，提高思维品质的批判性。

(一)设置问题，激发不同观点

课堂教学中，教师不仅要设置灵活多样的问题来检测学生对绘本故事的理解程度，还要有意识地设置一些能够引发学生深入思考的问题，为发展学生的批判性思维创造条件。例如在学习 *It Was a Cold, Dark Night* 时，教师设置了问题：Which animal do you like best，the rabbits，the foxes，the owls or the bats? Why? 设置此问题的目的是引导学生深入思考，积极讨论，发展批判性思维。学生有的说“我喜欢蝙蝠，因为它们帮助小刺猬找到了自己的家”，有的说“这四种小动物我都不喜欢，因为小刺猬来到它们家的时候，它们都没有使用礼貌用语”。学生的想法五花八门，并且都有自己的道理。在开放性问题的引领下，学生才能辩证地分析问题和看待问题，结合绘本故事内容，展开自由的想象，逐步形成批判性思维。

（二）发现问题，阐明自己的态度

课堂教学中教师要善于把握课堂中的教学动态，用心捕捉学生发现的问题，及时调整教学思路，引发讨论，使课堂走向动态生成，走向深入，发展学生的批判性思维。例如 *I Want to Move* 是一个有趣的绘本故事，小兔子 Tom 在洞穴里住得烦闷了，它脱离了父母的怀抱，出去寻找住处。它遇到了一个又一个困难，差点回不了家。还好，爸爸妈妈来了，把它接回家中，它也意识到了家庭的温暖。讲第 15 页时，教师让学生观察图片，提出问题。有的学生问："Why is Tom crying?"另一个学生问："Why do his parents come here?"还有个学生问："Do you like the rabbit? Why?"针对这些问题，学生展开了激烈的讨论。学生在讨论中学会了辩证地分析问题，并阐明自己的观点和态度，促进了批判性思维的发展。

六、借助故事创编，发展学生思维品质的创新性

创造性思维能力主要表现为创新意识与创造能力，学生在学习成长过程中能够打破常规思维，提出自己具有独创性的想法与观点（杨梅，2023）。创新思维的培养是素质教育的核心，加强创新教育是每一位教育工作者义不容辞的责任。在英语教学中，借助创编英语绘本故事培养学生的创新思维，是非常好的教学方式。根据绘本故事内容，可以采用为故事创编情节、创编角色或者创编结尾的活动发展学生的创新思维。

（一）激发思维，创编故事情节

讲 *It Was a Cold, Dark Night* 时，教师可以采用创编故事情节的办法，调动学生的思维，同组学生进行思维的碰撞，创编出新的情节和内容，发展创新思维。小刺猬找到蝙蝠的家时，蝙蝠告诉小刺猬这个谷仓是自己的家，不是小刺猬的家。教师可以引导学生思考小刺猬在这之后又去拜访了谁，它又遇到了谁，它们说了什么。学生以小组为单位进行讨论，创编出新的故事情节。有的小组展示出了小刺猬拜访啄木鸟的场景；有的小组展示出了小刺猬拜访田鼠的场景；还有的小组创编出了小刺猬拜访野兔的场景。总之，学生的想法五花八门，可以说只要教师做出正确引导，学生的思维就会得到激发，创编出教师想象不到的成果。

（二）合理想象，创编故事结尾

在讲 *Living in Space* 这个绘本故事时，创编活动是为小故事创编结尾，写出更多地球生活与太空生活的不同。学生先观看太空生活的视频短片，然后在小组内说一说地球生活和太空生活还有哪些不同，并把这些不同写在自

己的任务单上，在课堂中与同伴进行分享。有的学生写出了人们在地球上与在太空中喝水的不同，有的学生写出了人们在地球上与在太空中种植植物的不同，还有的学生写出了地球与太空浮力的不同。这个小小创编活动，激活了学生大脑中已储存的丰富知识，开启了他们的创新思维。教师在教学中要学会放手，借助创编活动，促进学生思维品质的发展。

总之，利用绘本阅读，可以从不同方面培养学生的思维品质及核心素养，正如 19 世纪瑞士著名的民主主义教育家裴斯泰洛奇所说："教学的主要任务不是积累知识，而是发展思维。"英语教学同样承担着发展学生思维的重要责任，教师要善于借助深得学生喜爱的英语绘本故事，采用不同的教学策略和方法，致力于发展学生的思维品质，提升学生的英语学科素养，为学生的全面发展打下坚实的基础。

第三章　核心素养落位于作业设计与实施

第一节　高效作业设计与实施的途径

2021年7月，中共中央办公厅、国务院办公厅印发了《关于进一步减轻义务教育阶段学生作业负担和校外培训负担的意见》，其中第二条“全面压减作业总量和时长，减轻学生过重作业负担”下的第6小条明确规定：提高作业设计质量。发挥作业诊断、巩固、学情分析等功能，将作业设计纳入教研体系，系统设计符合年龄特点和学习规律、体现素质教育导向的基础性作业。鼓励布置分层、弹性和个性化作业，坚决克服机械、无效作业，杜绝重复性、惩罚性作业。《义教新课标》在“课程实施”中的“评价建议”中指出：教师应深入理解作业评价的育人功能，坚持能力为重、素养导向。作业的设计既要有利于学生巩固语言知识和技能，又要有利于促进学生有效运用策略，增强学习动机。

一、作业中存在的主要问题和归因分析

作业自有教学活动以来就存在，是教育教学常规中一个重要的组成部分。作业的复习与巩固功能也是大家普遍认可的，每个教师也都会有布置作业的教育教学行为。正因为程序性的实施特点，近年来，作业形成了固化和僵化的样态，很多教师也忽视了对如何科学合理有效布置作业的研究，表现为约定俗成的惯性行为。当教师们把视角放在对当前课程改革形式下的作业的反思，尤其是立足于学生核心素养发展的小学英语作业的设计与实施，目前作业设计中存在的问题也就显露了出来。

(一)作业的育人功能还没有得到有效发挥

《义教新课标》指出：教师应根据不同学段学生的认知特点和学习需求，基于单元教学目标，兼顾个体差异，整体设计单元作业和课时作业，把握好作业的内容、难度和数量，使学生形成积极的情感体验，提升自我效能感。在实际教学中，虽然单元主题教学已经得到初步的实践，但作业的设计与实施并未真正纳入单元整体规划中，没有基于单元主题教学而进行的作业设计，出现了内容机械化、形式单一化和与单元、课时教学目标脱节的现象，学生的素养没有得到有效培养和提升。

（二）作业与课堂教学的一致性和延续性不够

作业评价是教学过程的重要组成部分。教师应通过作业评价及时了解学生对所学知识的理解程度和语言能力的发展水平，为教师检验教学的效果、发现和诊断学生学习的问题、调整和改进教学设计提供依据。但在实践中，很多教师还没有完全树立课堂教学和作业设计与实施的贯通式育人思路，没有充分发挥作业的促教促学功能，更缺少通过多样化的作业设计帮助学生实现知识向能力、能力向素养转换的具体做法。

（三）各类型作业的设计与实施均存在问题

教师应创设真实的学习情境，建立课堂所学和学生生活的关联，设计复习巩固类、拓展延伸类和综合实践类等多种类型的作业，引导学生在完成作业的过程中，提升思维能力，发挥学习潜能，促进自主学习。在教学实践中，随着作业研究的深入推进，一线教师对作业类型已经有了正确的认知，在日常教学中也有所实践，但效果并不理想。书面作业还存在内容机械化和散点化的问题，形式基本以抄写单词和句子为主，缺少语用意识，不利于学生语言能力的发展和素养的提升；实践性作业的数量、学生作品的质量以及教师对实践性作业的评价与反馈都有待改进。

（四）作业的批、评、改环节严重缺失

作业评价应根据需要采用集体讲评、个别讲解和书面评价等方式，提供有针对性的反馈，激励和指导学生不断取得进步。教师还要对学生作业进行跟踪评价，不仅关注学生是否改正了作业中的错误，还要关注学生成长进步的过程，以及良好习惯和态度的养成。但在实践中，这些要求的落实并不理想，表现为：对于基础性抄写作业，教师在批阅时呈现出一定的形式化特征，满足于学生作业的提交率，对其书写习惯、书写的规范性关注不够。同一个评价等级内的作业差异较大，而且一些书写错误也没有得到及时发现。对于实践类的作业，教师没有教给学生思路与方法或提供优质范例，导致学生的作品观感较差，教师也只是进行收集，没有给学生进一步的指导。

二、高效作业设计与实施的路径

在高效作业的设计与实施方面，教师需要从树立正确的课程视域作业观，熟悉不同类型作业设计与实施应该采取的不同策略，以及学习和了解如何有效开展作业的批阅与反馈等方面入手。

（一）树立课程视域作业观

单元作业设计不仅符合课程视域目标性、系统性等理念追求，而且可以解决目前“作业缺乏目标意识，随意化”“教学、作业、评价割裂化”“课时与课时内容碎片化”等问题（王月芬，2019）。以单元作为作业设计的基本单位，是和课程视域强调针对性、系统性、目标性和动态调整等特征相一致的，也符合教师对日常教育教学的理解与操作，而且有助于发展学生的学科核心素养。由此可以看出，教师以单元为基本单位，根据单元目标，以选择重组、改编完善或自主开发等多种形式形成作业的过程是作业设计与实施的正确思路。同时，以单元为基本单位设计作业，在提升作业设计整体质量的同时，更加培养了教师对学科课程的整体把握和系统设计能力，从而更好地发挥作业对学生发展的促进作用。

单元作业作为体现课程视域作业观的具体操作载体，要体现从单元教学目标到单元作业目标的分析与设计过程，将单元的教学与作业有机融为一个整体，形成共同促进学生核心素养发展的完整方案。其整体设计思路为：基于课程标准设定单元主题，基于主题进行对接课堂的作业整体设计，有效实施作业的批、评、改过程，实现作业的促评促教功能。具体表现为：以主题、话题为统领，以单元和课时双目标为导向，以不同课时的活动为依托，进行不同类型作业的设计，体现出各课时作业间的进阶性和同一类作业设计的梯度性；兼顾单元的长周期作业，使其与教学有机融合并贯穿单元始终；充分利用学生的作业成果进行有效的数据收集和归因分析，在为教师改进教学提供参考的同时，引导学生在完善作业的过程中实现自我成长。

1. 确定主题，统筹单元内容和教学目标

《义教新课标》倡导以主题为引领选择和组织课程内容的课程理念，主题具有连接和统领其他教学内容的要素的作用，为语言学习和课程育人提供语境范畴。因此，确定主题是开展单元整体教学的第一步，也是统筹单元内容和教学目标的前提。

以北京版小学英语教材六年级上册第二单元的教学①为例，该单元由 4 课时组成，其中前三课时为新授课，第四课时为复习课。第一课时内容为 Mike 因为练习倒立导致脖子疼去看医生，医生问诊，Mike 说明原因；第二课时内容为 Yangyang 踢球受伤，放学回家后被妈妈发现，妈妈叮嘱他要小心；第三课时内容为小猪吃多了肚子疼，去医院看病，医生建议他少吃多运动；第四课时依托教材，运用听、说、读、写等方面多项技能综合复习本单元内容。从各课时内容安排来看，前 3 个课时情节独立、无连贯性，但内容始终围绕安全和健康话题展开，因此将单元主题定为“Keeping Safe and Healthy”。这一主题属于《义教新课标》中提出的三大主题语境中的“人与自我”范畴中的“生活与学习”主题群下的“健康、文明的行为习惯与生活方式”的子主题内容。通过本单元学习，学生能够掌握询问身体状况及回答、说明产生状况的原因并

① 此作业案例由中关村第三小学顺义分校王洪静、牛栏山第一小学王艳杰、裕达隆小学霍昕彤、石园小学雷雨晴、南法信小学李岚、顺义区第一中学附属小学王愉涵等老师提供。

给出合理建议的功能用语，还能增强安全和健康意识，丰富生活经验，从而更好地保护自己。根据《义教新课标》的要求，在遵循教材内容编排的基础上，依据学生的认知规律，教师围绕单元主题合理布局单元内容，引导学生在此话题下对所学内容有更加清晰及全面的了解，深化主题意义。同时教师创设情境，融入相关话题场景，挖掘话题的深度，丰富语言表达。

为了聚焦课时话题，持续跟进主题意义的探究活动，教师通过微调教材板块内容、融合课内外学习资源的方式引导学生开展深度学习。第一课时，为了更加深入地谈论如何避免危险事件，教师丰富了“Let’s do”板块内容，融入了四年级下册第六单元中关于危险事件的相关场景，激活了学生的认知，丰富了语言表达。在第二课时的学习中，教师为了使学生不仅能够用英语谈论发生的事故，还能掌握一些简单、有效的急救方法，创设了相关情境，开展流鼻血急救常识的文本阅读活动。第三课时，在教材内容的基础上，引入了生活中一些常见的不良习惯案例，挖掘话题的深度，丰富学生的语言表达。第四课时，在学习教材内容的基础上，学生分享了制作的思维导图及非故事类绘本。

根据上述教学内容和前期进行的学情分析，教师将单元教学目标制定为：①通过观看动画、观察图片、完成学习任务单等活动，正确提取课文信息，理解、朗读、复述课文内容，构建对话题的认知，发展语言能力和学习能力；②在相对真实的情景中正确运用“What happened to you?”“Why did …?”“What did… say?”等功能句型谈论他人身体状况、突发事件情况等，并能针对特定情况给出合理的建议；③通过对单元主题内容的学习，了解生活中常见意外的简单处理方法，增强安全和健康生活的意识；④通过多模态语篇的学习、参与绘制思维导图和非故事类绘本等活动，发展发散思维和逻辑思维水平，提高学习能力。

2. 根据单元教学目标，整体设计单元作业

教师根据单元教学目标与学情分析，遵循照顾全体、尊重差异的原则和趣味性、美感度、针对性、综合性、关联性和递进性作业设计思路，设计单元作业目标和作业内容。本单元的作业目标教师确定为：①通过熟读课文或语篇，内化语言，增强语感，强化对课文和语篇内容的理解，形成大声朗读的好习惯，发展语言能力；②通过语音归类，复习字母 Y 在单词中的发音规则，树立语音意识，掌握拼读规律；③通过仿写句子、选词填空等活动，提高学习能力的同时发展语言能力；④通过选句填空、完成语篇、提供建议等练习，加深对语篇的理解，深化主题意义，发展逻辑思维能力；⑤通过对话创编、阅读理解、语篇仿写等活动，掌握类比、联系上下文猜测等学习策略。

为了达成单元作业目标，教师设计了如下作业内容。

本单元的作业设计兼顾课时学习效果的检测和单元学习阶段性成果的检测，

采取了短周期练习类和长周期实践类两种作业类型，具体内容如图 3-1-1 所示。

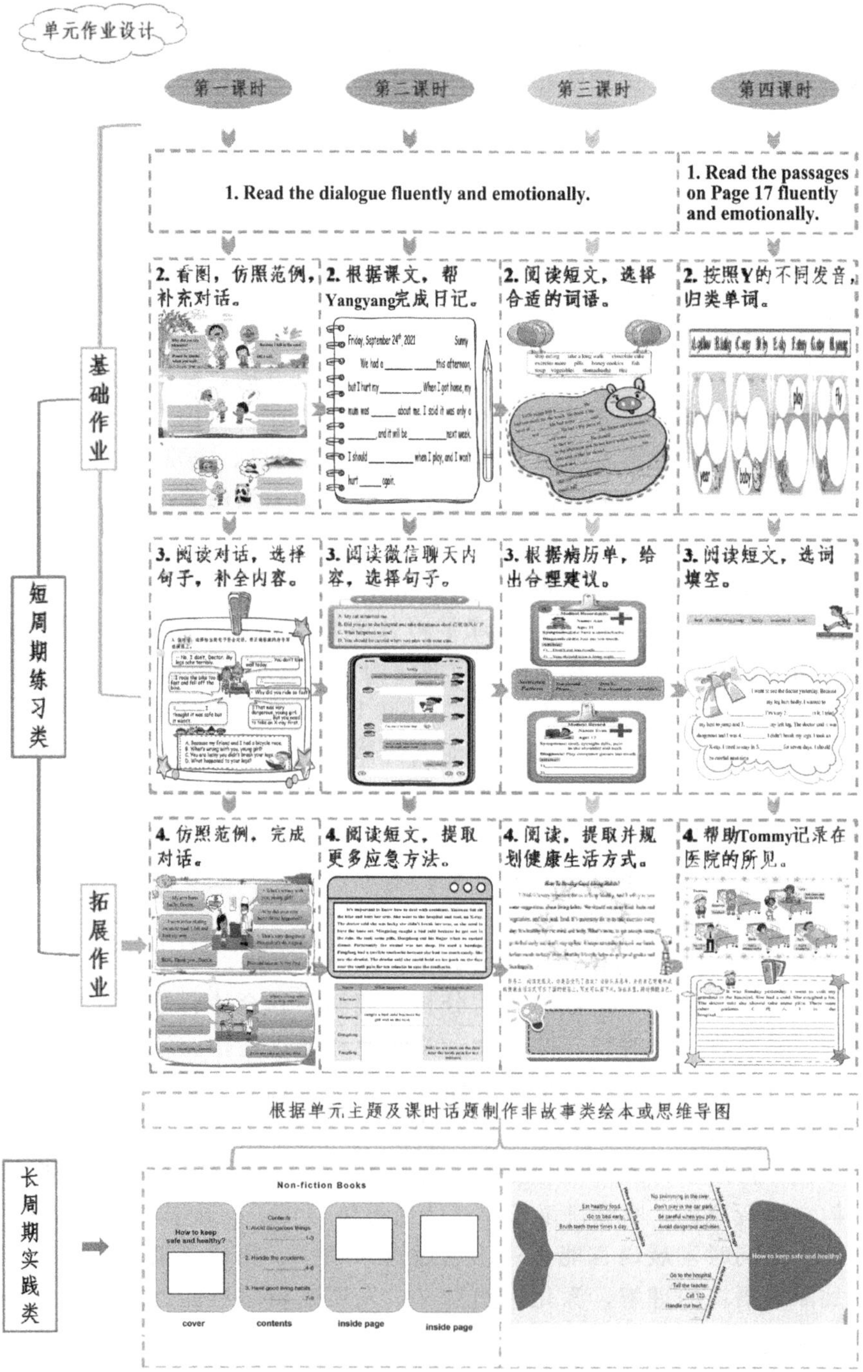

图 3-1-1　单元作业结构图

以上作业内容基于学生学习基础与个性差异，将知识技能、方法策略和情感体验等关键要素转化为单元课时作业中渐次递进、丰富有趣的学习活动，既涵盖单元学习的重点知识与技能、融合多种思维方法，又分层设计，以丰富多样的作业体验活动构建学生不断巩固所学、强化体验、发展能力的平台。同时，单元作业能够实现对课堂内容的巩固及补充，达成从学会如何避免危险事件，到能够运用一些急救常识处理简单的紧急事故，再到能够养成良好的生活习惯的目标，同时实现课时间作业内容的关联性及递进性，深化了主题意义，横向拓宽了话题的广度。

3. 根据作业设计，统筹单元实施

在教学实践中，单元短周期练习类作业及长周期实践类作业采取如下的实施方式。短周期作业以“小”而“精”为特点，具有针对性、及时性、巩固性、多样性、趣味性和普适性，可以安排在各个课时之后，直接服务于各课时的教学目标，为学生的阶段性成长助力。通过有针对性的多个小作业的设计，精准发力，有针对性地巩固提升学生对课时所学的词句、对话、语篇等的记忆、理解和应用。短周期作业的具体操作方式为：每节课后布置口语和书面两种作业，学生依托教材、作业本和任务单独立完成，用时10—15分钟。之后教师进行批阅、修改、评价，学生根据教师的反馈进行改进、完善，次日提交。长周期作业以“整”和“大”为主，贯穿单元始终，突出自主性、创新性、多元性和个性化的特点，着眼于学生整体知识体系的建构和对话题的整体认知，通过课上学习和课下长周期的作业积累与实践，循序渐进地促进学生形成对本单元主题学习的大观念，从而提升核心素养，落实立德树人根本任务。课上，教师依托单元主题“安全与健康”，引导学生在课堂学习的过程中根据各课时话题内容记录、梳理信息；课下，为了加深学生对话题的认知，教师引导学生通过多渠道(生活实践、询问他人或网络搜索等)获取信息，对话题进行补充、完善，发展学习能力。之后，根据记录、梳理、补充的话题内容进行创造性使用，如创设情境并配图，在单元结束后形成一本非故事类绘本或思维导图。制作过程中合理安排时间，有计划并较好地完成任务，按时提交作业，发展时间管理能力。长周期作业的具体操作方式为：在单元教学伊始，教师明确长周期也就是单元大作业的任务内容和要求，并将大任务分解到各个课时中，学生逐阶段完成长周期作业的一部分，并在最后一个课时完成整个单元任务，之后教师引导学生通过交流、展示、展评等活动进行全班分享，在这个过程中，学生增长知识、提高能力、提升素养。

（二）熟悉不同类型作业设计与实施的策略

1. 复习巩固类作业

复习巩固类作业是保证学生学习目标达成的必要练习，是拓展延伸类作业的基础。在实践中，很多教师把复习巩固类作业理解为简单的抄写单词、句子或朗读课文，将重点放在机械性练习上。但复习巩固类作业不应该仅局限于基础知识和基本技能，还应该包括过程与方法基础和能力基础等，应该让学生在理解所学内容的基础上完成任务。首先，为什么要强调“理解”？对教师而言，当教师的教学旨在使学习者理解可迁移的概念和过程，给其提供更多机会将理解的内容应用到有意义的情境时，教师的教学才可能获得成效。对学生而言，他们通过主动建构意义（即理解的过程）来学习和巩固所学的知识和技能，并将学习结果应用到新的情境中。当把获取知识当作方法而不是最终目的，学生才能学得更多并且更加积极主动地参与学习。其次，复习巩固类作业还强调内化，学生通过完成复习巩固类作业，将知识消化吸收并转换为能力，这就是内化的过程。内化过程很重要，机械性的作业设计不是一个有效的方式，学生需要变被动学习为主动学习，激发自主学习的热情和动力，这样才能取得实际的学习效果。最后，基础性作业也要基于课程标准、坚持素养导向。素养只有在需要素养的活动中才能培育和养成，这也体现了用中学、学中用的教育理念。

（1）抄写类作业的设计与实施

下面是一个常见的基础性抄写作业（见图 3-1-2），可以看出，为了帮助学生规范、正确地抄写单词和句子，教师给学生提供了对作业格式的要求和写后检查的提示，引导学生在抄写的过程中用脑、用心，关注词句抄写需要注意的事项，从而正确、规范地书写。这不仅是对知识、技能的巩固内化，也是对学生良好学习习惯的培养。

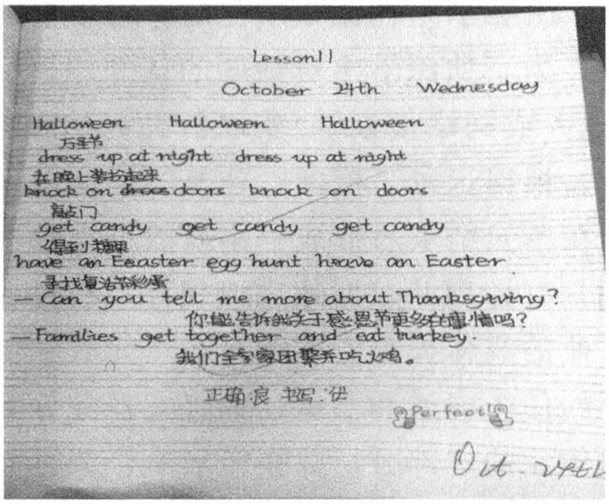

作业格式
1. Write English date.写英文日期。
2. Order the sentences or words. 写序号。
3. Both in Chinese and English. 听写和抄写要写一英一中。
写后检查（=作文规范）
1. Sentences start with a capital letter. 句子首字母大写。
2. Proper nouns are capitalized.专有名词（国家、城市、人名、语言）大写。
3. Sentences end with the correct punctuation mark: . ! ? 句尾用了句点、感叹号或问号。
4. Leave spaces between every word. 单词之间有空格。
5. I checked my words for correct spelling. 检查有无错误的拼写。

图 3-1-2 学生抄写的词句及教师提出的抄写要求

除了上述关注规范性的抄写作业，复习巩固类的书写作业（见图 3-1-3）也要关注。这两个作业分别来源于北京版教材五年级上册第一单元第 1、2 课。从图中可以看出，教师采用的是按食物类别抄写单词和根据课表写学科类单词的方式。虽然也是抄写，但单词之间已经根据话题产生了关联，形成了由散点到网面的呈现样态，使抄写的过程同时成为梳理知识的过程，有利于学生在头脑中形成知识网络，帮助学生更好地理解和记忆词汇。

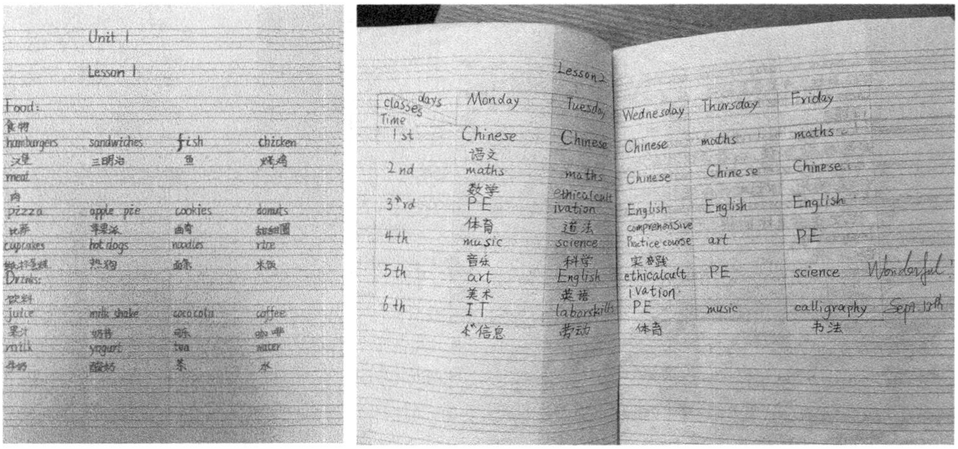

图 3-1-3　按食物类别抄写单词及根据课表写学科类单词

(2)朗读作业的设计与实施

朗读作业是语言类学科必不可少的作业项目，可以有效培养和发展学生的语音语调并促进其语感的形成；在适切的语境中通过朗读或背诵，学生能够实现从了解到掌握语言的基础目标。教师可以在单元课程开始时为学生布置朗读任务，讲解互评单的使用。学生在课余时间根据自己的需要，自主安排时间进行朗读，完成语言表达的积累；在互评中扬长避短，巩固所学；在小组交流与评价中提高学习英语的兴趣；在班级展示中获取学有所得的成就感。朗读作业既是作业单的背景储备，又是作业单的有声“出口”。

2. 拓展延伸类作业

《北京市义务教育阶段教师优化作业的十条建议》中的第二条指出：依据学科特点设计适宜的作业类型。各学科要注重提供多种学习方式和多种学习途径，促进学生多动手、多动脑，实现作业与教学的有机融合，切记“作业类型必丰富，学科特点宜显著”。根据这一要求，教师应积极探索拓展类作业的设计，关联学生的生活、与教学有机融合、与其他学科整合，引导学生从课本走向更广阔的现实世界。

教师在设计拓展延伸类作业的时候，应综合考虑以下因素。

首先，结合学生的年龄特点和语言水平，设计学生可理解、感兴趣、可完成的作业方式。如针对低年级学生可以设计根据话题制作单词卡片或画画写写的语言实践活动(见图 3-1-4)，既体现对话题词汇的理解，也关联了生活场景，有利于学生在真实的情境中运用语言；针对高年级学生的作业设计则更多地关注学生的高阶思维，在真实情境中运用语言知识解决实际问题(见图3-1-5)。

图 3-1-4　低年级学生作品

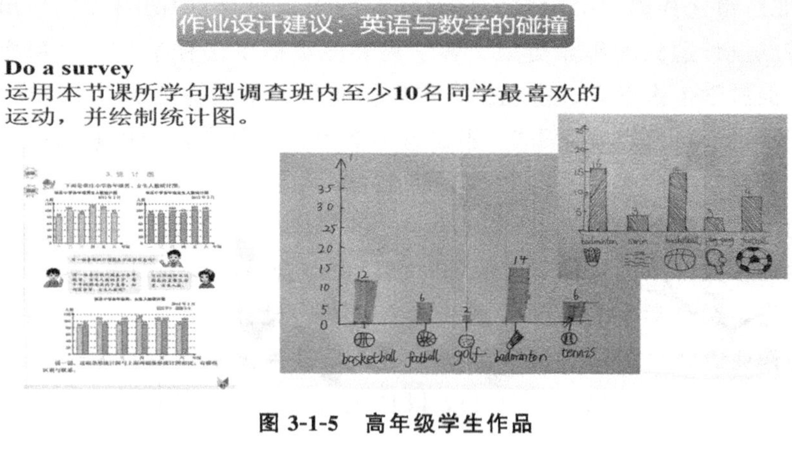

图 3-1-5　高年级学生作品

其次，要在课堂教学过程中发展学生完成拓展延伸类作业的能力。以北京版小学英语教材五年级上册第七单元旅游话题为例，教师如果希望学生在课后完成旅游绘本的制作，那在课堂教学中，教师应该有已完成作品的呈现，为学生的独立创作做好范例。

再次，教师要给学生提供完成拓展延伸类作业的素材，减少准备材料的时间，降低准备材料的难度，从而将语言学习的学科特点发挥到最佳效果。

最后，科学制定评价标准。如在评价学生的思维导图作业（见图 3-1-6）时，教师可以采取几种方式进行。第一种：分值评价。可以将分值设定为：构图合理 1 分，书写整洁 1 分，表达正确 2 分。这种评价方式便于发现每个学生的闪光点，激发学生的学习兴趣和动机。第二种：荣誉称号评价。可以根据学生的作品评选出最佳绘画者、最佳设计者和最佳表达者等。第三种：分组评价。以组为单位完成作品，组内的成员发挥自己的优势共同完成一个作品，之后再进行小组汇报、参与评选。

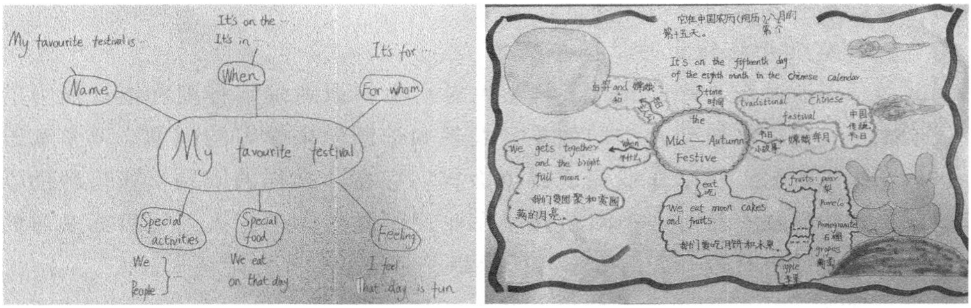

图 3-1-6　学生的思维导图作业

3. 综合实践类作业

英语学科的综合实践类作业具有跨学科、项目化的特点。下面将重点介绍项目式作业的设计与实施。项目式作业是一种以项目为载体的综合性小学英语作业模式，也是项目学习在课后的一种实践方式。教师结合课标、教材及学情，针对英语课堂教学内容恰当地确定项目任务，并将它以课外作业的形式布置给学生；学生在教师的指导与要求下，通过逐步完成项目中的各个活动环节来完成项目任务，最终产生一件作品，作为作业成果。

从图 3-1-7 可以看出，项目式作业的构成要素包括主题、目标、内容、要求、成果和评价等要素。对应的是项目式学习中的项目情境、学习成果、任务活动、活动条件、项目产品和学习评价等内容，逆向设计、成果先行，旨在发展和培养学生的核心素养。因此，首先要基于教材单元的主题、教学目标和教学内容，设计驱动性的问题并明确学习成果目标；之后明确作业内容、作业要求；最后形成对作业活动各方面表现的过程性评价及对学生小组合作

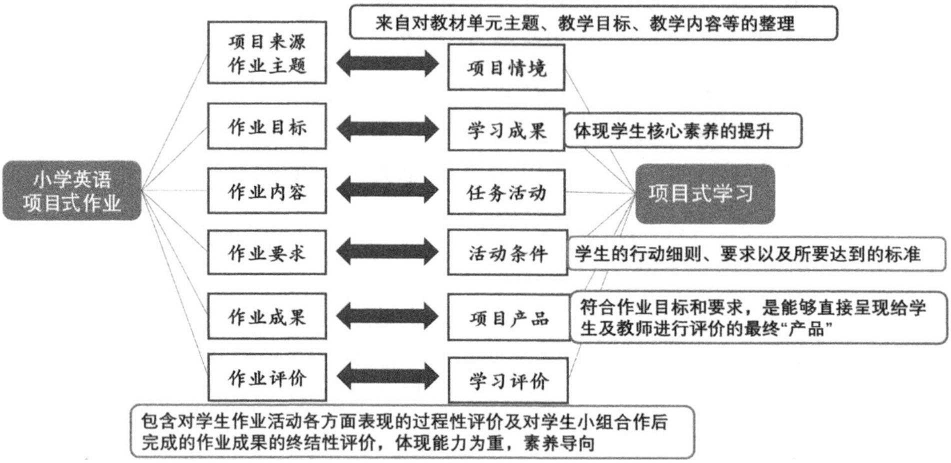

图 3-1-7　小学英语项目式作业的构成要素

后完成的作业成果的终结性评价。

（三）有效开展作业的批阅与反馈

教师应通过作业评价及时了解学生对所学知识的理解程度和语言能力的发展水平，为教师检验教学的效果、发现和诊断学生学习的问题、调整和改进教学提供依据。学生作业完成得怎么样？存在什么样的问题？如何帮助学生解决这些问题？针对这些问题开展作业评价既是学生深入开展后续学习的基础，也是学生有效开展后续学习的保障。

1. 明确作业的要求和评价标准

在前面列举过的案例中可以看到，教师对每项作业都有学习效果的评价，这为学生提出了明确的作业要求和评价标准。这些标准直指作业目标，是对学生学习效果、学习态度、学习方法、学习习惯和学习反思等全方位的评价，对促教促学起到了积极的作用。但在这些标准之外，教师在批阅学生的作业时，还要有清晰的学习质量评价标准，比如单词的识记、语篇的理解、核心句型的运用、写作能力等，用于反馈学生的语言能力发展水平。

2. 将评价结果及时反馈给学生

教师可以适当减少作业量，提高对学生作业成果的关注、改进和优化。将评价结果及时反馈给学生，引导学生根据教师的批语修改作业并再次提交，教师跟进学生的修改再次批阅，形成“批阅—修改—再批阅—再修改”的良性路径，以帮助学生获得良好的学习体验和自我成长的满足感。

3. 用好作业评价的数据

教师在批阅学生的作业时，除了一些个性化的问题，也会发现学生在某个知识点或能力点上的一些共性的问题。教师需要对这些数据进行统计，并根据统计结果采取不同的处理方式。比如，某位教师通过对全班同学作业单中出现的问题进行统计，发现错误主要集中在单词拼写、标点符号及看图不清、词组句型掌握不牢等方面。针对此类问题，教师采用个别指导及在课堂上统一讲解的形式帮助学生强化薄弱点，同时在课堂教学及课后练习中加强学生对单词、词组及句型的记忆与检查。为了避免学生再次出现以前作业中的错误，教师可以条目的方式帮助学生强化自查，比如“Don't forget the punctuation mark(不要忘记标点符号)”“Read the topic and observe the picture carefully(认真读题并仔细观察图片)”“I checked my words for correct spelling(检查有无错误拼写)”等。

三、高效作业设计与实施需要注意的问题

如何才能让学生愿意并主动做作业？如何提高学生完成作业的质量？这两个问题一直是困扰一线教师的难题，要想解决这两个问题可以尝试以下做法。

(一)激发学生兴趣

学生不愿意完成作业，其根本原因是对完成作业这件事不感兴趣。这种兴趣不仅是学生对作业本身的兴趣，还包括学生对老师的兴趣、对英语课的兴趣、对外部刺激的兴趣、对自我效能感的兴趣等。叶澜教授曾经说过：“真正的教育，是充满着生命活力的人的教育；教育不是简单的现存知识直接传递的过程，而是生命与生命的交往与沟通的过程。”教师不仅要有爱的理想，还要有爱的能力。在向学生传递知识的过程中，教师的言谈举止都在传递生命的力量。让学生感受到这种力量，感受到爱，是保护学生学习积极性的基础。在此基础上，教师可以通过以下方式激发学生的学习兴趣。

1. 提高教师自身修养

亲其师，信其道。学生素养的培育和学科核心素养的落实，其前提是教师核心素养的培育和发展。人民教育家于漪说：“教育从来不是结果，而是生命展开的过程。”在这一过程中，教师以其独到的智慧、学识与方法为学生的成长引路，让每个学生都有人生出彩的机会。这种育人智慧首先以教师的扎实学识和厚重学养为基础，一要具备精深的专业知识和过硬的教学能力，能够对所教内容全面把握；二要具备鉴古知今、承前启后的知识视野，能够走在时代的前沿。

2. 改进课堂教学的趣味性和参与度

有关调查数据表明，学生参与活动的积极性越高，得到的分数往往就越高，说明主动学习的意识和行为有利于产生良好的学习效果。因此，教师在设计教学活动时要激发学生主动学习的内驱力，通过趣味性的活动设计和多

样化的互动方式，增加学生的实际获得。

3. 建立奖励机制，激发自我效能感

自我效能感是指个体对自己是否有能力完成某一行为所进行的推测与判断。美国心理学家班杜拉(Bandura)认为自我效能感指人们对自身能否利用所拥有的技能去完成某项工作行为的自信程度。班杜拉还提出了“结果期望”，结果期望指的是人们对自己某种行为会导致某一结果的推测。如果人预测到某一特定行为将会导致特定的结果，那么这一行为就可能被激活和被选择。根据这一理论，教师要建立奖励机制(例如兑换积分的评价机制，见图 3-1-8)，通过适时的评价，让学生获得效能感，从而体验成功的喜悦，进而愿意参与到活动中。

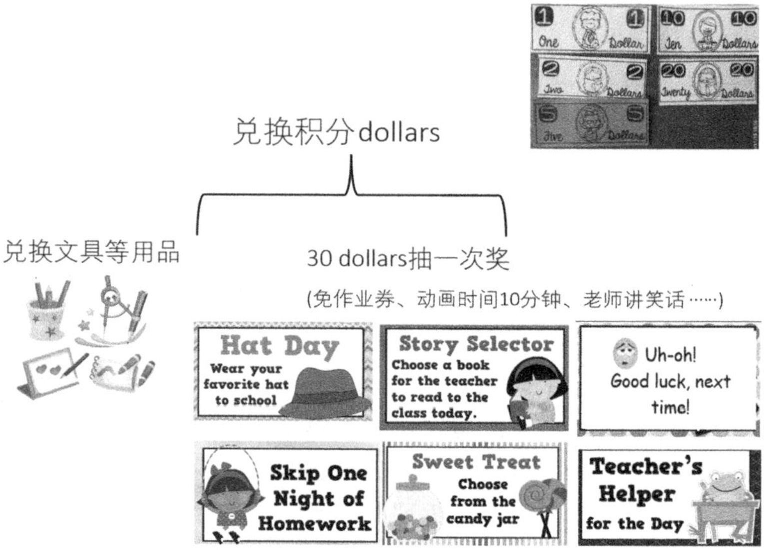

图 3-1-8　兑换积分的评价机制

(二)提高学生能力

这里需要强调的是：教师需要不断地认真反思作业设计、实施、评价的各个环节，比如任务表达清楚了吗？该有的支持(包括语言、素材等)都给到位了吗？评价标准制定科学吗？

(三)增强学生责任意识

义务教育阶段的英语课程致力于培养有理想、有本领、有担当的时代新人。因此，要让学生意识到完成作业是一种学习责任，从而自觉完成作业，为自身的发展打下坚实的基础。

总之，作业是中小学教育教学的重要组成部分，有其不可替代的基本功能与重要价值。教师应把作业放在提升教育教学质量的整体体系中进行优化设计，“备课也要备作业，不能管种不管收”。教师要把作业设计作为教研组的重要工作内容，将作业与教学进行一体化设计，在教学设计中明确作业设计及内容。同时注重提高作业质量，消除低效作业，杜绝有负面影响的作业，丰富作业类型，提高学生学习效率，真正达成“减负提质”的目标。

第二节　复习巩固类作业的设计与实施

《义教新课标》指出，教师应准确把握作业评价的育人功能，坚持以能力和素养为导向的作业设计理念。作业的设计既要有利于学生巩固语言知识和技能，又要有利于促进学生形成结构化知识、开展深度学习、有效运用策略、增强学习动机。“双减”以来，在小学作业管理方面，规定小学三、四年级的作业时间为语数英三科不超过半小时，五、六年级的作业时间为三门课合计不得超过一小时。学生花在完成英语作业上的时间其实是有限的，这对小学英语作业设计的质量提出了更高要求，其中复习巩固类作业的设计与实施就显得尤为重要。

当前小学英语复习巩固类作业的设计与实施主要存在以下三方面问题：一是英语作业的设计质量不高，二是英语作业的完成效果不理想，三是英语作业的评价实施不到位。本节依据《义教新课标》对复习巩固类作业的要求，结合现实教学问题，分析小学低、中、高段英语作业设计和实施应该关注的方面，以提升复习巩固类作业的效果，更好地助力学生核心素养的培养。

一、复习巩固类作业的内涵

复习巩固类作业的目的是加深学生对课文知识点的理解和巩固，使其进一步掌握必须具备的相关技能和技巧；教师可以从课堂作业中发现学生知识或技能的缺陷，及时做出指导和纠正。作业目标应该与新课标的核心素养要求相一致，既要强化学生对知识点或技能点的掌握，又要培养学生的思维能力和综合素质。作业方式应该多样化，包括阅读、写作、听说、实践等多种方式，以满足不同学生的学习需求和兴趣特长。作业结构应该合理，包括必做题和选做题，难度分层，鼓励学生进行探究性学习，从而满足学生的差异化需求。作业评价应该客观公正，注重对学生思维能力和综合素质的考查，同时也要注重差异化评价，针对不同学习水平和学习需求的学生进行评价和激励。

二、复习巩固类作业设计的原则

语言知识是发展其他核心素养的基础，因此，教师在设计单元作业目标时应先考虑复习和巩固单元核心语言知识。在进行作业设计时，教师应紧扣单元知识目标，以单元教学主题为主线，结合学生的实际学情、认知水平、年龄特征等特点科学设计作业。对于小学作业的设计，教师一方面要考虑作业设计的科学性，另一方面还要考虑趣味性。“双减”政策指出，作业的布置既要控制时长，又要提高质量，可以通过选编、改编、创编等形式设计符合学习规律、体现素质教育导向的复习巩固类作业(张雪勤，2023)。

(一)复习巩固类作业的设计频率

研究表明，在记忆 20 分钟、1 小时、8 小时、24 小时、2 天、6 天、1 个月时间后，相对应的遗忘率分别为：42%、56%、64%、66%、72%、75%、79% 。因此，我们要及时为学生布置复习巩固类的作业，安排此类作业的频率要高一些，因为越是及时复习，遗忘得就越少，而且随着时间的推移，遗忘的速度越来越慢；相反，如果搁置很久以后再布置练习相应的内容，就难以唤醒学生的记忆，费时费力且效果不理想。例如北京版小学英语教材三年级中有很多的单词、短语，教师可以把每个单元需要掌握的短语配图制作成图文匹配的认读表，学生随着单元的学习不断推进认读的短语越来越多。每天复现认读练习，能够让学生牢牢掌握这些短语，提升听说认读能力。

(二)复习巩固类作业的目的性和针对性原则

凡事讲究有的放矢才能收到预期的效果，课堂练习设计也不例外。教师在设计相应的练习课前，先自己回顾一下教材的重点与难点，预想或根据自己以往教学的经验估计一下什么在学生脑海里会留下深刻的印象、什么容易忘记，让练习课有明确的目的性和很强的针对性。练习的设计可分为授课前练习、授课过程中练习及授课后练习。授课前练习应设计为过渡形式，目的是为授课过程中的重难点练习做铺垫。在授课过程中要进行形成性练习，目的是帮助学生更牢固地掌握知识，在设计这部分练习时，主要是围绕着知识的重点、难点进行专项练习。授课后要进行巩固性练习，目的是让学生灵活运用，并自我检测练习效果，设计这类练习应注意帮助学生通过完成练习发散思维，形成技巧。

(三)复习巩固类作业的循序性和层次性原则

循序性原则要求练习的安排要遵循学生认知由浅入深、循序渐进的原则。由于学生认知存在差异，练习的设计也要有层次，要设计针对不同层次学生的练习，使他们都能在原有的基础上有所提高。比如，关于词组“how far”的练习设计，教师采取了这样的方法：先是翻译词组“多远”，然后做判断题“Is it far from here? It’s two kilometers away.”，再和别的疑问词混合起来选词填空，最后完成对话中的空缺项。这样由浅入深、循序渐进地练习，复习效果很好，层次不同的学生都得到了相应的提高。

(四)复习巩固类作业的趣味性与情境性原则

趣味性原则是指在设计练习时，应根据学生年龄、生理、心理特点，巧设练习，诱发兴趣，创设一个生动活泼、轻松愉快的学习环境，使学生处于积极的学习状态，从而高效地学习。机械重复的练习枯燥乏味，不仅影响教学效果，而且影响学生的学习积极性。如果教师设计的练习有很强的趣味性，既能提高学生的积极性，又能强化相应知识点的练习效果。英语课堂练习设计要克服缺乏母语环境和学习氛围的困难，为学生设置一些贴切的情境去理解所学内容，接受所学语言。小学英语课堂教学重视学生的参与，强调向学生提供大量的练习和活动，以保证学生有足够的机会接触英语。

三、复习巩固类作业的设计与实施

复习巩固类作业的设计与实施是教学过程中的重要环节，旨在帮助学生巩固已学知识，提高学习效果。以下是一些关于小学低、中、高年级段复习巩固类作业设计与实施的介绍。

(一)低年级段复习巩固类作业的设计与实施

低年级段复习巩固类作业的设计与实施应注重趣味性、直观性和实践性，以激发学生的学习兴趣，帮助他们巩固所学知识。

1. 简化作业内容，保证核心基础

传统的机械抄写、改写的作业，能够让教师很快地了解学生的学习情况，却调动不了学生的积极性，大多数学生是以“应付”的心态完成作业的，很难反映学生的真实学业情况，既达不到温故知新的效果，又占用了学生不少课余时间。所以，作业必须少而精，要能够从一项作业中了解学生的各方面学习情况。

以北京版小学英语教材二年级上册第二单元“Our Week”的作业设计为例，学生要能够按顺序说出一周七天的英语单词，能辨别每个单词代表周几，能知道在西方新的一周从周日开始，并且能够按手写体正确抄写单词。通过这样的作业设计，教师能够更多地了解每个学生的学习情况，检测教学目标是否达成。

(1)“唱歌谣”提升听讲状况

第一步，“背唱歌谣，给单词排序”。学生汇报时，有75%的学生正确唱出了单词(从Sunday开始，按顺序唱到Saturday)，有18%的学生熟练地唱出了单词，但却是错误的(从Monday开始，按顺序唱到Sunday)，剩下的学生对单词不太熟练。18%的学生唱错顺序，是因为生活经验和书中知识有“冲突”，在之前教师着重强调时，这部分学生没有认真听讲。通过作业的检测，学生认识到自己的不足，之后很快调整听讲状态，并掌握了知识点。

(2)“找回忆”提升学习兴趣

第二步，“认识日历，并说出9月有哪些对你来说很特殊的日子，请你用笔圈出来，并说一说”。二年级学生注意力集中时间短，需要设计能让学生有共鸣的情景，才能使学生一直保持学习兴趣。通过思考，有的学生说“9月10日是教师节，我给老师做了一张贺卡”，有的学生说“我的生日是9月15日”，还有的学生说“9月1日开学，终于能见到老师和同学了”。大家热闹地“聊天”，好像忘了是在上课。在轻松的氛围下，学生的学习兴趣逐渐高涨。

(3)“用回忆”复习知识重点

第三步，“说一说，你的special day是周几”，考查学生“认日历”“说出星期词汇”。学生从不知所措到恍然大悟，再到兴奋地举手发言，情绪的转变说明了知识的获得。在发言的过程中，学生之间还自发地表达：“Happy birthday to you!”“Nice to see you again.”这既增进了学生之间的感情，又锻炼了学生的口语交际能力。

(4)“静下心”锻炼书写能力

最后一步，“请你在你的special days中，选出一天或者几天(根据自己的能力，自主选择)，将其星期词汇正确抄写在四线三格中，边写边默读单词、记忆词义”。学生坐姿端正，执笔正确，认真仔细地写单词，在静心回顾的同时，还锻炼了书写的能力。

总的来说，这是一项比较基础的作业，任务并不艰巨，体量也不大，使学生完全摆脱了原始的机械抄写的作业负担，而且锻炼了学生听说读写各方面的能力，还能让老师更加了解每一个学生的学习情况。

2. 丰富作业形式，实现育人目标

作业形式单一，难免会让学生产生厌倦情绪，而丰富的作业形式则会让学生新鲜感十足，同时减轻心理负担。在日常教学中，教师要仔细钻研各种形式的作业设计，让学生在完成作业的过程中，通过各种形式的锻炼，提高学习能力和学习水平。

(1)书面作业，实现情境教学

书面作业是最传统的作业形式，也是检测学生学习效果最直观、最简便的方法之一。但是，英语学习要放在语境中进行，所以，教师通常会把新学的知识放在设置好的语境中让学生练习。

以北京版小学英语教材二年级上册第三单元“Counting animals on the farm”一课的作业设计为例，教师设置如下情境：农民伯伯有一个农场，每天都要清点动物的数量。请大家观察农场的动物，帮农民伯伯清点今天动物的数量。这个作业(见图3-2-1)，是对学生关于动物名称和数字单词的掌握情况进行的检测，直指教学目标和核心基础。

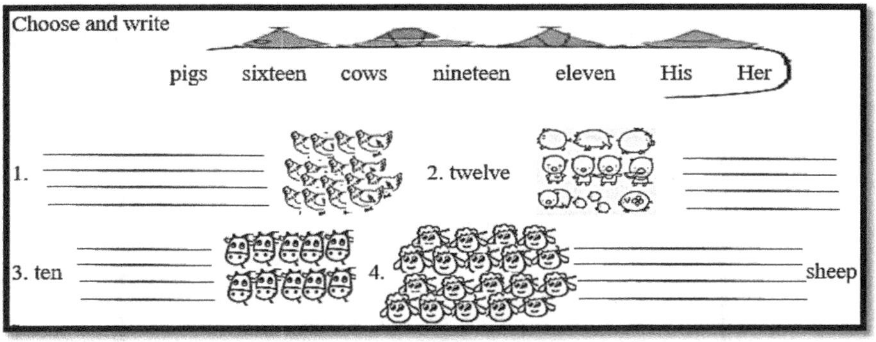

图 3-2-1　看图抄写单词

(2)游戏作业，激发学习热情

每节课都要完成书面作业，会让学生有习惯意识，但也会逐渐失去兴趣。为此，教师可以基于互动白板教学(见图 3-2-2)设计有趣的互动作业。

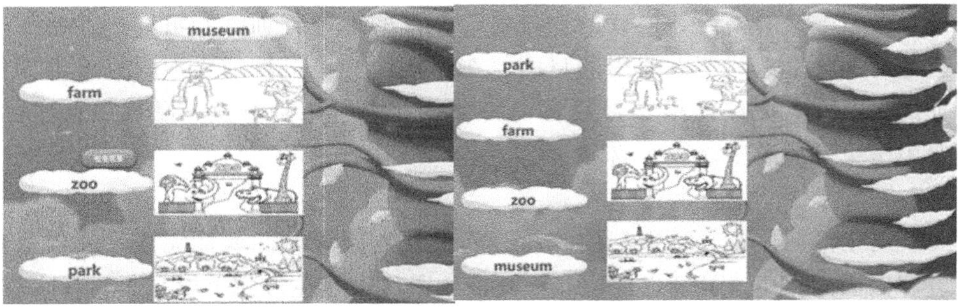

图 3-2-2　互动白板单词匹配游戏

此项作业要求学生能够正确辨别“park”“zoo”“farm”“museum”4 个地点单词。教师请学生上台完成练习，其他学生观察并做裁判员。对正确完成练习的学生进行印章奖励，对文明裁判员进行实操奖励。在这个作业完成过程中，学生兴致非常高，基础弱一些的学生经过不断的努力，也能顺利过关。

(3)总结性作业，提高学习能力

在英语教学中，思维导图能使学生单元学习更系统、更有效，词汇记忆更牢固、更深刻，课文理解更全面、更深入，作文写作更连贯、更完整，从而改善学生的学习方式，提升学习效率，提高学习成绩。但是针对小学低年级学生，教师需要在课上引导学生如何总结归纳学过的知识。以北京版小学英语教材二年级上册第一单元的两次作业设计为例，第一次，教师围绕“play”一词引导学生说出与其相关的短语，教师给出图片(见图 3-2-3)，学生只需抄写出单词即可。在这次活动中，引导学生有归纳总结的意识。第二次，教师围绕“go”一词，让学生自己总结归纳相关短语，并进行抄写、绘图，以及联想更多相关短语。学生在这个过程中，初步认识思维导图，逐渐培养总结概括的习惯，提高学习能力和学习效率。

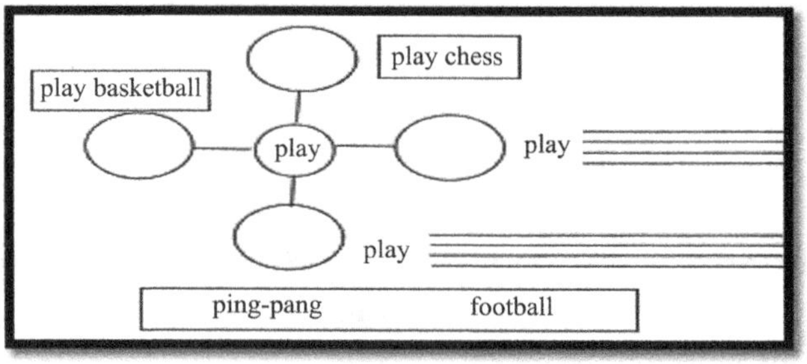

图 3-2-3　抄写与创编词组

(二)中年级段复习巩固类作业的设计与实施

作业是为教学服务的，因此作业设计要结合学生所在年级的教学重难点，通过学习方法的指导、形式的变换等，有目的地进行训练和巩固，并循序渐进地帮助学生达到学以致用的目的。在作业设计上，教师要不断克服书面作业的局限性，关注多维学习目标，编制适合学生年龄特点、贴近生活实际、吸引学生兴趣的多样性作业。

1. 让课后作业“活”起来

对于课后作业，学生利用碎片时间或课后服务时间就能完成，起到及时复习巩固的作用，教师也能更好地监控。课后作业在形式上要尽量灵活多样，每次作业的设置都要体现学以致用。

2. 英语三分钟演讲，落实口语作业

教师可以将“精彩三分钟展示”与英语主题演讲合二为一，深挖教材，围绕各个单元主题，提炼语言，开展主题演讲教学研究，既有利于教师扎实学识功底，延伸课堂实效性，又能让学生有内容可展示，将活动效果落到实处。

新课程倡导教师创造性地设计贴近学生生活的教学活动，给学生创设和谐、轻松的学习环境，消除学生的紧张心理，拉近师生真实交流距离，使学生很快投入教师设计的教学活动中。因此，在以教材为依托的前提下，教师依据单元主题和课文内容努力创设每节课的话题，自然地激发学生表达的欲望。

以北京版小学英语教材三年级下册第一单元为例，本单元话题围绕春天的节日及活动展开。在第一课的语用生成环节，教师示范本节课话题模板，明确话题展示的内容和形式。

T：Hello，I'm Cherry. Spring is here. I can see the trees turn green. The grass comes out. The birds sing. The flowers bloom. How beautiful spring is!

结合第二节课所学内容，再对话题进行补充拓展。

In spring, there are many special days. Women's Day is on March 8th. It's a holiday for women. I will say "Happy Women's Day!" to my mum and my teachers. I want to make gifts for them.

I have two questions. When is Women's Day? What do I do on that day?

主题演讲遵循句子由少到多，表达由易到难，由教师示范到学生模仿再到学生展示等原则。另外，语段的多与少要因人而异，三年级的学生语言素材少，表达能力欠缺，基础薄弱的学生能围绕主题表达 3—5 句话就已经很棒了，如果操之过急，否定学生，会直接打击学生表达的积极性和自尊心；教师要给予学生适时、不断的鼓励，逐步培养学生表达的自信心，提升学生的口语表达能力。

为使主题演讲更加生动有趣，也更贴合学生的实际生活，更关注学生的个体差异，教师在学生演讲环节可以利用电子白板技术，为学生提供演讲的辅助工具，使学生在主题演讲过程中保持兴趣。

（三）高年级段复习巩固类作业的设计与实施

教师设计小学高年级段英语课后作业时，需要遵循一定的原则和策略，以确保作业的有效性和针对性。作业设计要紧密结合教学内容，难易适度，符合学生的发展水平，突出个性化和探究性，落实核心素养的培养。

现以北京版小学英语教材五年级下册第六单元"What will you do in the future?"为例介绍一下高年级段作业设计的策略。本单元教学内容的范畴属于"人与社会"，主题群为"社会服务与人际关系"，子主题为"常见职业与人们的生活"。本单元主要包含三个语篇，均为小学生日常对话，三个语篇的主题分别侧重于思考并交流职业理想、发现并谈论不同的职业、思考如何为实现职业理想而努力。

1. 作业设计凸显趣味性

小学英语教师在作业设计的过程中，要践行"双减"政策要求，充分凸显作业的趣味性，这样才能吸引小学生的注意力，促使其主动完成英语作业。在设计单元整体作业时，教师应深入挖掘作业中的趣味元素，激发学生的学习兴趣，在减轻学生作业负担的同时，令其体会到英语学习的乐趣，使其不断深入探索英语知识的实践应用，促进英语作业价值的提升。为了增强英语作业的趣味性，教师可以从不同角度出发，对英语作业形式进行创新，引发学生的深层次思考，强化英语教学效能。

在第一课时的复习巩固类作业设计中，要求学生能根据表示不同职业的图片的提示，选择恰当的单词，以"puzzle"的形式将单词正确抄写在相应的位置，这样的作业设计富有趣味性。

2. 作业设计满足差异性

小学生刚开始接触英语知识，英语语言素养存在一定差异，英语学习能力也不同，所以在实际学习英语知识的过程中，会产生不同的学习效果。对此，教师在设计单元整体作业时要充分考虑，合理设计不同层次的作业，确保满足学生的差异化学习需求。在实际设计作业的过程中，教师应加强对各种类型学生英语学习需求的了解，不管是学习能力较弱的学生，还是具有较强英语学习能力的学生，都要明确其英语学习状态，在此基础上，对英语作业进行合理设计，这样才能对学生形成积极的引导作用，充分体现作业设计对促进学生多元发展的作用。

例如北京版小学英语教材五年级下册第六单元主题“Our Dream Jobs”下第一课时“Jobs in our life”这一小主题的作业设计，教师提供了三种不同功能句型的巩固练习(见图 3-2-4)。英语表达能力弱一些的学生可以说说身边人的职业；英语表达能力强的学生可以说说身边人的职业、工作地点和工作内容，以及对其职业行为的评价等。

图 3-2-4 仿写身边人物的职业

3. 作业设计具有启发性

根据“双减”政策的要求，小学英语教师在作业设计的过程中要注重作业的启发性，使学生主动学习英语知识，真正践行减负增效理念。启发性作业的设计能够帮助学生更好地理解英语知识，也能启发学生主动交际、认真思考，增强学生组织和应用英语语言的意识，实现深层次学习，强化单元整体作业实践应用效果。

例如北京版小学英语教材五年级下册第六单元主题“Our Dream Jobs”下第二课时“Jobs we want to have”这一小主题的作业设计，教师让学生从不同维度思考自己的梦想职业(见图 3-2-5)：可能是因为你喜欢做某事；可能是因为你擅长做某事；可能是因为你的父母从事这个职业；可能是因为你认为这个职业很酷；还有可能是因为榜样的作用，你想成为和他一样的人；等等。让学生通过思考来确定自己的梦想职业。可以是一个，也可以是多个。

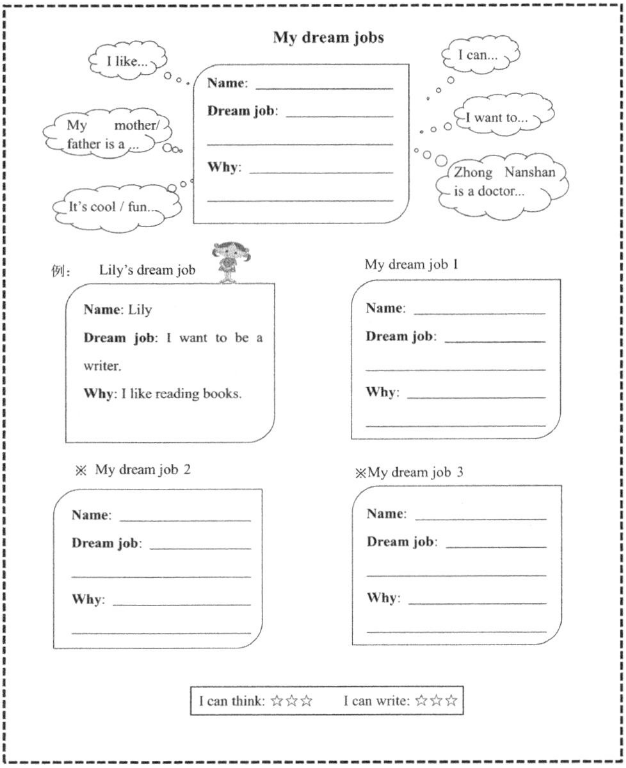

图 3-2-5 写出自己的梦想职业

总之，英语复习巩固类作业在设计时应纳入单元整体教学的设计蓝图中整体统筹。教师首先要结合对单元语篇内容的深度解读和学情分析制定单元教学目标，再以此为导向明确课时教学目标和作业设计目标。其次，教师要遵循作业设计原则，设置与课堂教学内容相适应的具体作业内容，引导学生借助单元内各课时的课堂学习和课下作业逐步推进单元学习。最后，教师要设计相应的作业评价机制，促进单元整合型输出活动目标的达成，了解学生对所学知识的理解程度和语言能力的发展水平，诊断学生的学习问题，为后续调整和改进教学提供依据。

第三节　拓展延伸类作业的设计与实施

《义教新课标》指出作业评价是教学过程中的重要组成部分。教师要深入理解作业评价的育人功能，坚持能力为重、素养导向。作业的设计既要有利于学生巩固语言知识和技能，又要有利于促进学生有效运用策略，增进学习动机。该课程标准同时指出，教师应根据不同学段学生的特点，基于单元教学目标，整体设计单元作业和课时作业，创设真实的学习情境，建立课堂所学和学生生活的关联，设计复习巩固类、拓展延伸类和综合实践类等多种类型的作业，如朗读、角色扮演、复述、故事创编、戏剧表演等，引导学生在完成作业的过程中自主学习，提升语言和思维能力，发挥学习潜能。

一、小学英语拓展延伸类作业的内涵

拓展延伸类作业具有趣味性、开放性和实践性，强调在真实语境中整合并综合运用所学英语知识解决真实问题(吕方，2023)。在设计拓展延伸类作业时，教师要考虑学生已有知识储备和生活经验，指导学生深入理解、归纳、推理、分析信息，拓展学生思维，开阔学生视野，进而提升学生的学习能力，激发学生学习兴趣。

小学英语拓展延伸类作业是指兼顾课程内容和学生能力，把相关知识整合而设计的，侧重于发展学生创新或实践能力，由学生独立或合作完成的学习任务，有利于开阔学生的视野，提高其英语核心素养。

二、小学英语拓展延伸类作业设计的重要性

小学英语拓展延伸类作业的合理设计，有助于发展学生的思维品质，激发学生的想象力，提高学生的自主学习能力。

(一)发展学生的思维品质

学生在完成拓展延伸类作业的过程中，他们的思维品质不断得到提升，思维与语言习得之间不断磨合，思维个性特征在不断发展，在理解、分析、比较、推断、批判、评价等方面的水平也会相应得到提高。教师可以设计绘

制思维导图、撰写倡议书等形式的作业，激活学生思维，将语言与思维有效对接，更好地发挥拓展延伸类作业的有效性。

（二）激发学生的想象力

小学生想象力丰富，教师要尽可能依据学生特点，设计能激发学生想象力的拓展延伸类作业，充分调动学生的积极性。教师可以为学生设计延续情景对话、续编故事等形式的作业，引发学生深入思考，将语言学习与学生已有生活经验建立联系，更好地发挥学生的想象力。

（三）提高学生的自主学习能力

拓展延伸类作业对提高学生的自主学习能力有很好的促进作用，学生在完成该类作业的过程中，不能直接从书本上找到答案，需要学生通过深入思考，查找相关的素材并对其进行整理归纳，进而完成作业。在这个过程中，学生的自主学习能力会得到提升。

三、小学英语拓展延伸类作业设计中存在的问题

当前，教师对于小学英语拓展延伸类作业的概念比较清晰，但是在结合教学内容进行设计和实施过程中还存在一些问题，比如作业目标不能体现育人功能、作业难度缺乏层次性、作业内容缺少选择性等。

（一）作业目标知识化，缺乏育人功能

英语作业设计中，教师要关注作业目标的制定。合理的作业目标能够帮助教师检验教学效果，适时改进教学，同时也能检验学生的学习效果，激发学生完成作业的积极性。

当前，部分教师将提高学生英语学习成绩与复习语言知识作为首要考虑因素，其次考虑的是学生知识的实际应用能力，作业侧重于知识性目标。教师在设计作业时，对学生兴趣爱好的关注度相对较低，尤其对学生所处年龄阶段的习惯、爱好和特点考虑得少，忽略了作业对学生态度、情感与价值观培养的育人功能。

（二）作业设计简单化，难度缺乏层次性

为减轻学生的作业负担，多数教师在进行作业设计时明显降低了作业难度。但在日常教学中，作业难度设计缺乏层次性，作业标准统一，对不同层次学生的作业完成情况缺少关注，因材施教体现不够。

（三）作业内容统一化，缺乏生活性与选择性

学生英语作业内容的趣味性仍有待提高；作业内容与学生实际生活关联度不高，仍以教材内容为主；在自主选择性方面，班级学生的英语作业内容基本相同，仅在数量上有轻微变化，作业设计主体通常以教师为主，学生只

能被动完成教师布置的所有作业，影响学生的英语学习积极性。拓展延伸类作业设计内容更需要将所学知识与学生实际生活紧密相连，但部分教师在设计这类作业时生搬硬套，没有切合学生实际设计贴近学生生活的作业内容，没有给学生灵活选择的空间。

四、小学英语拓展延伸类作业设计的策略

(一)基于英语课程标准制定设计英语拓展延伸类作业的目标

《义教新课标》对英语课程在课程性质、理念、目标、内容、学业质量及实施等方面进行详细说明，明确指出义务教育英语课程体现工具性和人文性的统一，具有基础性、实践性和综合性特征。

"双减"背景下，小学英语拓展延伸类作业的设计与实施应以《义教新课标》为导向，既要完成课程标准所规定的基本教学任务与目标，更要贯彻课程标准所倡导的育人为本、素养导向的课程理念，使英语作业回归育人本位，提升作业实效。教师要科学系统地设计符合学生学习兴趣与个人能力的英语学科素养作业，激发学生的内在兴趣与自我潜能，促进学生综合素养的全面发展。

例如北京版小学英语教材四年级下册第三单元"Be Polite to Ask and Show the Way"的主题下，通过四课时完成学习任务，基于《义教新课标》制定学习目标。本单元的学习目标为：学生在学习问路与指路的相关表达后，能够懂得在生活中寻找某些场所的位置或询问到达某个地点的路线时，要礼貌地向他人寻求帮助，做到有礼貌，懂礼仪，同时也能够耐心、热心、细致、礼貌地帮助他人指引要寻找地点的位置或者行进路线等。同时，有意识地了解学校、社区及生活的城市，熟悉常见场所所在的位置或者常用的路线等，切身感受到生活和学习环境的美好。

基于这样的学习目标，教师设计拓展延伸类作业目标，比如能够认读、理解并识别学校中的场所名称、社区及生活的城市中熟悉的地点词汇；能识别简单的地图，通过地图上的标记明确所找地点的位置、方向、到达路线等，并能进行简单介绍。基于作业目标展示具体的作业设计，能使学习目标、作业目标与作业内容联系更加紧密。

(二)以学生为中心整体统筹单元作业设计

学生作为作业的完成主体，单元整体作业的设计与实施应以研究学生为前提，关注学生的个体差异，深入了解学生在思维发展水平、能力现状以及个性需求等方面的差异，整体架构单元作业，使之具有连续性。

学生内部作业动机才是使作业完成从量变到质变转化的关键。在设计作

业的过程中，教师应以学生的能力水平为基础，以培养学生英语学习兴趣为目的，创新作业类型，丰富作业形式，科学合理地设置作业目标与难度，激发学生完成作业的内驱力，提升学生的自主学习能力。英语作业应当从学生的兴趣与实际学习情况出发，以拓展性的形式，突出作业的趣味、层次与实践性，利用合作探讨的学习方式，促进学生英语综合素养的发展，培养学生的英语思维(龚晓燕，2019)。

1. 设计凸显层次性的英语拓展延伸类作业

单元作业的设计要基于主题，在学生原有认识的基础上将同一单元话题延伸拓展，做到承前启后，促进学生知识的强化与迁移。同时也要让学生亲身体验不同主题的单元作业内容，让学生在实践交流中对每个单元的学习主题有整体的认识。

在进行单元拓展延伸类作业设计时，教师要关注作业内容的层次性。围绕某一单元主题设计形式丰富的作业，作业类型多样化，从而激发学生主动参与语言实践的兴趣与意识，把所学的语言知识转化为实际生活中“能够做事情的能力”。

例如，在设计北京版小学英语教材四年级下册第三单元的各课时拓展延伸类作业时，教师设计了丰富对话语言和丰富思维导图两项主线任务，凸显各课时拓展作业的连贯性和层次性。围绕丰富问路及指路语言知识这条主线，第一课时要求学生通过观察楼层示意图，补全对话，理解具体位置关系(见图3-3-1)。

图 3-3-1 观察楼层示意图并补全对话

第二课时要求学生在 Maomao 参加社区志愿服务帮助行人指路的情境中，补全问路及指路用语(见图3-3-2)。第三课时引导学生在主人公 Fangfang 查找新电影院的位置并问路的情境下，基于对话语篇内容及地图提示，在地图上标记出目的地并画出相应路线(见图 3-3-3)。

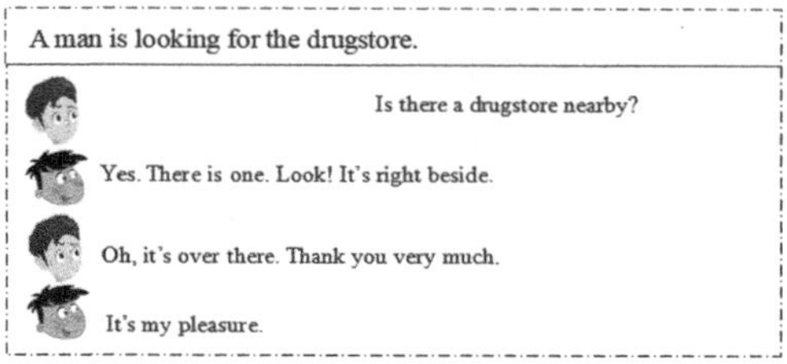

图 3-3-2　根据社区指路情境补全信息

Fangfang: Excuse me! Is there a cinema near here?
Mary: Yes. It's not far.
Fangfang: Can you tell me the way?
Mary: OK! Please walk on and turn left at the bookstore. Walk about ten minutes, you will see the cinema.It's beside the park.There is a school in front of the cinema.
Fangfang: I see.Thanks a lot.
Mary: You are welcome.

图 3-3-3　在地图上标记出目的地并画出相应路线

第四课时拓展作业为在前三课时基础上，画一画学生所在城市的简易地图，用英文标出重要的场所，选择一个场所做简单的介绍，并标出一条从起点到终点的路线(见图 3-3-4)。

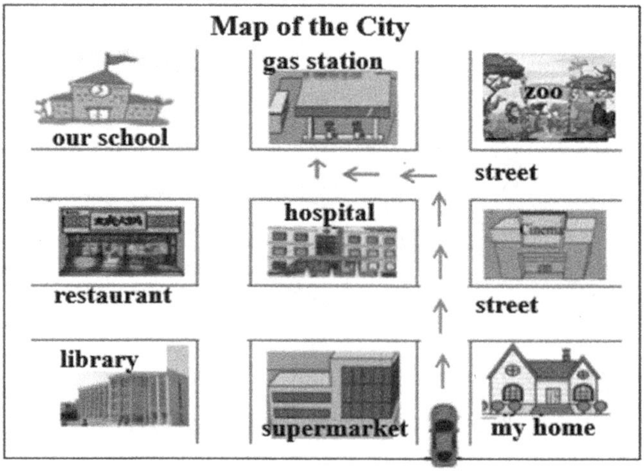

图 3-3-4　根据范例画出城市简易地图

以上各课时的拓展延伸作业设计凸显层次性和递进性，学生在完成作业的过程中，从了解主人公的学校、社区到深入了解自己的学校和社区，养成热爱校园、热爱社区、热爱城市的良好品德，强化了作业的育人功能。

另外一条主线是引导学生利用思维导图梳理问路、指路及礼貌用语的表达方式，在前一课时的学习基础上，不断丰富语言（见图 3-3-5、图 3-3-6、图 3-3-7）。前三课时借助思维导图对本单元主题下指路、问路及礼貌用语进行连续梳理，帮助学生积累语言，前一课时为后一课时的语言表达及运用提供有力的支架，帮助学生更好地完成学习任务。

以上各课时作业设计关注学生的情感、态度、价值观，体现出作业的育人价值，不仅提高了学生的语言能力，同时培养了学生的人文素养和对热爱生活的情感。

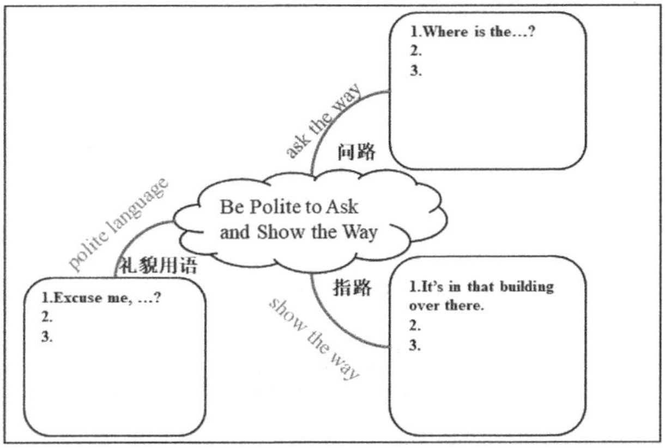

图 3-3-5　第一课时思维导图

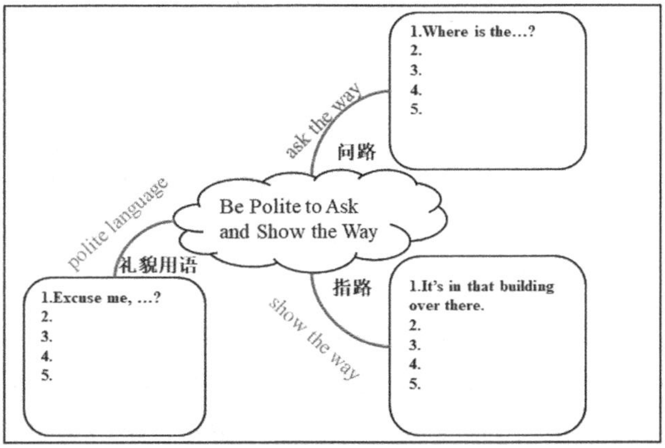

图 3-3-6　第二课时思维导图

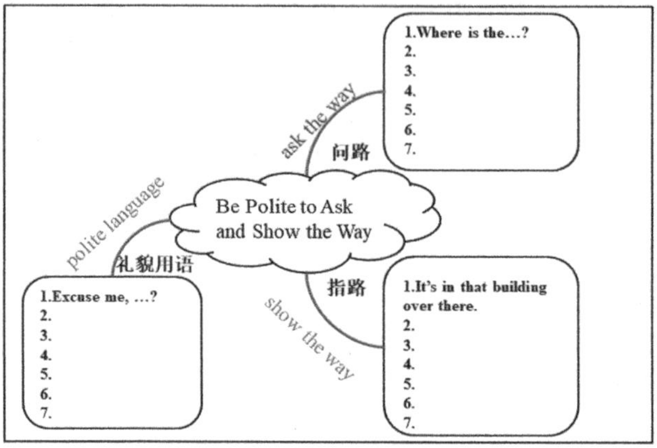

图 3-3-7　第三课时思维导图

2. 设计具有实践性的英语拓展延伸类作业

在设计英语拓展延伸类作业的过程中，教师要基于学情，将实践性融入作业中，增强作业与学生学科知识以及生活实际的关联，激发学生的学习兴趣，使学生感受英语学习的快乐。

例如北京版小学英语教材五年级下册第二单元“Amazing Plants”，该单元包含4课时，单元教学目标为：学生能够了解植物不同部位的英文表达及作用，了解植物的生长所需及其生长周期，体会植物的神奇之处，了解并体验如何种植植物，懂得关爱植物。在掌握教材已有知识的基础上，了解植物的生长周期，并在种植体验中深化对植物生长过程变化的理解，在交流过程中感受植物的神奇之处，在实践中理解和运用语言，将语言学习生活化，同时增强爱护植物的意识，构建人与自然和谐共生的生态理念。

为了让学生在实践中深入理解学习内容，并能通过所学做事情，在各课时的拓展延伸类作业设计中，教师设计了提升学生能力的实践性作业，帮助学生在活动中理解、习得语言，并内化语言。第一课时引导学生以“My Favourite Plant”为题，制作PPT并介绍最喜爱植物的各部位的名称(见图3-3-8)。第二课时让学生继续完善PPT，并延续所学内容，介绍最喜爱的植物的部位及其功能(见图3-3-9)。

第三课时拓展关于“Amazing Plants”的语篇内容，引导学生在第一、第二课时学习的基础上补全思维导图，呈现关于其的更多信息(见图3-3-10)。第四课时，学生通过绘本故事的学习，剪一剪、贴一贴，补全植物生长周期，通过亲身实践，感受植物的生长过程，加深对本单元知识的理解和内化(见图3-3-11)。接着，教师引导学生在课下选择一种植物进行种植并记录植物生长过程(见图3-

3-12），这样的作业设计更能激发学生学习兴趣，使学生主动参与学习，在拓展知识面的同时增强学习自信心。

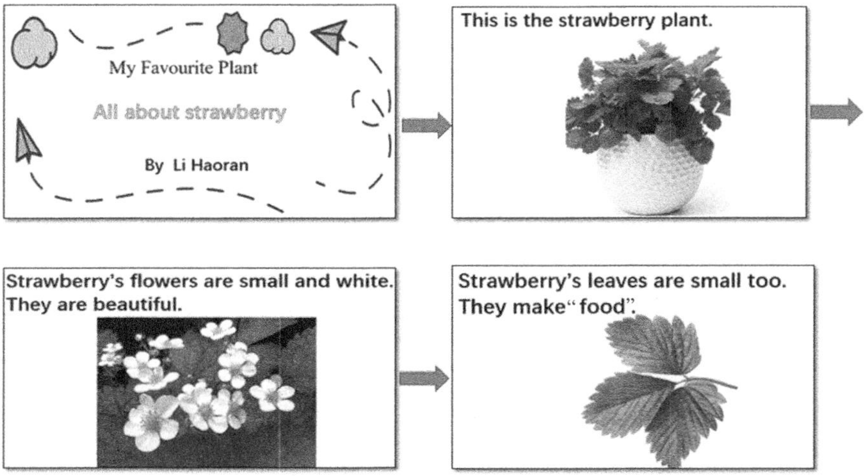

图 3-3-8　学生介绍最喜爱的植物的部位

图 3-3-9　学生介绍最喜爱的植物的部位及其功能

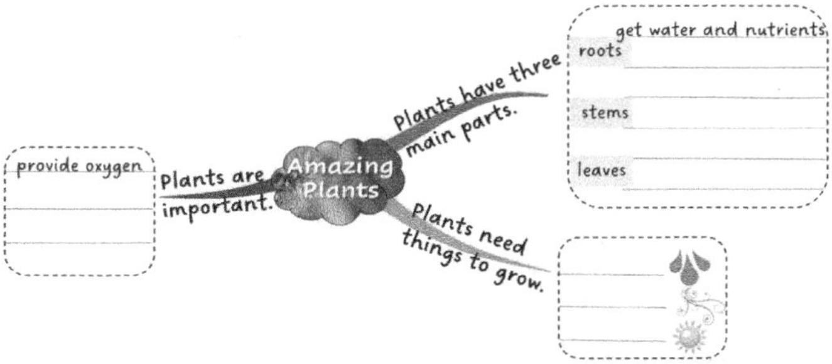

图 3-3-10　完善关于植物的思维导图

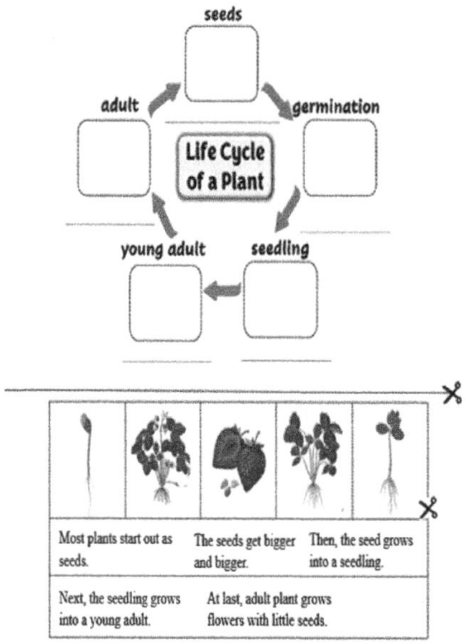

图 3-3-11　完成植物生长周期的任务

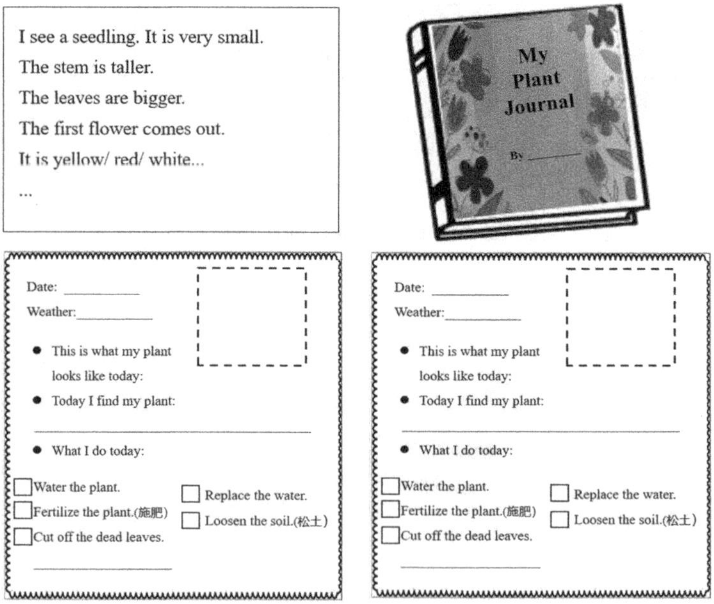

图 3-3-12　学生记录植物生长过程

本单元以“Amazing Plants”为主题，各课时作业设计能够基于学生生活实际，从最初的选择自己喜爱的植物制作 PPT 并介绍其各部位名称，到逐步了解植物生长周期以及亲自种植，在整个过程中逐步将语言内化于心，并解决生活中的实际问题，突出英语学科本体知识学习的同时，体现英语与科学学科有效融合，密切联系生活实际，关联学生实践活动，以问题任务为驱动，将语言学习生活化、实践化，帮助学生更深入地了解植物的相关知识，体会植物的神奇，在种植的过程中懂得关爱植物，落实学生素养培育。

在作业实施过程中，注重单元实践作业，助力学生能力提升。要培养学生在真实生活中运用语言的能力，鼓励学生从做中学，强调学生亲身经历，让学生在发现问题和解决问题的过程中体会英语学习的鲜活性和实用性。

3. 设计具有趣味性的英语拓展延伸类作业

在英语教学中，教师要有意识地设计有趣味性的英语拓展延伸类作业，激发学生英语学习兴趣，提高他们的英语学习能力。同时，这些作业也可以帮助学生拓展知识面，培养他们的跨文化意识和创新能力。在设计单元拓展作业时，教师应从提升学生作业兴趣出发，这是对学生好奇心的补充；从学生完成作业的积极性方面进行激发，使学生学习英语的兴致和英语核心素养都得到提升(陈冬艳，2020)。在实际教学中，教师可以根据学生的实际情况和兴趣爱好，设计适合学生学习的英语拓展延伸类作业。

下面以北京版小学英语教材六年级上册第六单元为例，说明如何设计各课时趣味性的拓展延伸类作业。本单元围绕“着装”话题展开学习，主题为“Let's dress appropriately”。本单元主要介绍了不同职业、不同场合的着装及服装的尺码。通过学习，学生了解不同场合、职业着装不同的文化现象，并能在情境中恰当选择、搭配、设计服装，提升审美情趣；通过旧衣再利用，感受变废为宝的智慧，传承勤俭节约的传统美德，凸显作业设计的趣味性，激发学生学习兴趣。

本单元在复习巩固类作业的基础上，各课时均设计了相应的拓展延伸类作业，旨在在服装搭配、服装与职业、服装与场合等方面，结合生活情境，设计有趣的拓展延伸类作业，如合理搭配服装、合理利用旧衣服等，让学生感受生活之美。学生在单元学习后呈现以“Let's dress appropriately”为主题的制作翻翻书单元大作业(见图 3-3-13)，第一课时介绍自己的家庭成员的不同职业和着装，引导学生关注自己家人的职业和服装，增加趣味性，进一步加深理解不同职业与服装的关系(见图 3-3-14)。第二课时在生活中不同场合选择合适的服装，感受合理搭配服装的重要性，并能进行书写，激发学习兴趣(见图 3-3-15)。第三课时介绍自己的一日穿搭，学生能够积极思考，主动完成，作业内容充满趣味性(见图 3-3-16)。第四课时结合生活实际，思考如何处理自己生活中的旧衣服，将语言学习与生活实际紧密相连，贴近学生生活，激发学生思维的同时激起学生的探究欲望，使学生持续保持学习兴趣(见图 3-3-17)。第五课时与劳动、美术等学科有效融合，设计了改造自己的旧衣服的

Tips

I have a ... It's ...
First, I ...
Second, I ...
Then, I ...
At last, I ...

cut the ... with the scissors
draw a line
sew them together
colour it
make a bow...

图 3-3-13　制作翻翻书单元大作业

任务，并以图文结合的方式记录，这样的作业既培养学生的实践动手能力，又培养学生的创造力，还使学生借助语言支架，在实践中运用语言，凸显作业设计的趣味性，真正实现学以致用。

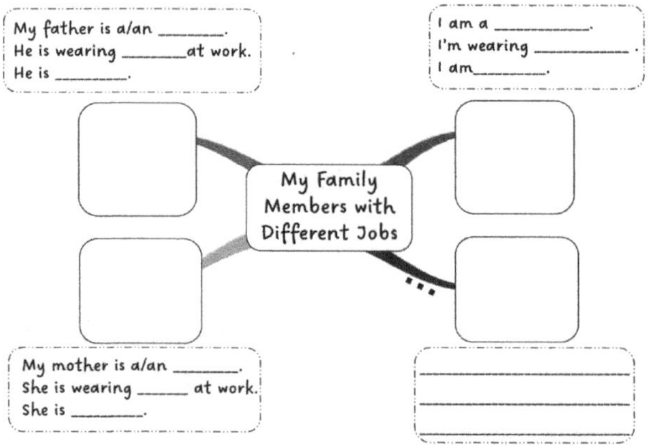

图 3-3-14　介绍家人职业和着装

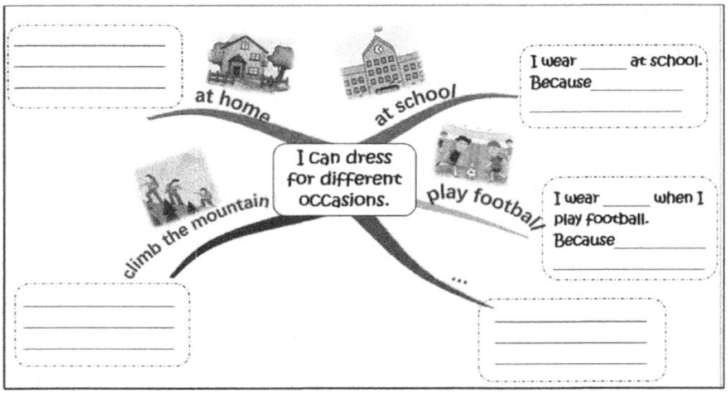

图 3-3-15　在不同场合选择合适的着装

图 3-3-16　学生介绍一日穿搭

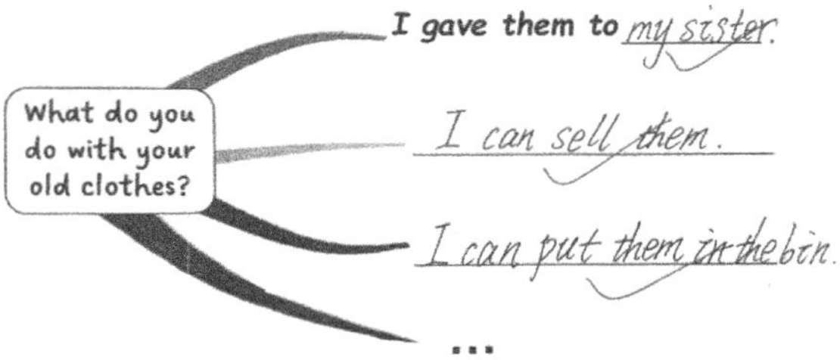

图 3-3-17　借助思维导图介绍处理旧衣服的方式

教师在指导学生制作翻翻书的过程中，提供更多的资源，增加拓展延伸类作业的趣味性，给学生更多选择的机会，转变学生对作业的传统看法，使学生能真正将所学知识运用到生活中，凸显学生学习的主体性，提升学生英语学习能力，让学生在宽松愉悦的氛围中完成作业，保持学习兴趣。

总之，小学阶段英语拓展延伸类作业设计应体现层次性、实践性和趣味性。拓展延伸类作业设计既要注重前后英语作业的内在联系性与一致性，通过作业提升学生学科知识的综合运用能力，也要增强学科间知识的关联性，让学生在做作业的过程中对不同学科知识进行融会贯通与灵活运用；既要将作业内容紧密贴合学生的实际生活，引导学生在真实情境中运用知识，实现语言知识的迁移与创造，也要使作业内容紧跟时代发展步伐，关注学生的实际需求，让学生在完成作业的过程中发展核心素养。

第四节　综合实践类作业的设计与实施

《义教新课标》提出面向全体学生、注重素质教育、整体设计教学目标，体现灵活开放、突出学生主体、尊重个体差异、注重过程评价、促进学生发展等基本理念，这些都与英语教学的核心素养相契合。作业是教育教学重要的组成部分，设计符合学生年龄特点和学习规律、体现素质教育导向的作业，鼓励布置分层、弹性和个性化作业等，能够进一步促进学生英语学科素养的提升。

一、综合实践类作业的内涵

《义教新课标》在“作业评价建议”中强调“教师应深入理解作业评价的育人功能，坚持能力为重、素养导向”。小学英语综合实践类作业是发挥作业育人价值的载体，在设计时，教师可以通过注重情境创设的真实性、活动设计的探究性和成果生成的开放性，引导学生建立知识与生活的关联，在学习理解、应用实践、迁移创新等综合性学习活动中形成正确价值观、必备品格和关键能力。

小学英语综合实践强调以英语学科为背景，以学生的兴趣和直接经验为基础，以与学生学习和社会生活密切相关的各类现实性、综合性、实践性问题或任务为线索，整合相关学科资源，以探索性学习为主导学习方式，以培养学生核心素养为主要目的(王蔷，2022)。

英语综合实践类作业主要是指教师依据学生年龄特征、生活实际以及原有知识水平，创设丰富的情境，让学生主动参与语言实践活动和创造性地使用语言，走进生活，走向社会，实现学以致思、学以致用、学以创新。综合实践类作业能促进不同层次的学生在情境中巩固、运用所学，在实践中感悟和驾驭语言，在动手动脑中提高思维能力、想象力和创新能力等综合素养(马琳，2018)。

二、英语综合实践类作业的类型

英语综合实践类作业的内容是根据学生的身心发展、语言的学习规律、学生已有知识经验等方面设计的。作业设计以任务为基础，目的是让学生掌握尽可能多的知识与技能，让任务变成一种媒介、桥梁，把教学目标变成学生自觉追求的目标，让学生自主、积极地参与语言训练。英语综合实践类作业具体分为以下几种类型。

(一)语言表达类的实践性作业

语言表达类的实践性作业主要是通过听、说、读、演等形式的语言交流表达来完成的实践性作业。这类作业要求在完成作业的过程中以学生为本，以学生为主体，在一定的社会生活情境中展开。

(二)文化体验类的实践性作业

文化体验类的实践性作业是指教师从课文配套的教学内容中，挖掘出相关的英语语言所反映的文化内涵，使学生通过网络、书籍等进行查询，获得如文化背景、含义或者相关的文化知识，从而增强学生的学习动机与兴趣，使学生的作业具有文化意义。

(三)信息搜集类的实践性作业

信息搜集类的实践性作业是教师设置一定的主题引导学生去获取信息、分析信息、整理信息，从而锻炼学生获取信息和处理信息的能力。

(四)手工制作类的实践性作业

手工制作类的实践性作业是指学生通过观察并充分发掘自己的创造潜能，利用各种各样的制作素材完成的作业。

三、英语综合实践类作业设计与实施的意义

英语综合实践类作业能够为学生创设语言运用的机会，培养学生的跨文化意识和在生活中运用语言做事的能力。学生在完成作业的过程中能够感受到英语学习的乐趣，从某种意义上讲，学生的作业负担减轻了，作业成了课堂教学的有效延伸。

(一)英语综合实践类作业是促进学生多元化发展的关键路径

一直以来，沉重的作业都是造成学生学习压力的重要因素。在小学英语作业设计中，部分教师缺乏对学生全面发展的关注，一味按照应试教育要求对学生进行训练，导致一些学生在完成英语作业时局限在知识的理解与记忆上，而难以将知识学习发展为能力与情感。针对此问题，通过对综合实践类作业的多维化设计，教师将学生的英语知识学习、能力培养与情感发展融为一体，这样不仅能够丰富作业形式，激发学生兴趣，更能促使学生在实践探索中得到全面发展(周梅芳，2014)。多维度设计综合实践类作业，能够有效培养学生在教学过程中的参与意识，教师应当利用好一切可以使用的教学资源，满足学生的求知欲望，引导学生发挥自身的才能，促进学生的多元化发展，使学生的综合素养得到提高。

(二)英语综合实践类作业是落实英语学科核心素养要求的重要途径

小学英语综合实践类作业是英语作业改革中一种非常贴近学生生活的作业模式。小学英语教学中，让学生通过完成实践性作业的方式将英语教学延伸到课外，这种作业方式是学生课外学习英语的重要手段(范新瑞，2016)。在新课标的指导下，小学英语综合实践类作业为学生创设真实的语言学习情境，让学生在实践活动过程中开动脑筋，动手操作，搜集信息并加工处理信息，用英语做事，体验不同的中西方文化等。此类作业有利于培养学生的语用意识和语言综合运用能力，最终达成英语学科核心素养的要求。

(三)英语综合实践类作业是五育融合发展的重要载体

作业是实现义务教育阶段英语课程目标的重要载体，是课程评价的重要依据，同时也是五育融合视野下培养学生学科核心素养的重要方式。依据聚焦内容和完成形式的不同，作业可划分为学科基础性作业、学科探究性作业、综合实践性作业(见图 3-4-1)。其中，学科基础性作业聚焦英语功能句型、词汇和语法，关注学科知识间的整合和拆解。学科探究性作业重视学生对语篇理解和话题写作的关注，引领其尝试运用英语思维，通过探究、观察、分析的方式，梳理语篇主线，描述特定场景。而综合实践性作业则强调学生跨学科、超学科的综合性学习体验，开展各类持续性的综合实践活动，提升语言的综合运用能力，进而加深对语言的实际应用，达成语言的深度学习，其延展性更强，主题色彩更加浓厚，形式更加丰富多样。

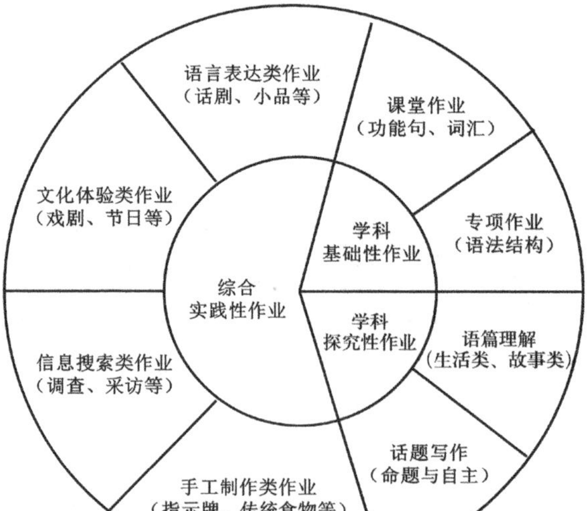

图 3-4-1　作业的分类

四、小学英语综合实践类作业设计与实施现状

传统的作业形式多为听录音跟读课文、完成配套练习、抄写单词和句子、背诵课文。由于形式单调枯燥，缺乏弹性，偏重书本，脱离生活和学生实际，造成的后果是学生逐渐失去对英语作业的兴趣，阻碍了学生个性和潜能的发展。

(一)缺乏多样性和趣味性

当前小学英语教学过程中，大多数教师仍沿用传统布置作业的方法，让学生进行重复的诵读与抄写，通过布置教材的课后习题、练习册或者试卷来检测学生对所学知识的掌握程度。这样的作业设计比较单一，而且比较枯燥，很容易让学生一看到作业就眉头紧锁，没有完成作业的动力。

(二)缺乏针对性和层次性

教师在布置作业时往往针对的是全班学生，不注重对学生进行分层，这就忽视了学生之间学习能力差异的问题，不能满足所有学生的作业需求。这样布置作业会使学优生感觉作业过于简单，起不到作业该发挥的作用；学困生感觉作业太难，从而失去学习英语的信心。

(三)缺乏创新性与生活性

教师在进行作业设计时往往较为死板，不注重创新，过于依赖英语教材和配套的教辅材料，缺乏创新性，而且与学生的实际生活联系较少，使得作业发挥的效果不明显，不仅不利于培养学生的思维创新能力，更不利于培养学生的核心素养。

五、英语综合实践类作业设计与实施的策略

作业是课堂的延伸，是学生独立自主的学习过程，也是培养学生可持续发展能力的过程。“教者若有心，学者必得益。”教师在设计综合实践类作业时，应做到因课而异、因时而异、因人而异，精心设计和优化英语作业，让每一位学生在“提质减负”背景下多一点空间去探索，多一点时间去思考，多一点机会去体验，多一点自由去呼吸，真正实现作业“量的减负，质的增效”。

(一)依托单元主题，明晰作业设计的价值取向

苏霍姆林斯基说过：“在人的心灵深处都有一种根深蒂固的需要，这就是希望感到自己是一个发现者、研究者、探索者，而在儿童的精神世界上，这种需要特别强烈。”恰好，综合实践类作业就是要让学生经历发现、研究和探索的过程，同时为学生提供更加自由的探索空间和学习空间，有助于培养学生学习的主动性、积极性，让学习成为学生的乐趣，并进一步增强学生的英

语应用意识，多渠道地提高学生的英语学科核心素养。

1. 以学生的认知能力为基点设计综合实践类作业

小学生的思维方式以具体形象思维为主。因此，课堂里比较抽象的英语知识还有待于在具体的实际生活中进一步理解、内化。在这一方面，综合实践类作业能够发挥其独特的价值。例如信息搜集类实践作业，对于已经掌握课堂知识的孩子而言，信息搜集类实践作业可以视为运用知识、锻炼能力的一种锻炼；而对于对课堂知识理解不够透彻的孩子而言，信息搜集类实践作业更是一种巩固知识、运用知识的有利方法(丁敏丹，2021)。在具体设计上，可以是调查班内同学擅长的运动，调查亲朋好友旅行时喜欢的出行方式、目的地的特点等，或者让学生做一些社会调查，写出英文调查报告。这类作业不仅可以鼓励学生发挥语言的交际功能，获取所需的信息，也可以培养他们对已获取的信息进行分析、归纳、总结的能力。

在学习了北京版小学英语教材六年级下册第三单元“Let's live in a low carbon-life”后，学生意识到环境问题已成为世界上最为关注的问题之一，拯救地球、保护环境已经刻不容缓。为此，教师鼓励学生争做地球之友，保护生态环境，保护我们的家园，并对家乡的环境做一次调查。学生利用课余时间走村串巷，了解家乡环境的变化，并把看到的情景写下来，与同学们进行交流。在课堂交流过程中，有学生说道：“Our earth is polluted. We should protect it. We can go to school on foot or by bus. We need to stop using plastic bags. We must remember to turn off the TV when we aren't watching it. We must put more trash cans by the roadside or in public places. We also should plant more trees, because the trees can make air fresh and clean.”教师针对学生的调查报告做出了总结：“If people work together to protect our earth, the air will be blue and fresh, the sky will be blue and clean. Everybody will be smiling. How nice it is!”教师边总结、边引导学生欣赏家乡美景。其中 *The Grand Canal of Tongzhou* 一文描述了通州大运河的今昔变迁。这次综合实践活动坚定了学生美化环境、美化生活的决心，同时也提高了学生的语言运用能力和分析、解决问题的能力。这种调查活动的挑战性比较大，学生不仅要克服害羞心理，勇于和他人交流，还要学会以全面发展的眼光看问题。在开展这类活动时，教师通常设计为提问的形式，以激发学生的好奇心。这种活动既运用了语言，又锻炼了实践能力。

结合学生的实际情况、生活阅历以及知识水平设计综合实践类作业，能够吸引学生主动参与，使学生在使用语言的过程中产生创造性思维，引导学生在生活中使用语言，让学生做到学以致用、有所创新，在“润物细无声”的教学中达成作业的育人功能。

2. 以开启学生思维为着力点设计综合实践类作业

爱因斯坦曾说过："想象力比知识更重要。因为知识是有限的，而想象力概括了世界上的一切，推动着进步，并且是知识进化的源泉。"任何知识的学习都是为了发展学生的思维和能力，为学生从未知的"此岸"到达已知的"彼岸"铺设桥梁是教师的工作，是教师毕生奋斗的目标。发展学生的思维是让学生自主建设"桥梁"、教师引导学生走上"桥梁"的途径之一。

如北京版小学英语教材六年级下册第一单元"What are you looking for?"，学生在学习了颜色和形状知识以后，教师为了培养学生综合运用知识的能力，组织了一次"I can make"的比赛，要求学生结合学过的形状，制作相关模型，具体材料不限，可以是纸、黏土、饮料瓶等。在展示汇报环节，学生需要用英语简单阐述主要材料的名称、制作的过程、模型形状、想要表达的愿望。学生在接受任务、完成作业的时候个个兴奋不已，他们制作的模型有栩栩如生的动画人物、精美绝伦的小木屋、乖巧可爱的小动物等(见图 3-4-2)。学生在综合运用知识的同时，充分发挥想象力和创造力，在这样的实践性作业中，学生的思维能力得到进一步提升。

图 3-4-2　学生用不同材料制作的手工作品

3. 以丰富学生实践为主攻方向设计综合实践类作业

教师在围绕单元主题进行综合实践类作业设计时要联通内外，促进知识融会贯通。具体来讲，教师要改变以往书本化的作业形式，在围绕教材内容设计作业的同时，还要使作业具备一定的实践性和实用性(张爱华，2013)。教师进行作业设计不仅要使学生掌握和巩固教材知识，还要通过作业来培养学生发现问题、解决问题、分析问题的能力。因此，教师在围绕单元主题进行综合实践类作业设计时，要设计一些跨学科、具有综合性的作业，从而实现学用一体的目标。

例如，北京版小学英语教材六年级上册第六单元"What's is he wearing?"的单元主题为"Clothes"，在教学中，学生主要学习和掌握"a denim skirt""a black suit with a silver tie""a pair of pajamas""a uniform""a pretty dress"等服

装和颜色类词汇，以及“What are you wearing? I am wearing a denim skirt with a pair of pink boots.”“What size do you wear? I wear a Medium.”等功能句型。结合单元主题和教学内容，教师通过文本解读、结构分析和资源整合，设计了以“Clothes”为主题、融合皮影故事的综合实践类作业，以此来提升学生的理解能力、创新能力、实践能力和语言运用能力。

学生以小组为单位，为相应皮影人物设计服装，他们先准备好所需材料，如油画纸、彩笔、蜡笔、压膜机、塑封机、木棍、打钉器等。然后小组成员分工合作，完成皮影人物的制作，他们制作的皮影人物造型各异，有的滑稽，有的深沉，有的端庄(见图 3-4-3)。在展示环节，有的小组用所学的词汇和句型向大家介绍皮影人物的基本信息，有的小组结合人物创编英语小故事，有的小组演绎了皮影剧。

图 3-4-3　学生自制的皮影人物

Group 1：This is our shadow show. It is about the story“Kong Rong Shares Pears”. Ku Rong is a little boy. He has a round face with big eyes. Look，he is wearing a coat and a pair of shoots. He wants to give the big pear to his brother. All of people think he is a kind boy.（见图 3-4-4）

图 3-4-4　学生表演皮影剧

Group 2：Our shadow show is "The White Princess". The White Princess is a pretty girl. She is wearing a denim skirt with a pair of black boots. She is dancing with her friends，seven dwarfs. Seven dwarfs are wearing large uniforms. They should wear a small size.

本单元综合实践类作业的实施不仅提升了学生的学习兴趣，还大大增进了学生之间的友情，提升了他们互帮互助、互相学习的能力。该类作业的设计从抄写和背诵的方式，转变到将学生的学习思维与知识能力扩展延伸至其他学科中，使学生真正地理解单元学习内容，整合跨学科资源，学生在实践、交流、合作的过程中获得更为全面的发展。

(二)依托单元目标，确保作业设计贴近生活

有效的学习活动不是单纯依赖模仿和记忆，而是更多靠学生自主探索与合作交流，这样语言知识和技能才能真正被理解和掌握。教师要根据教学内容及学生已有的学习经验，设计一些探究性作业，使学生在做作业的过程中成为问题的探究者。

1. 综合实践类作业的内容源于教材、立足于课堂

英语作为一门语言学科，必须具备语言交流的过程和情景互动的设置。综合实践类作业作为课堂教学的补充，也应该延续单元主题并达成单元目标。教师设计的综合实践类作业应该注重引导学生走进生活，充分发掘学生的知识与技能，让学生获得更深层次的情感体验，实现学科育人的教学目标。设计综合实践类作业要将书本知识与生活实际相联系，要依据单元整体的输入与输出来构思，确保与单元目标一致。

例如，北京版小学英语教材四年级下册第六单元"Where can I fly the kite?"的单元主题为"Public Signs"，在学习了"No littering""No swimming""No running""No talking""Don't cross the street""Don't push in the crowd""Don't pick flowers"等公共标志短语后，教师设计了综合实践类的作业，让学生结合刚刚学习过的公共标志短语，讨论一下"你认为这些公共标志可以张贴在生活中的哪些地方？你能设计出简单易懂的图标吗？你能够为周边的人讲解图意吗？"通过小组合作，学生设计出了很多新颖有趣的标志，如：Don't waste——禁止浪费(水/电)；Don't touch——禁止触摸；Don't walk the dog——禁止遛狗；No kicking——禁止踢门；No fighting——禁止打架；No copying——禁止抄袭；No spitting——禁止吐痰；No picking——禁止采摘。

学生把这些标志画出来并写上英文，之后利用午休和放学后的时间去学校附近的小区、公园、街道和学校内的图书馆、阅览室、食堂等公共场所，贴上相应的公共标志，并向他人介绍。学生们就这样将书本中学过的有关公共标志的知识运用于生活。

这些标志用语都是学生根据本单元所学的语言知识自己创制的。他们将设计的标志贴到适合的地方，既达到了运用课本知识的目的，又培养了主人翁意识，引导他们主动遵守社会公共秩序。这样的作业让学生带着问题去学英语，帮助学生明是非、辨美丑，思想不断走向成熟，让英语教学承担起对学生进行思想教育的责任，这也是学科育人的重要表现。

综合实践类作业设计的基本目的是使生活成为课程设计过程的一部分，帮助学生将课本知识运用到日常生活之中，向学生提供高质量，具有挑战性和创造性的教育经验，让做作业成为学生的一种乐趣。

2. 综合实践类作业的内容源于学生生活实际

综合实践性作业的内容不能是一成不变的，也不是只在课堂中产生或衍生，有的时候需要综合运用各项资源，结合其他学科的特点，设计阶梯式的实践性作业。根据学生的特点可以设置与家长合作、与同伴合作、自主完成的实践性作业。单元学习的主题是设计英语综合实践类作业内容和形式的根本依据，教师基于自身对单元主题的解析，联系小学生的基础与能力的实际情况，确定英语综合实践类作业的内容和形式，关注每个学生知识与方法、能力与思想观念的形成。

例如北京版小学英语教材四年级上册第五单元主题为“Shopping”，本单元教学结束后将有个较长的假期。为了充分利用假期时间，教师设计了一个亲子交流沟通的活动。教师由“Shopping”这个话题联想到让学生在家长的陪伴下外出旅游体验生活，将学习到的英语知识学以致用，做旅游攻略(见图 3-4-5)需要学生做充分的准备，涉及大量的信息搜集。学生得与家长沟通并制定方案，加工处理所搜集到的信息，选择适合自己家庭需求的路线。在综合实践类作业实施步骤的提示下，学生将搜集到的大量信息加工处理后，形成自己家的旅游攻略。

旅游攻略

班级：________　姓名：________

教材版本：北京版小学英语教材四年级上册

综合实践类作业的类型：信息搜集类

作业题目：旅游购物攻略

教材分析：单元的主题是“Shopping”，本单元的单词教学是听说认读“gloves”“umbrella”“sunglasses”“scarf”“pretty”“nice”“cheap”“expensive”等，句型有“Can I help you?”“How much is this …?”“Can I try them on?”等。

综合实践类作业的实施步骤：

板块一：(旅游前)我来当导游，做个旅行计划

(1)与爸爸妈妈一起制订旅行计划，包括(时间、目的地、交通方式、预算等)

(2)根据自己要去的地点购置相应的服装和旅游用品

比如，要去海南，天气比较热，又是海边。

我的计划购物清单(中英文)：________________

比如，要去哈尔滨，气候比较冷。

我的计划购物清单(中英文)：________________

板块二：(旅游中)我是“地导”，做好相关功课

①做好攻略，了解当地文化

我发现：________________

②我买到的特色礼品：________________

③我吃到的特色小吃：________________

④我拍到的美丽景点：________________

图 3-4-5 旅游攻略

综合实践类英语作业完成效果的检查，对于达成作业设计的目的、实现单元教学目标，具有不可替代的重要作用。而这类作业效果的评价标准就是单元目标的达成程度。教师设计小学英语综合实践类作业时，需要根据单元学习目标，明确评价作业成效的标准，对于学生的英语知识、语言技能等掌握情况，进行有的放矢的核查，发现薄弱之处，辅助学生及时改善，促进学生综合能力的发展。

因此，在学生完成上述旅游攻略的综合实践类作业后，教师对学生的作业完成情况进行检查，“Now show your picture and introduce it.”。在学生完成英语介绍之后，教师组织学生评价。“William can talk freely with the two partners.”“He has mastered the structures firmly.”……学生相互评价，教师最后对学生的表现进行总结点评，“You all achieve the goal perfectly.”，在中肯的评价中，增强了学生的信心，巩固了学习效果。

在设计英语综合实践类作业时，教师要遵循小学英语教材单元编写的体例特点，围绕着单元学习的主题，以现实生活为背景，注重体现英语语言类课程应用性强的特点，让学生通过完成围绕特定主题的系列任务，得到关于语言的切身体验，锻炼学生的英语听说技能，使学生的思维能力得到有效训练，促进学生英语素养和综合能力的全面提升。

总之，在核心素养时代，立足英语教材单元知识技能学习的实际需要，

创新英语作业形式，设计与实施综合实践类的英语作业是非常必要也是切实可行的。教师作为这类作业的设计者，需要深刻认识“双减”的目的和意义，从小学生英语学习的特点和方法入手，立足学情，围绕目标，注重作业的设计，为学生提供交流学习的机会，让学生可以得到语言技能的训练，实现语言能力和思维水平的提升，奠定语言素养和智力发展的坚实基础。

第五节　作业任务单的设计与使用

《义教新课标》在“课程实施”中的“评价建议”中指出：教师应深入理解作业评价的育人功能，坚持能力为重、素养导向。作业的设计既要有利于学生巩固语言知识和技能，又要有利于促进学生有效运用策略，增强学习动机。作业任务单是作业呈现的重要形式，服务于每课时的学习，既关注语言知识和文化知识，又关注听说读写多项技能，为学生语言能力的发展和综合素养的提升打下坚实的基础。

一、作业任务单的内涵

“任务单”又叫“学习单”，是一种以纸张为媒介，以书面形式交代学习任务，提示学习角度和完成方式、路径，或提供学习支架的学习方式。

王月芬(2021)认为，作业同课内教学一样，属于课程的一部分。作业不仅发挥巩固教学的作用，而且发挥弥补教学不足的功能，即课内教学不能达到的目标，可以通过作业形式辅助达成。每一节课的课时目标都应当涵盖设计多样化、指向性明确且高效的英语课后练习，我们通常将它称作“课后学习任务单”，又称“课后练习单”“课后作业任务单”“课后作业单”等(朱浦，2012)。

结合《义教新课标》关于“作业评价”的要求，作业任务单是教师基于单元整体教学目标、课时目标，结合具体学情自主设计的兼顾个体差异、指向单元主题和结构化知识，坚持素养导向的多样化的英语课后练习及活动。

二、作业任务单的分类

作业在教学环节中发挥巩固教学、评价反馈的作用。同时，因作业完成时间、空间较为灵活、开放，作业还具有补充教学、弥补课堂教学不足的功能。

在以往的作业设计研究中，学者们从多维度对作业进行分类。按照作业的完成形式划分，英语作业可分为口头作业和书面作业；按照作业完成时间的长短划分，英语作业可分为短期作业和长期作业；按照完成作业的独立程度划分，英语作业可分为独立完成作业和合作完成作业；按照学生的英语学习能力划分，英语作业可分为必做作业和选做作业。

教师在设计作业任务单时，应遵循趣味性、递进性、丰富性等原则。同时，教师可将多样化的练习及活动设计到以下三种类型的作业中。

(一)复习巩固类作业

这类作业的设计目的和形式见表 3-5-1。

表 3-5-1　复习巩固类作业的设计目的和形式

复习巩固类作业的类型	设计目的	形式
与教材语篇相关	掌握语音语调	听录音跟读课文、为动画配音等
	检测课文学习效果	朗读课文、背诵课文、复述课文、看插图描述等
	真实情境表达	看图说话、续编故事、情景表演等
与词汇相关	理解词汇	中英互译、词图匹配、英英匹配、单词分类等
	会拼写单词	中英互译、看图写词、补全单词、填字谜表格等
	会在语境中使用词汇	连词成句、补全句子、补全对话、补全短文等
与句型相关	理解句子	中英互译、英英互译、句图匹配等
	会写句子	中英互译、看图写句子、仿写句子、回答问题等
	会在语境中使用句子	补全语段、补全对话、补全短文、为句子排序、续写文章等

(二)拓展延伸类作业

《义教新课标》对学生语言技能提出了具体要求，明确了语言技能分为理解性技能和表达性技能，具体包括听、说、读、看、写等方面的技能及其综合运用。在课堂教学中，教师可以从多方面训练学生的语言技能，同样可以在作业任务单中根据单元主题和语言知识设计与之相对应的阅读和写作类型作业，通过精细的题目设计，提升学生的理解性技能和表达性技能。这类作业的设计目的和形式见表 3-5-2。

表 3-5-2　拓展延伸类作业的设计目的和形式

设计目的	训练模块	形式
提升理解性技能	听力	听英文歌曲
		看英文动画片
		听句子，判断对错
		听对话，进行排序或选择
		听语段，归纳事件发展顺序或提取主旨信息

续表

设计目的	训练模块	形式
提升理解性技能	阅读	根据图片和标题，推测语篇主题、语境、主要信息等
		推断语篇中人物的情感或语篇所传达的情感
		提取、梳理、归纳所需信息
		归纳故事语篇的开端、发展、高潮和结局
		对语篇中的信息进行分类
		根据上下文线索或非文字信息，猜测语篇中词汇的意思
		比较语篇中的人物、事物或观点的相似性和差异性
提升表达性技能	口语	唱英文歌曲
		为电影片段配音
		独立进行主题演讲或场景介绍
		以小组为单位进行对话表演
		以小组为单位进行戏剧表演
	写作	就文中内容或生活实际回答问题
		根据图片或语境仿写简单句子
		围绕相关主题或所读内容，表达个人情感、态度和观点
		围绕主题或内容进行表述，写出几个意义连贯、表意清楚的语句
		续写故事

(三)综合实践类作业

学科实践指的是具有学科意蕴的典型实践，即学科专业共同体怀着共享的愿景与价值观，运用该学科的概念、思想与工具，整合心理过程与操控技能，解决真实情境中的问题的一套典型做法(程晓堂，2022)。《义教新课标》鼓励教师基于一定的课程目标，以学生兴趣和直接经验为基础，以与学生学习、生活密切相关的各类现实性和实践性问题为内容，本着学用结合、课内外结合、学科融合的原则，开展英语综合实践活动。综合实践类作业通常被设计为单元“长作业”，强调作业活动的情境与内容的真实，关注学生在生活中自主探究的能力。在设计此类作业时，教师要在单元主题和教学目标的引领下，选取贴近学生生活的内容及资源，并为学生自主探究搭建支架，给予学生足够的时间和空间，通过个人或小组合作完成实践探究。通常来讲，教师要在单元学习进程中，设计多个前后相连、环环相扣的任务，引导学生“做中学”“学中做”，并在单元结束时完成一个与单元主题相契合或解决单元核心问题的作品或“产品”，促进学生综合语言运用能力、自主学习与探究能力的发展。学生的作品形式不限，小报、文章、视频等均可。

三、基于单元整体教学的作业任务单的设计与实施

作业是英语课程教学的一部分，在设计单元作业任务单时应做好单元分

析，聚焦单元主题和单元目标，同时还要关注作业的趣味性、结构性、层次性、实践性和开放性等。下面以北京版小学英语教材五年级上册第一单元“Which do you like better?”的教学为例进行说明。

（一）基于单元内容分析确定单元主题和学习内容

本单元的主要话题为“喜好”，第一至三课为新授课，第四课为复习课。第一课中，Maomao 和 Lingling 在逛超市的情境中，运用“… or …, which do you like better?”交流各自的饮食喜好。第二课中，多位小朋友在校园生活情境中，运用“Which class do you like best?”交流自己或他人最喜欢的科目及原因。第三课中，多位小朋友在周末郊游的情境中，运用“I like…ing, but I like …ing better.”交流自己和他人的爱好以及如何培养该项爱好等。第四课从听、说、读、写等角度对单元内容进行复习。

通过梳理单元内容发现，学生在学习本单元知识后，能够分析自己的喜好，了解、表达自己的喜好，但是为什么要了解自己的喜好，个人喜好对人们的生活会产生哪些影响，本单元并没有涉及。本单元中的语篇模态多为对话，仅在复习课中有两段对话转述的小文章，语篇形式比较单一。

为了使学生在本单元的学习过程中体会到了解个人和他人的喜好有助于善待自己和他人，享受美好生活，教师在进行单元重构时加入 *Hobbies*（绘本）和 *David's Hobbies*（语段）两个语篇，引导学生进一步探索爱好与生活的关系。以下是重新规划后的单元架构。

单元主题：认识自我，享受生活。该主题属于“人与自我”范畴中“生活与学习”主题群中的“个人喜好和情感表达”子主题。

单元主题框架图见图 3-5-1。

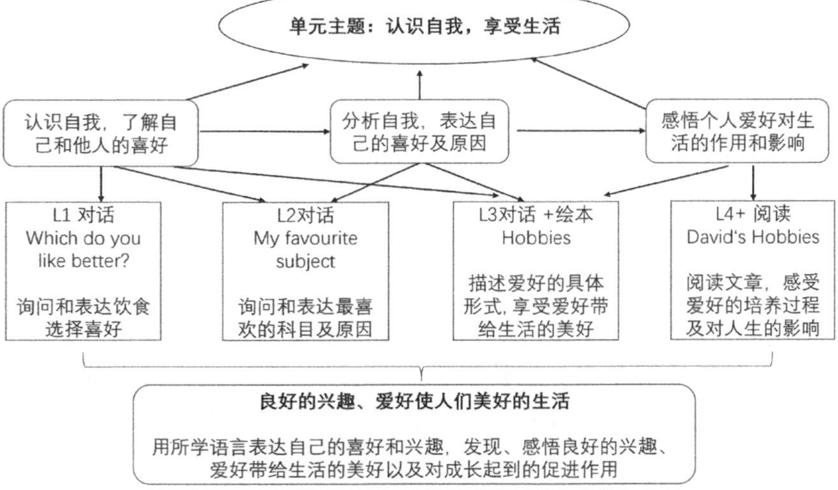

图 3-5-1　单元主题框架图

（二）依据学情分析制定单元教学目标

完成本单元的学习后，学生能够：

1. 运用所学语言与他人交流最喜欢的饮食、科目、爱好等。

2. 分析自己有某种爱好的原因，并进行表达。

3. 思考爱好与生活的关系及爱好给生活带来的美好，进行表达分享。

4. 能对自己的爱好进行分析并做适当规划，进行分享交流。

（三）根据单课时教学目标设计和使用作业任务单

学习目标是整个学习过程中学生在知识和能力等层面上要达到的具体要求。无论是课时目标还是作业目标，都应指向单元整体教学目标。通过各课间层层递进的目标，以及课上课下联系互补的活动和任务，引导学生理解单元主题意义，形成单元结构化知识，最终形成用英语做事情的能力。

以下是教师根据本单元各课时的学习目标、作业目标设计的复习巩固类作业、拓展延伸类作业及综合实践类作业。

1. 复习巩固类作业

复习巩固类作业一般紧扣学生课堂学习所涉及的内容或技能，旨在帮助学生巩固基础知识，夯实学生基本语言能力，为语言应用和思维发展奠定基础。

以本单元第二课时为例，该课时的作业目标为：

(1)能够朗读、背诵或复述 L2 课文。

(2)能够理解、会读关于学习科目的词汇，如“English”“math”“Chinese”“art”“P. E. ”“calligraphy”“science”等。

(3)能思考、表达自己最喜欢的学科及原因。

为了达成作业目标(1)，教师设计了如下复习巩固类听说作业。

听说作业：能够朗读（要求准确度）、背诵（要求准确度）或复述（要求流利度，建议加入表演）L2 课文。面批或以视频方式上传作业。

建议：使用“京版云”App 进行模仿跟读，熟读后再进行背诵或复述。

教师鼓励学生根据自己的能力及喜好分层完成听说作业。建议学生根据“京版云”App 或自己喜欢的方式，模仿跟读熟练后再进行背诵或复述课文，学生也可根据自己的喜好与同伴表演课文。由于课上时间有限，教师很难在课堂中判断是否所有学生都能达成教学目标中“能够正确朗读对话”的要求。此项作业可以使学困生有时间、有方法达成目标；设置分层任务，则更有利于中等生及学优生找到与自己适配的方式完成或超越目标。

考虑到学生口语表达能力参差不齐，有些学生下课即能完成听说作业，而有些学生练习很久都很难完成。为满足不同学生需求，为学生提供充足的练习时间，教师放宽作业提交时间，学生学完课文后 2 天内提交即可。学生可选择面批或录制视频提交。教师在评价时采用综合评价和鼓励性评语相结合的方式，激励学生不断进步。

教师可参考以下评价量表(见表 3-5-3)对学生进行听说作业评价。

表 3-5-3　学生听说作业评价量表

综合评价等级	A	单词发音准确；语音语调流利、优美，富有感情；声音洪亮，自信大方，有肢体语言
	B	绝大部分单词发音准确；语音语调流利，有适当停顿，抑扬顿挫；声音洪亮，口齿清晰
	C	有 5 个以上单词发音不准确；句子不连贯，停顿位置随意；口齿含糊不清，声音小
鼓励性评语	积极完成，背诵流利，朗读流利，发音标准，声音洪亮，进步显著，富有感情，声情并茂等	

为了达成作业目标(2)、(3)，教师设计了如下复习巩固类书写作业(见图 3-5-2)。

2. 复习巩固类

1) 请你用英文完成课程表。

period \ week		Monday	Tuesday	Wednesday	Thursday	Friday
morning	1st					
	2nd					
	3rd					
	4th					
afternoon	5th					
	6th					

2) 请根据自己的情况完成问题。(与学科相关)

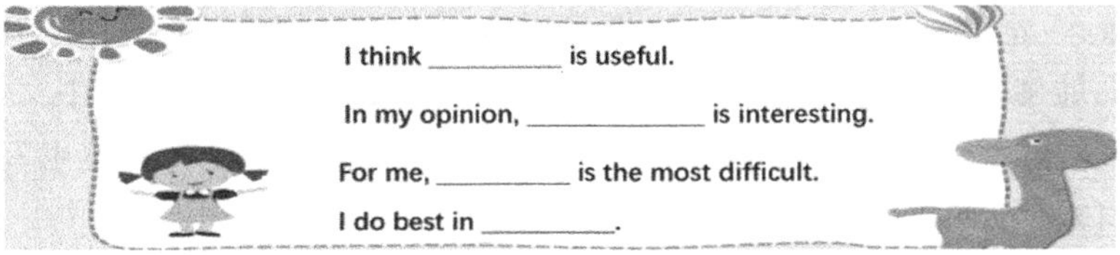

图 3-5-2　第二课时复习巩固类书写作业

这是两道相互关联、存在递进关系的题目。通过任务 1)，学生能够联系生活实际应用课上所学词汇，教师可评价学生对于学科词汇的义、形的掌握情况。通过任务 2)，学生能够结合生活实际，在语境中使用词汇，发表自己的看法。教师也可依据学生对本作业的完成情况，评价学生是否能够达成作业目标(2)、(3)。

图 3-5-3 为学生的作业完成示例。

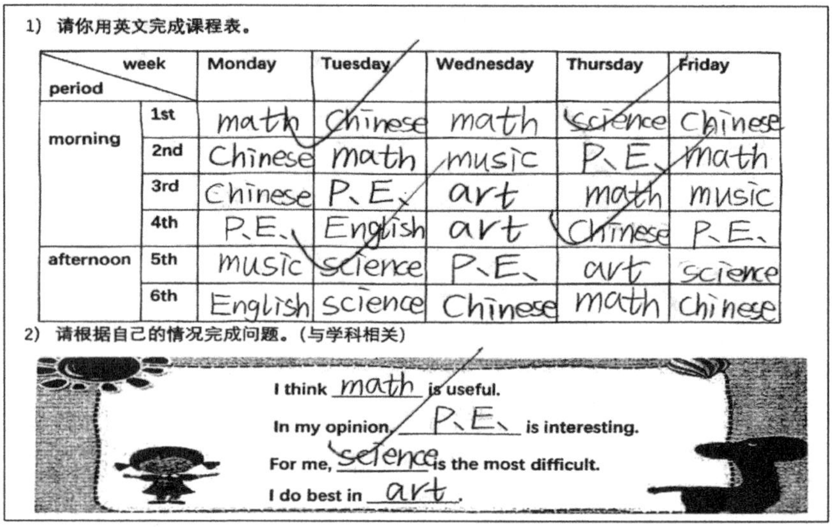
1) 请你用英文完成课程表。

period \ week		Monday	Tuesday	Wednesday	Thursday	Friday
morning	1st	math	Chinese	math	science	Chinese
	2nd	Chinese	math	music	P、E、	math
	3rd	Chinese	P、E、	art	math	music
	4th	P、E、	English	art	Chinese	P、E、
afternoon	5th	music	science	P、E、	art	science
	6th	English	science	Chinese	math	Chinese

2) 请根据自己的情况完成问题。(与学科相关)

I think math is useful.
In my opinion, P、E、 is interesting.
For me, science is the most difficult.
I do best in art.

图 3-5-3　学生完成的第二课时复习巩固类书写作业示例

《义教新课标》提出：词汇学习不只是记忆单词的音、形、义，还包括掌握一定的构词法知识，如在讲解"like＋动词 ing"时，学生不可避免地要学习动词变动名词的构词法知识，教师同样可以通过作业引导学生在课后梳理、巩固词汇及词法知识。下面以本单元第三课时复习巩固类作业为例进行说明。

第三课时作业目标为：

(1)能够朗读、背诵或复述 L3 课文。

(2)能够理解、会读关于爱好的词汇，如"reading""drawing""keeping birds""growing flowers""throwing beanbags""jumping rope""singing""dancing""skating""swimming"等，初步了解动词变动名词的规律。

(3)能够用几句话描述自己的爱好，体会爱好带给生活的美好。

为达成第三课时作业目标(2)，教师设计了如下复习巩固类书写作业(见图 3-5-4)。

这两道题目同样存在相互关联、逐层递进的关系，学生能够通过任务 1)复习巩固课上所学有关爱好的动名词词汇；通过任务 2)巩固课上所学，梳理动词变动名词的构词法规则，给了课上没有掌握该知识的学生再一次学习、梳理的机会。

2. 复习巩固类

1）看图写活动，并将归类结果写入第 2）题的表格中。

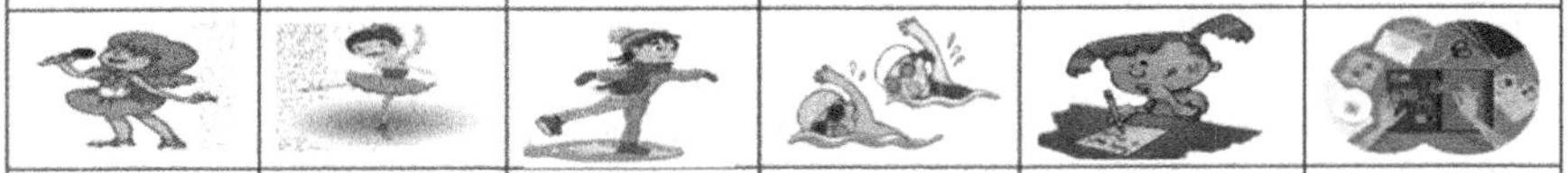

2）观察总结

很多表示活动的词都是从动词改变而来的，被我们称之为动名词。动词变动名词有 4 种方式

1. 直接+ing	如：
2. 以 e 结尾，去 e+ing	如：
3. 辅元辅（音/形）结尾，双写最后一位字母+ing	如：
4. 以 ie 结尾，变 ie 为 y+ing	如：lie-lying, tie-tying, die-dying 等

图 3-5-4　第三课时复习巩固类书写作业

图 3-5-5 为学生完成的作业示例。

1）看图写活动，并将归类结果写入第 2）题的表格中。动词形式一致

reading books	drawing	keeping fish	growing flowers	throwing beanbags	jumping rope

singing	dancing	ice skating	swimming	writing	collecting stamps

2）观察总结

很多表示活动的词都是从动词改变而来的，被我们称之为动名词。动词变动名词有 4 种方式

1. 直接+ing	如：jump—jumping 等
2. 以 e 结尾，去 e+ing	如：ride—riding, write—writing 等
3. 辅元辅（音/形）结尾，双写最后一位字母+ing	如：sit—sitting, swim—swimming 等
4. 以 ie 结尾，变 ie 为 y+ing	如：lie-lying, tie-tying, die-dying 等

图 3-5-5　学生完成的第三课时复习巩固类书写作业示例

2. 拓展延伸类作业

拓展延伸类作业常常针对课堂学习所涉及的内容或技能进行拓展或增补，

旨在发展学生综合语言运用能力及思维能力，提高学生运用有效的学习策略完成学习任务的能力。

以第二课时拓展延伸类作业为例(见图 3-5-6)，此题为综合语用能力题，对应第二课时作业目标(3)。语篇与本课所学内容主题相同，内容相似。通过阅读 David 谈论喜欢英语学科的文章，学生能够学习到更加丰富的词汇，同时有助于学生将本课学习内容与个人经历建立联系，提升学习效果。本任务中第 3)题与文章并无联系，但希望通过此题能引导学生反思自我，提升学生解决学习中遇到的困难的能力。教师在讲评练习时，也可引导学生探讨该问题，助力学生形成解决策略。

3. 拓展延伸类

阅读文章，回答问题

Hi，I'm David. In school we study many subjects, such as Chinese, English, Maths, calligraphy, and so on. I think English is very interesting. It's used widely in the world. Wherever you go, you can use it.

When I have English class, I often take notes carefully and focus in class. But I have some problems with my English speaking, I will turn to my teachers and friends for help.

I will continue to study hard in my English studies and improve it to a higher stage.

1) Which class does David like best? Why?

____

2) Which class do you like best? Why?

____

3) When you have a problem in your study, how do you solve (解决) it?

____

图 3-5-6　第二课时拓展延伸类作业

以下为学生完成的作业示例(见图 3-5-7)。

1) Which class does David like best? Why?

David thinks English is very interesting, because it's used widely in the world.

2) Which class do you like best? Why?

I like science best. Because it's useful.

3) When you have a problem in your study, how do you solve (解决) it?

I will ask for help.

图 3-5-7　学生完成的第二课时拓展延伸类作业示例

《义教新课标》在语言技能中表达性技能(二级)中要求：学生能够围绕图

片内容或范文结构和内容，写几句意思连贯的话，要求正确使用大小写和常见标点符号，单词拼写基本正确。教师可结合单元所学内容，在日常的拓展延伸类作业中设计此类题目，锻炼学生的上述能力，提升学生语言知识的表达性技能。

以下为本单元第三课时的拓展延伸类作业(见图 3-5-8)。

3. 拓展练习

What I like doing. 仿写：画一画，写一写。

 1.	 2.	3.
On a sunny day, I like riding bikes better. I often ride a bike in the park.	On a rainy day, I like reading books. I often______	On a ____ day, ______
 4.	 5.	6.
On school days, I like playing football with my friends after school. It's fun.	On weekends, I like ______	On holidays, I like______

图 3-5-8　第三课时拓展延伸类作业

以下为学生完成的作业示例(见图 3-5-9)。

3. 拓展练习

What I like doing. 仿写：画一画，写一写。

 1.	 2.	 3.
On a sunny day, I like riding bikes better. I often ride a bike in the park.	On a rainy day, I like reading books. I often reading at home.	On a snowy day, I like making a snowman. I often making a snowman outdoor.
 4.	 5.	 6.
On school days, I like playing football with my friends after school. It's fun.	On weekends, I like watching a film. I often watch a film in the cinema.	On holidays, I like swimming. I often swim in the swimming pool.

图 3-5-9　学生完成的第三课时拓展延伸类作业示例

学生在完成本题时可能会出现一些错误，但这也更便于教师和学生发现问题、解决问题。语言能力的培养不是一蹴而就的，而是一个不断发展、循序渐进的过程。设计多样的拓展延伸类作业有利于学生去探索、去表达，从而不断提升语言应用能力。

上面提及的复习巩固类作业和拓展延伸类作业均是书面作业，教师从Content（内容）、Writing（书写）、Spelling（单词拼写）、Grammar（语法）几方面依据以下评价量表（见表 3-5-4）对学生的作业进行评价。

表 3-5-4　书面作业评价量表

评价维度	评价等级		
	A	B	C
内容（Content）	语言丰富、流畅、灵活多样，能够正确表达观点或传达情感，语言表达逻辑性强	语言流畅，能够用较为丰富的语言表达观点或传达情感	能够用简单的语言表达想法，能让读者读懂意思
书写（Writing）	书写整洁，字迹美观，且各字母按照第三条基线规范占位	书写比较整洁，字迹较为工整，偶有字母占格错误	书面整洁度欠佳，字迹潦草，不能够准确辨别出词句
单词拼写（Spelling）	所有单词拼写准确	有较多的单词拼写准确	只有一些单词拼写准确
语法（Grammar）	句子语法及标点使用全部正确	句子语法及标点使用错误较少，错误占比低于 20%	句子语法、单词拼写及标点使用错误较多，错误占比高于 20%

当教师遇到学生作业在内容、语法、拼写或标点等方面存在较多问题时，会进行旁批或以在课上讲解的形式予以指导，学生根据教师的评价进行作业的修改及补充。

3. 综合实践类作业

综合实践类作业主要是指教师依据学生年龄特征、生活实际以及原有的知识水平，创设丰富的情境，让学生主动参与语言实践活动和创造性地使用语言，走进生活，走向社会，解决问题的作业形式。综合实践类作业是单元学习内容的纵向探究或跨学科的协同攻关。

本单元的单元主题为“认识自我，享受生活”，为了使学生能够认识自我，对自己的兴趣和生活有清晰的认识，从而做自己喜欢的事情，享受生活，教师设计了本单元的综合实践活动单，也就是本单元的“长作业”（见图 3-5-10）。

图 3-5-10　单元综合实践活动单

该单元"长作业"任务单活动设计简单、明了，易于激发学生兴趣。通过支架图片及话题引导，结合单元内容，学生能够深入、全面地认识自我，了解自我，为完成单元学习中的语段表达提供真实的意义支撑和语言支持。

教师在单元伊始向学生展示综合实践活动单并讲解其使用方法。学生在学习单元知识、探究单元主题的过程中，逐步完成该实践活动单，逐渐了解自己，丰富表达。

图 3-5-11 是学生完成的综合实践活动单示例。

图 3-5-11　学生完成的综合实践活动单示例

在完成方式上，教师鼓励学生通过小组分享讨论的方式完成综合实践活动单，鼓励学生除了用书面语言表达自己的喜好以外，还可通过绘画、演讲等方式进行视频分享或艺术作品呈现。

在评价方面，教师更鼓励学生通过原创作品进行自我表达，同时也关注学生作品的美观性和语言的准确性(评价量表见表 3-5-5)。

表 3-5-5　综合实践类作业评价量表

评价维度	评价等级		
	A	B	C
创新性	在作品设计上有独特的想法，能够有全新的表达形式	在作品的表达形式上较为新颖	能够借助示例，以较为常规的形式完成作品
审美价值	作品整洁、清晰、美观，有独特风格；构图和比例合理，色彩搭配较好，细节表达生动	作品整洁、清晰、美观，构图和比例合理	作品整洁、清晰，构图和比例较为合理
准确性	能够运用语言、图画或文字清晰地表达语法、词汇等全部正确	能够运用语言、图画或文字较为清晰地表达，语法、词汇等错误较少	不能运用语言、图画或文字清晰地表达，语法、词汇等错误较多

四、作业任务单使用中应注意的问题

在使用作业任务单时，教师需综合考虑多个方面，如关注任务布置的时间和方式，依据学情适时调整作业难度，设计全面的评价方式并跟踪评价反馈等，以确保作业的有效性和针对性。

(一)关注布置任务的时间和方式

由于单元作业任务单的所有任务指向单元整体教学目标且作业任务呈现整体化、结构化、多样化、"长作业"与课时作业结合的特点，所以教师可在单元伊始就将单元作业任务单呈现给学生，并讲解清楚完成方式及每课的作业任务。任务导向使学生关注单元目标及课时目标，达到"课上所学为完成作业任务服务，作业任务为巩固、评价课上所学服务"的互助效果。

(二)关注具体学情

在设计作业任务单时，存在多位教师共同完成或课程资源共享的情况，这就会出现不同学情的学生使用同一份作业任务单的现象。此外，在同一班级中，不同水平的学生也存在学情差异。不同水平的学生完成同一份任务单会出现完成时间、效果差异较大的结果，会导致作业在实际实施中的一些问题，如部分学生对作业产生畏难情绪，英语学习积极性降低；教师在批改作业时开放性题目过多，但学生能力又不足以完成此类作业，导致教师工作量过大等问题。此时，教师可以通过调整拓展延伸类作业完成的模式或难度、给出完成示例、布置分层作业等形式来促使不同学情的学生积极完成作业任务。

(三)关注评价与反馈

通过作业评价，教师可以更好地把握教学方向，学生也能够及时发现自身问题。为了使学生更好地了解自我学习情况，教师应设计更加全面的作业评价方式，如比较简单的作业评价包括书写习惯和知识掌握两个方面。教师也可做更加细致的评价，如从语言知识(包括内容、语法、拼写等方面)进行评价，或从作业完成时间、阅读策略、写作结构等多个维度进行评价。激励性或指导性的语言同样能更好地引导学生不断取得进步。此外，教师要对学生作业完成情况进行跟踪评价，不仅关注学生是否改正了作业中的错误，还要关注学生在完成作业过程中的成长进步以及良好习惯的养成。

总之，在作业实施过程中，鉴于多数学校存在学生多、班额大的客观事实，以主题意义和结构化知识为设计导向的单元作业任务单，无疑是教师检验教学效果、发现和诊断学生问题的有利手段。教师要不断研读《义教新课标》并不断学习有效设计作业的方式方法，提升作业设计能力，发挥作业的育人功能。

第四章　核心素养落位于英语课内外活动设计与实施

第一节　基于项目式学习的英语教学活动

聚焦核心素养，不断优化课堂教学，培育适应未来社会挑战的人才，是当前落实新课标的主要努力方向。而通过项目、主题等结构化方式组织教学活动，已然成为一个主流且有效的落实手段。2019 年，中共中央、国务院印发《关于深化教育教学改革全面提升义务教育质量的意见》，提出要优化教学方式，探索基于学科的课程综合化教学，开展研究型、项目化、合作式学习。《义教新课标》指出，英语教学中要注重开展综合实践活动，促进学生核心素养的全面发展。教师应基于课程目标，以学生的兴趣和直接经验为基础，以与学生学习、生活密切相关的各类现实性和实践性问题为内容，本着学用结合、课内外结合、学科融合的原则，开展英语综合实践活动，把学生的学习从书本引向更广阔的现实世界。

一、项目式学习的内涵和意义

项目式学习(Project-Based Learning，简称“PBL”)，或称项目驱动下的学习、探究课题式的学习、项目教学等，是一种以学生为中心的教育方式，要求学生通过一系列个人或合作完成的任务，借助他人(包括教师和学习伙伴)的帮助，利用必要的学习资料，解决现实中的问题，获得知识和技能。它需要学生在一定时间内，以个人或小组为单位，为了解决教师所指定的目标而展开自主学习，学生充分运用已有的知识和资源进行合作、交流、探究、实践等多种活动，最终产出作品来实现对知识的构建。项目式学习在国外开始得较早，于 20 世纪初，在杜威倡导的“做中学”、库伯阐释的“体验式学习”理念中逐渐萌芽。项目式学习这种以学生为中心的创新教学法倡导由学生驱动、由教师引导，学生与他人协作创建知识研究项目，通过探究推动学习(Bell S.，2010)。

随着项目式学习模式研究的日渐深入，其应用范围逐渐扩大，涉及第二语言教学领域，在项目中学习语言逐渐成为一种重要的探究式语言教学模式，语言专家称其为“项目式语言学习”。项目式语言学习(Project-Based Language Learning，简称“PBLL”)是指学习者围绕驱动问题，在一系列蕴含语言、内容的个人或小组活动中，计划、研究、分析数据和综合数据，并且以书面或口头的形式反思学习过程和产出的一种学习方式(Beckett G.，1999)。它是一种革命性的语言学习体验，旨在通过构建具有真实目的的产品，让语言学习者参与到现实世界问题的解决和有意义的目标语言使用中。我国英语教育专家把英语学科中开展、实施的项目称为“需要学生综合运用多种能力、花费一定时间才能完成的真实或指向真实的、比较大型的任务”(鲁子问、王笃勤，2006)。结合上述描述可以判断，英语学科中的综合实践活动或任务型语言学习都属于项目式语言学习。

二、基于项目式学习开展英语教学活动的价值和意义

项目式学习创造了一个以学生为中心、以实践为导向的学习环境。这一方式不仅能够有效提升学生的英语综合运用能力，还能激发他们对英语学习的内在兴趣与动力。通过围绕真实或模拟的项目任务展开学习探究，学生在解决实际问题的过程中自然而然地掌握语言知识和技能，实现从“学”到“用”的跨越，这对于其英语核心素养的培养具有重要的意义和价值。

(一)在项目推进中促进深度学习

深度学习是指在教师引领下，学生围绕具有挑战性的学习主题，全身心积极参与、体验成功、获得发展的有意义的学习过程（郭华，2016)。项目式学习的方法论源于建构主义学习理论，学习者通过体验、反思以及把新信息融入现有认知来建构知识，而不是被动接受信息。这种在项目实践中主动学习的方式满足了学生的求知需求，能激发学生深入学习的内驱力。同时，项目式语言学习以真实问题为驱动，引导学生在有意义的思考交流中，把学科知识和学习能力组成一个有逻辑的系统。

(二)在项目合作中实现教育公平

教师通过直接的教学和测试方式来判定学生的能力水平是一种普遍和常见的方式，并且教师会针对能力水平偏低的学生采取讲授、小测等方式进行教学提升。这样的方式在一定程度上能够传授事实性知识和技能，却不能关注到学生不同的特长与能力发展。项目设计核心要素中的“学生的发言权和选择权”为学生的发展与参与提供了保障。拥有不同知识能力背景的学生都可以在项目中找到适合自己的角色，并发表自己的观点，推动项目的发展。每一个学生都能够且乐于参与到项目学习之中，并在此过程中有所收获。

(三)在项目成果下培养社会情感

项目式学习要求学生个人或通过合作、借助他人的帮助解决现实生活中的问题。学生在交流中学会倾听和表达，在合作中学会分享和尊重。另外，项目问题的确定和解决过程给予学生机会走出教室，放眼真实的世界，让学

生了解到校园外的生活和问题，在解决问题的过程中逐步了解到不同的方法和观点，形成自己的认识和观念。

三、基于项目式学习的小学英语单元教学活动的设计与实施

小学阶段的英语学科项目式学习推进，遇到最大的问题为语言积累不足，在进行项目成果展示时缺乏语言基础。因此，以教材单元为项目设计基础，是小学阶段最符合学情的路径之一。同时，《义教新课标》也倡导推动实施单元整体教学。教师要强化素养立意，围绕单元主题，充分挖掘育人价值，确立单元育人目标。在进行项目设计与推进中，教师应结合学生语言学习内容与知识基础，以日常生活话题为依托，引导学生确立问题，设计、探究、完成并展示项目，形成基于项目式学习的小学英语单元整体教学策略(见图 4-1-1)。

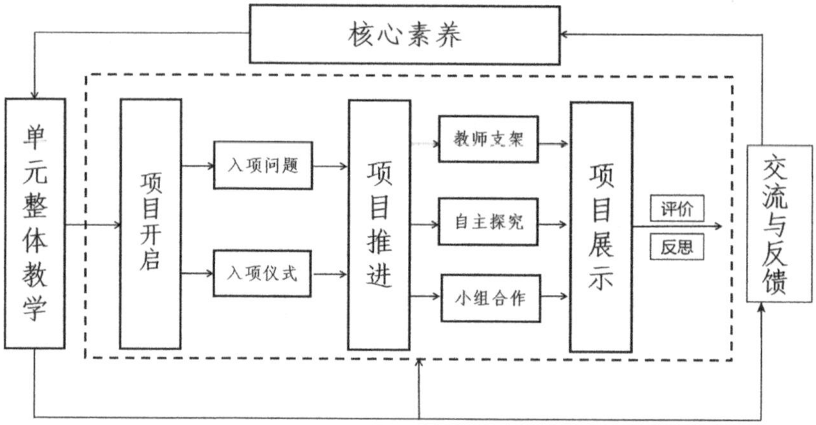

图 4-1-1　基于项目式学习的小学英语单元整体教学策略图示

现以北京版小学英语教材五年级上册第七单元“What Will You Do in Chengdu?”为例，具体阐述教师在进行单元整体项目教学活动时可遵循的策略和方法。

本单元话题为“外出旅行”，涉及“人与社会”范畴中“历史、社会与文化”主题群中“中外名胜古迹的相关知识和游览体验”，以及“人与自然”范畴中的“中国主要城市及家乡的地理位置与自然环境”子主题。话题涉及的领域丰富，包含选择合适的出行方式、了解祖国的美好河山(几个主要旅游城市)、安排合理的行程，与学生日常生活旅行中遇到的问题也紧密相连。

本单元共 3 个新授课时，其中第一课时关注选择出行方式(出行前)，第二课时讨论旅行活动(在路上)，第三课时制定旅行日程表(旅行中)。各课时内容具体分析如表 4-1-1 所示。

表 4-1-1 北京版小学英语教材五年级上册第七单元课时内容分析

内容	Lesson 23 对话	Lesson 24 对话	Lesson 25 对话
What 主题意义 主要内容	Lingling 与朋友分享暑期出行计划：他们一家即将乘坐飞机去成都看望奶奶并在成都游览	Lingling 在坐飞机去成都的路上与邻座男孩交流去成都旅行的活动，她为小男孩能够独自出行表示赞叹	Lingling 的叔叔作为司机(导游)来机场接机，还会带他们在成都游览；大家商定出发和回家的时间，并告诉爷爷奶奶晚上会回来吃饭
How 文本结构 语言修辞	使用“be going to”表示将来时，运用“Are you going to … by … ?”一般疑问句提问出行的方式；运用“No，we are going by train/plane/subway/ taxi/car/bus”表达出行方式	使用“will”表示将来时，涉及句式“What will you do in … ?”“I will visit …”，了解 Dujiang-yan，Mount Tai，Mogao Caves，Potala Palace，讨论在不同城市的旅行活动	运用“be going to”表示将来时，涉及句式“What time are we going to … ?”“We are going to … at …”，使用“get up，meet at the gate，get back，leave for the museum …”表达旅行的日程安排
Why 写作意图 教育价值	根据实际情况，确定制订旅行计划的相关要素，体会旅行的乐趣	介绍国内著名的文化旅游城市及其著名景点，加强对祖国大好河山的了解	体会制定日程表的必要性，以此提高旅行效率和体验感

本单元的学习内容以 Lingling 的成都之行为主线，呈现其出发前、路途中、到达时三个时段的不同情境，课时内容具有递进性，层层深入，探究旅行中会遇到的问题及相对应的计划和措施。教材呈现的内容相对真实，指向联系生活实际解决问题，学生能够在熟悉的情境中，自然地理解一般将来时态所表达的意义，并能主动运用这一时态进行表达。

结合学生的现实生活，师生共同思考：我们如何尽可能多地领略祖国的大好河山呢？于是，师生共同开始项目的探究。

(一)项目启动

传统的项目启动课程主要以师生共同探讨为主，通过教师引导下的小组探讨确定项目驱动问题及项目成果形式，但在实践中教师往往会面临时间不足、学生思维过于发散等问题。因此，在本项目启动时，教师以趣味化的项目启动形式提升学生的创造热情。

通过文献阅读和研究不难发现，学生对于一个项目问题的探究兴趣与热情，往往在项目开启时就形成了。但是在英语学科的项目设计中，由于语言积累不足，学生往往在项目开始时就会产生畏难情绪。此时，一个能够激发其探索与创造热情的项目启动仪式就至关重要。教师应结合实际学情，设计符合项目特色的入项活动及仪式，调动学生的好奇心与探索欲，为他们克服语言障碍提供情绪上的支持。

1. 确定入项问题，激发思考欲望

项目问题所指向的问题往往有很多，如何在众多问题中选择一个最能够激发学生探索欲望的点，在项目启动时至关重要。本项目主题为“出行”。教师前两次确定的问题让学生觉得和他们关联并不大，趣味性不强。因此，教师设计项目驱动问题设计单(见表 4-1-2)，引导学生借助问题设计单，通过小组探讨，思考并梳理想要确立的项目驱动问题。教师将问题设计单分为两个梳理层次：第一次学生自主思考，现在面临的问题内容、对象及解决问题的人群或方法，并初步尝试写出驱动问题；第二次通过小组探讨，从趣味性、挑战性、意义内涵三个方面反思之前书写的驱动问题，并尝试进一步完善。学生要经历自主深度思考、小组间的合作碰撞，进而批判性地创造出最终的驱动问题，从而发展创造能力。

表 4-1-2　项目驱动问题设计单

<table>
<tr><td rowspan="3">√ Key structures of the question</td><td>What's the problem?</td><td></td></tr>
<tr><td>Whose problem?</td><td></td></tr>
<tr><td>Who can do something with the problem?</td><td></td></tr>
<tr><td>√ Write down your question</td><td colspan="2"></td></tr>
<tr><td rowspan="3">√ What do you think of the question?</td><td>It's interesting.
□　□</td><td>I can make it better:</td></tr>
<tr><td>It's challenging.
□　□</td><td>I can make it better:</td></tr>
<tr><td>It's meaningful.
□　□</td><td>I can make it better:</td></tr>
<tr><td>√ Revise the question</td><td colspan="2"></td></tr>
</table>

最终，学生通过共同努力，寻找到了旅行方面的需求——父母因工作原因，无法与学生有同步的寒暑假出游时间，导致出行受限。于是，学生确定了本项目的驱动问题，即“我们如何‘云游中国’，领略祖国的大好河山”。学生对这个问题非常感兴趣。经过商讨，最终确定以“云游魅力中国(Welcome to Charming China)”为主题，通过真实的问题驱动开展项目式学习，最终以“我的旅行攻略(My Wonderful Travel Guide)”写作活动来呈现项目学习成果，

体验中国城市之美。

2. 强化入项仪式，树立合作意识

合作意识在项目实践探究中起着至关重要的作用，对于学生日后的探索创造也有着不可忽视的意义。而举办仪式是将日常行为仪式化，以赋予其意义的一种行为。仪式不应仅仅是一个形式，更应该是一种能够帮助学生消除焦虑与压力的力量。在每个项目开启之时，一个良好的仪式可能提升学生小组合作的团队力，减少学生对于项目困难的恐惧，促进项目的顺利推进和开展。

启动仪式上，最重要的环节为小组签订“项目合同(Project Contract)”。教师依据项目内容及学生学情，提前准备团队入项合作书(见表 4-1-3)，包含项目概览、项目计划表、团队评价、合作公约、签名栏等项目。学生在项目启动仪式上，共同阅读合同文本，明确项目内容及个人职责，签下自己的姓名，提升在项目完成过程中的使命感和责任感，促进团队每个人在探究活动过程中付出努力。

表 4-1-3 团队入项合作书

Project's Name			
Driving Question			
Product			
Schedule			
Steps	Things to do	Date	Teacher's Assessment
1	Choose a city.		
2	Finish the worksheet.		
3	Finish the draft.		
4	Finish the product.		
5	Rehearsal in groups.		
Group Agreement and Assessment			
As a team, we promise to…		Signatures	Assessment
Get information and think deeply.			☆☆☆☆☆
Listen and discuss with my partner.			☆☆☆☆☆
Try my best to make and show the product with my partner.			☆☆☆☆☆
Try my best to make and show the product with my partner.			☆☆☆☆☆
Finish every step on time.			☆☆☆☆☆
Finish every step on time.			☆☆☆☆☆
Signing Date ________		Finishing Date ________	

随着入项仪式的结束，项目的目标初步确定。为了更好地推进项目实施，教师发挥其在项目式学习中引导者的角色，结合单元整体分析，最终确定单元项目框架(见图 4-1-2)。

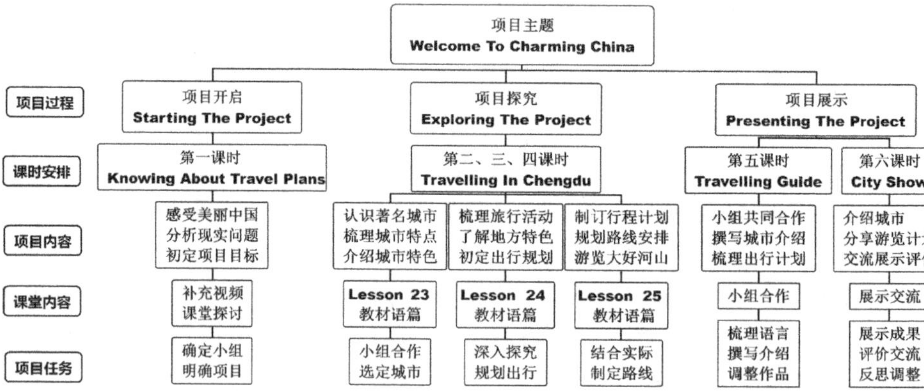

图 4-1-2　单元项目框架

(二)项目探究

美国巴克教育研究所提出了评价项目式学习的“黄金标准”，其中，无论是项目设计核心要素还是项目式教学实践，学习目标都在中心位置。且项目式学习的学习目标包含核心知识、理解、技能三个部分，即学习到的知识和技能，对概念及过程的深度理解，以及批判性思维、问题解决、合作沟通等技能。因此，教师也要以这三个维度为标准，设计项目活动，达成目标。

在确定了小组分工后，教师布置项目任务，指导小组进行探究并给予反馈。但在第一次的小组汇报课上，教师发现学生都是从网上查找资料，通过网络翻译等途径准备汇报内容，学生在汇报时只是机械朗读，有些词语甚至自己都不能明白是什么意思。发现这个问题之后，教师对项目的自主探究过程进行了进一步优化。通过设计层次化的探究活动和任务单，引导学生积极参与，消除语言障碍，通过调动学生思维促进学生创造力的发展。

1. 教师指导，提供支架活动，消除语言障碍

教师为学生搭建支架，有助于学生学习知识、概念或者技能。针对项目的实施过程，结合学生能力搭建合适的学习支架(支架维度见图 4-1-3)，引导学生进行批判性思考，对项目的顺利推进至关重要。

为了更好地完成“我的旅行攻略”这一项目成果，教师与学生共同探讨项目中的语言问题。探讨发现，旅行攻略主要以一般将来时的形式进行描述，学生在三年级学习过将来时“be going to”的结构，因此教师在讲授教材文本时，主要借助课文内容，唤醒学生的已知，并以教材文本实例帮助学生深化

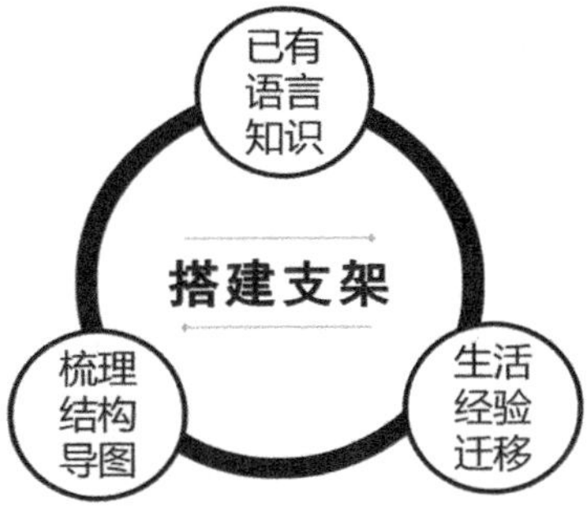

图 4-1-3 教师搭建支架维度

理解，熟练应用将来时的不同表述方式，为书写旅行攻略提供语言支持。在书写旅行攻略时，通过“Think aloud”活动，引导学生发散思维，思考出行攻略需要包含的内容——美食、位置、交通工具等。在北京版小学英语教材五年级上册第五单元，学生已经学习过用思维导图梳理国家相关信息，教师可以由此迁移，引导学生设计一个城市的介绍思维导图(见图 4-1-4)，并留出学生可以自主思考补充的分支板块，为成果的梳理和探究提供支架，实现在项目中实际应用语言。

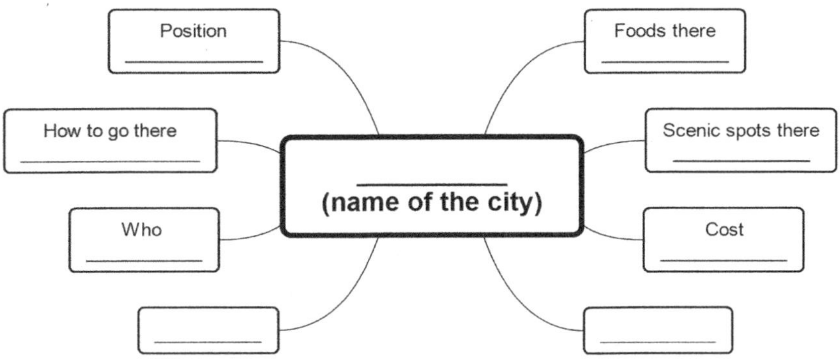

图 4-1-4 城市介绍梳理支架——思维导图

2. 自主实践，探究项目内容，丰富语言内容

在确定语言及项目成果后，学生需要首先针对项目成果，初步进行自主探究。教师将旅行攻略按照不同内容进行分类，学生选择自己感兴趣的内容进行调查研究，梳理相关内容。为了确保自主探究的有效性，教师通过设计主题任务单，在学生探究思考过程中给予语言及方向的引导。例如，对于选择探究旅行美食的学生，任务单要从主题简介、饮食对象、食物排行、菜系、口味、食物评价等多方面引导学生思考，从多角度进行深入研究(见图 4-1-5)。对于选择探究自然风光的学生，除了思考和描述能够想到的景点位置、

景点特色等，学生还可以在任务单(见图 4-1-6)的引导下，从出行日期、人员、价格等多方面进行调查研究，并进行梳理记录。这样，学生基于主题进行了深度的独立探究、任务单引导下的发散性思考、结合实际的批判性思考，为最终的项目产品创作丰富语言积累，为项目成果展示提供保障和基础。

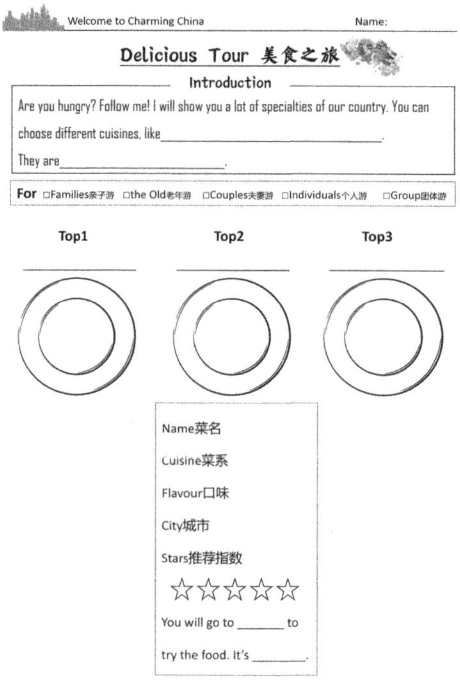

图 4-1-5　旅行美食探究任务单

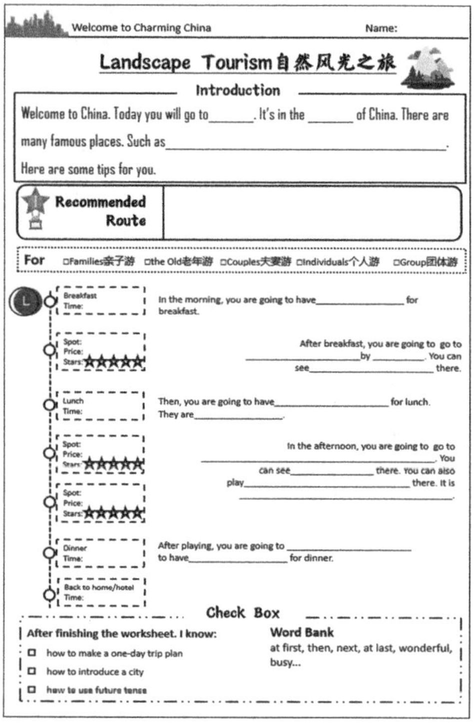

图 4-1-6　自然风光探究任务单

3. 高效合作，完成项目作品，实现语言应用

在完成自主深入探究后，学生以小组合作制作、展示的形式，呈现最后的项目成果。在进行成员分工时，教师应充分考虑每个小组成员的个性与特征，从优势、兴趣、需求等多方面进行考量，确保项目成果在语言撰写、艺术呈现、表达汇报等维度分配到合适的人员并取得较好的效果。

在小组合作中，组员将探索任务单的内容进行汇总梳理，结合城市特点、同伴特长，商讨成果展示形式。成果展示形式的确定需要充分发挥学生联系生活、想象创新的能力，从而让自己的成果既符合城市特点，又能够吸引观众的眼球。例如，选择探究有文化底蕴的古城的小组，经过分析与商讨，决定以“洋片箱”的形式展示城市特色；而选择探究自然风光的小组，则以立体书的形式直观呈现城市之美(见图 4-1-7)。

确定了项目成果的展示形式，各小组成员开始通力合作，撰写演讲稿、

图 4-1-7　以立体书的形式展示项目成果

选择素材、制作作品、确定汇报流程……大家群策群力，发挥自己的想象与创造能力，完成最终的项目作品。

（三）精细化评价活动促进成果创作

最初的项目评价单聚焦于项目最终的展示环节，主要从语言流畅度、成果制作等方面进行评价。但是通过实践发现，如此单一且聚焦的评价，并不利于项目的推进，而且也会让学生的注意力聚焦于最后的作品。因此，教师对项目评价也进行了优化和提升。

1. 路线图引导评价，培养科学严谨意识

项目的完成往往需要 1—2 个星期，在此过程中，为了避免出现时间安排前松后紧，甚至无法按时完成的情况，教师需在项目开启时就与学生共同设置时间节点，并以时间节点为依据，设计评价路线图，促进项目的推进。

例如，在进行旅行攻略的项目设计中，师生共同规划出几个重要的时间节点，设计项目完成路径单（见图 4-1-8），张贴在班级展示角，并通过教师评价、自主评价及生生评价，促进项目任务的推进。选定城市及特色方面，以列表的方式呈现全班结果；个人探索选定内容，以展示任务单手稿的方式呈现，并进行师生评价；小组撰写演讲稿，以教师评价为主；小组作品呈现，在班级展示角进行三次不同完成阶段的生生互评；小组排练主要以课堂碰撞合作实现，为最终的作品展示进行准备。结合项目完成路径单，师生共同确保项目各环节都能够按时推进，培养学生按计划探究的严谨态度。

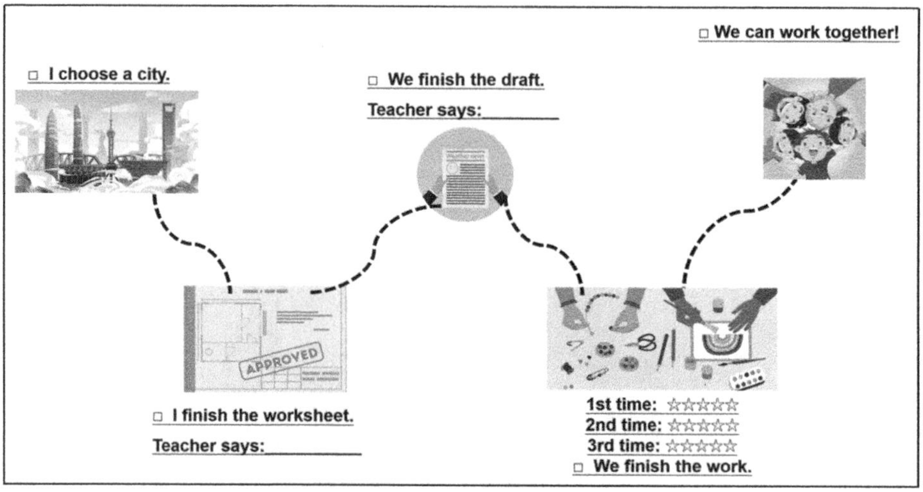

图 4-1-8　项目完成路径单

2. 多身份促进评价，激发多维思考能力

在项目成果的创作过程中，提前告知成员成果展示对象，也可以有效提升他们的创作热情。在本项目中，城市旅行攻略的展示对象不应该仅仅是班级的同学，还应该包含家人、城市居民、旅行人群等，他们的评价对于项目的推进和成果设计也能起到至关重要的作用。教师将各组的成果以视频的方式投放到网络，邀请居住地为旅行城市的市民们观看，并请他们从准确度、吸引度、建议等方面进行点评。这样的评价可以有效保证学生在项目完成过程中的投入度和探索欲，并可以进一步完善项目成果。而将项目成果呈现给家人、城市居民和其他出行人群的时候，就需要考虑不同人群理解力不同的问题，在项目汇报时，趣味性、简单化就成为学生需要思考的问题。而在班级内给老师和同学进行展示时，则应该注意专业性、语言流畅度等。这样多形式、多身份的评价机制，可以高效促进学生在完成项目成果的过程中不断探索、实践与完善，在解决问题的过程中发展思维，提升核心素养。

四、基于项目式学习的单元整体教学活动在设计与实施中应注意的问题及建议

项目式学习对于学生的语言运用、思维发展等均有着显著的提升效果，但在小学阶段进行设计与实施时，仍会面临语言积累不足、思维与表达能力发展有差异等多种问题，因此，教师也应针对小学学段的学生特点和实际情况，有针对性地对学生进行引导并适时调整项目流程，确保项目的顺利开展。

（一）确定语篇内容，消除语言障碍

项目式学习的驱动问题来源于实际生活，但作为二语学习者的小学生，

他们所积累的英语语言内容还不能让其游刃有余地结合真实生活表达个人观点。因此，小学阶段的英语学科项目式学习必须以语言学习为基础，以学习语篇为载体，确保项目成果的产出和展示。另外，从教材单元语篇或其他学习内容中提炼语言框架，并在探究项目中进行使用，也可以有效帮助学生消除他们在项目中的畏难情绪，让语言表达有据可依、有处可查。

（二）层层搭建支架，助力项目推进

项目式学习虽然以学生的自主探究为主，但教师引导者、评价者和支持者的角色也至关重要。教师应在项目实施过程中，时时监控学生的状态及需求，并从语言、资源、评价等方面提供支架和帮助，助力项目的顺利推进与完成。

（三）贴近学生生活，激发创作热情

小学阶段学生的认知能力还处在上升阶段，因此，项目的问题来源也应该从学生身边的小事入手，以小问题引领深入探究，让学生能够看到自己的探究成果在真实生活中的应用，激发他们进行项目设计、探究的热情。

总之，项目式学习对于激发学生自主学习热情、促进深度学习有着积极的促进作用，教师在项目中的指导与引领作用对于项目的推进、成果的展示、学生的收获至关重要。教师要在英语课堂中引入项目式学习，在项目实施过程中关注语言的使用和实践，以项目式语言学习的方式帮助更多的学生投入英语学习的实践与探究中，为其终身学习能力及核心素养的发展提供助力。

第二节　基于读者剧场的英语教学活动

读者剧场作为一种教学方式自 20 世纪 70 年代起在北美、大洋洲等地风靡近 40 年，于 2006 年前后开始在中国台湾地区受到重视并逐渐在中小学课堂中盛行。近几年来，读者剧场在中国大陆地区也受到极大关注，如北京师范大学王蔷教授就在中国英语阅读教育研究院的公众号平台对读者剧场进行了推广。同时，《义教新课标》在“教学提示”中首次将读者剧场作为促进学生合作学习的方式进行推介。然而，目前在基础英语教学中开展读者剧场的教学实践尚处于萌芽阶段，存在诸多需要回答的问题，特别是一些关乎本质的问题，如：什么是读者剧场？为何要开展读者剧场？如何开展读者剧场？如何评价读者剧场实施的效果？

一、读者剧场的内涵

读者剧场又名“朗读剧场”，其英文拼写有若干形式，主要包括“Readers Theater”“Readers Theatre”“Reader’s Theatre”“Readers’ Theatre”“RT”等。

读者剧场指的是两个及两个以上的朗读者手持台词本，以合作的方式把剧本朗读出来，不用背诵；其他舞台元素如走位、服饰、灯光等也减至最低，主要以声音传情达意。观众靠听和看接收讯息，同时通过想象在脑海建立自己的艺术世界。读者剧场兼具朗读与戏剧表演的特征，但又与二者有明显的差异。具体而言，与传统的朗读不同，读者剧场强调合作式的朗读角色分工，而不是个体独白或全班集体朗读；与传统的戏剧表演不同，读者剧场不需要太大的舞台，在教室里进行即可，也不需要花费大量的时间与金钱布置舞台或购买服装道具。

从溯源视角来看，读者剧场的产生与发展受到了德国表现主义戏剧大师贝托尔特·布莱希特(Bertolt Brecht)的巨大影响。从20世纪50年代开始，一些剧作家开始采用未经装饰的舞台背景，剧本中只设计少数必要的道具，如桌子、椅子等。60年代后，读者剧场开始引入美国某些大学中。70年代开始，美国一些大学毕业生加入教育工作行列并将读者剧场的概念迁移到中小学的课程教学中。从那时起，读者剧场开始广泛应用于中小学课堂教学中，至今受到世界各国越来越多的学者及一线教师的重视与青睐。此外，在读者剧场发展的过程中，也产生了很多别称，如“小组阅读(Group Reading)”“多元阅读(Multiple Reading)”“舞台朗读(Staged Reading)”“心灵剧场(Theatre of the Mind)”等。

二、读者剧场的育人价值

作为一种英语语言学习项目，读者剧场在提升中小学生的英语核心素养方面具有独特的育人优势。

首先，读者剧场可以加强学生的英语语言能力及文化意识，特别是可以提升学生的文本理解能力、朗读能力，强化学生的阅读动机。在开展演读者剧场之前，教师需要选择具有正确文化价值观的语篇作为载体，并利用核心问题链引导学生理解文本所蕴含的主题意义、文本体裁及主题词汇。在理解文本的基础上，学生还需要不断练习选用恰当的语音、语调、音量、停顿、动作，以呈现对文本的深度理解，其词汇解码能力、阅读速度、朗读表现力和韵律感会大大提升。

其次，读者剧场可以提升学生的英语学习能力。为了能够在同学面前成功表演剧本，学生需要积极与同伴合作，努力赢得听众的认可，其阅读动机会得到强化。此外，学生在文本选择、文本改编、角色分工、舞台站位、合作表演等方面都有较大的选择权，同时也有很多合作互动的机会，在这个过程中，学生需要不断讨论与反思如何更好地呈现表演效果，从而促进学生自主探究与合作学习能力的提升。同时还可以发挥不同学生的不同学习风格及智能优势，利于开展差异化教学。

最后，读者剧场可以提升学生的思维品质，特别是学生的决策力、反思力及创造力。在准备与呈现读者剧场的整个过程中，学生都需要不断地反思并做出决策，如：什么样的素材与体裁更适合表演？如何将文本改编成剧本？台词如何分工？哪些词汇需要重读？用什么语气语调读？同伴之间如何配合？就创造力培养而言，为了达到用声音传情达意的目的，教师需要引导学生创造性地借助身边的卡片、课本、报纸、文具、凳子等随手可以用到的可视化道具及音效，辅助文本意义的呈现，引导听众通过想象构建剧本内容所处的三维空间。其实，创编及呈现读者剧场本身是一个集体创造产品的过程，也是问题解决的过程，此过程特别利于学生创造力的发展。

三、读者剧场的实践路径

在中小学英语教学中进行读者剧场教学实践的时候，需要特别考虑以下几个问题：如何选材？如何改编剧本？如何初次引入并讲解读者剧场？如何引导学生深度理解剧本？如何进行角色分工？如何进行非语言手段指导？如何指导学生进行合作与呼应？如何指导学生进行舞台站位？如何引导学生开展评价？这里将结合具体案例进行一一解读。

(一)选材原则

就体裁而言，读者剧场的剧本可以取自故事或非故事体裁，如童话故事、戏剧、歌曲、诗歌、信件、新闻或科普类文本。可以是课外阅读材料，也可以是教材文本，但首先需要考虑该素材是否能引起学生的兴趣。其次，剧本素材不能太难，学生最好能认识90%以上的单词。在初始阶段，教师可以从目标文本中选择特别有趣的片段而非整篇文本 ，也可以借助现成的读者剧场剧本进行示范。此外，弗里曼(Freeman)还提供了五大原则可以参考：①丰富的对话；②含有一些动作；③含令人捧腹大笑的场景；④有生动的描述；⑤有多个角色。需要特别提示的是，建议首选一些配有地道音频或视频的剧本素材，方便学生模仿其语气与语调，为口头呈现读者剧场提供语音基础。

(二)剧本改编

确定好选材之后就进入了剧本台词编写阶段，即需要将最初的文本形态改编为适合开展读者剧场活动的剧本台词形式。在剧本改编的时候尽量不要更改原作者的写作意图或原文本的主题意义，但需要思考如何根据素材和参与读者剧场的人数进行改编。实际上，针对不同的体裁、不同的内容、不同的文本特征和每组的不同人数，剧本的改编也呈现出不同的难度与不同的处理方式。比如可以将短篇故事改为对话形式，或将比较长的语篇进行必要的删减，但需要保留最核心的内容。如果剧本素材中有图片等视觉信息，也建议根据需要将这些视觉信息转化为剧本的台词，以提升戏剧效果。

无论是故事还是非故事文本，推荐教师使用最简单的剧本改编方式，即完全忠实原始文本，不需要对原始文本进行任何文字的修改，只需要根据表演读者剧场小组成员的人数和原始文本的特征进行分工。如果剧本素材中有明显的多个角色对话，则可以直接按照原始角色进行台词分配。如果旁白员(narrator)解说词过多，则可以设计多个旁白员。剧本改编的一个重要原则是尽量平衡不同角色的台词数量，不能出现差距悬殊的现象，否则不利于全体学生的语言发展。

以伊索寓言 *The Travelers and the Purse* 为例，原始素材如下：

Two men were traveling in company along the road when one of them picked up a well-filled purse.

"How lucky I am!" he said. "I have found a purse. Judging by its weight it must be full of gold."

"Do not say I have found a purse," said his companion. "Say rather we have found a purse and how lucky we are. Travelers ought to share alike the fortunes or misfortunes of the road."

"No, no," replied the other angrily. "I found it and I am going to keep it."

Just then they heard a shout of "Stop, thief!" and looking around, seeing a mob of people armed with clubs coming down the road.

The man who had found the purse fell into a panic.

"We are lost if they find the purse on us," he cried.

"No, no," replied the other, "You would not say we before, so now stick to your I. Say I am lost."

We cannot expect any one to share our misfortunes unless we are willing to share our good fortunes, too.

鉴于这则寓言中有明显的两个旅行者的角色，并且对话的比例也不小，但是旁白员的台词过多，因此斯洛伊尔(Sloyer)最终将剧本改编如下，可以看出原始素材的文字几乎没有任何删减，只是对角色的台词进行了合理分配，特别是增加了两个故事叙述者的角色。

Storyteller Ⅰ: Two men were traveling in company along the road when one of them picked up a well-filled purse.

Traveler Ⅰ: "How lucky I am!" he said. "I have found a purse. Judging by its weight it must be full of gold."

Traveler Ⅱ: "Do not say *I* have found a purse," said his companion. "Say rather we have found a purse and how lucky we are. Travelers ought to share alike the fortunes or misfortunes of the road."

Traveler Ⅰ: "No, no," replied the other angrily. "*I* found it and *I* am going to keep it."

Storyteller Ⅱ: Just then they heard a shout of…

Storyteller Ⅰ: "Stop, thief!"

Storyteller Ⅱ: And looking around, seeing a mob of people armed with clubs coming down the road.

Storyteller Ⅰ: The man who had found the purse fell into a panic.

Traveler Ⅰ: "We are lost if they find the purse on us," he cried.

Traveler Ⅱ: "No, no," replied the other, "You would not say we before, so now stick to your *I*. Say *I* am lost."

Storyteller Ⅱ: We cannot expect any one to share our misfortunes unless we are willing to share our good fortunes, too.

如果原始剧本素材中对话比例较少或根本没有角色之间的对话，则需要适当增加和声(All)、音效或创编少量对话类台词，以增强剧本的趣味性及戏剧效果。在最开始的阶段，剧本改编的任务都是由授课教师负责的，当学生逐渐熟悉剧本改编的原则后，教师可以放手让学生自己进行改编。此外，弗里曼还补充了剧本改编的若干原则，为改编读者剧场剧本提供了非常具体的可操作的建议，如：在剧本最上方按照出场顺序列出所有角色(含旁白)；将剧本角色写在左侧，建议用黑体或大写，并将角色对应台词写在右侧；将表演指令(如动作、表情、道具等)用斜体及括号标注；将剧本中需要加强音量或表情的句子或词语等用黑体或大写标注；剧本可以增加开场的自我介绍，如"I'm Josh, and I play the Lawyer."，以便读者清楚角色的分工。

以人教版小学英语教材四年级上册第六单元"Jobs"第五课的语篇为例，该语篇讲述了一只小猴子尝试不同的工作，如消防员、歌手等，发现都不适合自己，最后终于找到了自己喜欢且适合的职业——足球守门员的故事。但原文本只有小猴子与鹦鹉两个角色，共计 8 句话。

以小猴子想当出租车司机但因为太矮而看不到路况，鹦鹉建议小猴子当歌手但小猴子唱歌太难听这个故事片段为例，授课教师深度解读了教材图片信息，并根据故事内容增加了路人角色，增加了齐读、唱歌音效、动作提示等元素，使得文本的剧场味道十足，学生的参与度得到了很大提升。

教师基于教材的剧本改编片段如下：

Monkey Bob：(屈膝半蹲状，使劲张望前方，但就是看不到)I want to be a taxi driver. But I am too short. I can't see the roads and people.

Other Animals：(看左右两侧同伴，做出困惑的表情)Bird Betty，Bird Betty，do you have any good ideas?

Bird Betty：(右手握拳，装作手持话筒)Oh，look，Bob，we have a music show tonight. You can help. You can be a singer.

Chorus：(看左右两侧同伴，做出困惑的表情)A singer? A singer? What is a singer?

ALL：(动作、表情学生自由发挥)

I like to sing. I like to sing.

I love it. I love it. I really really do. I like to sing.

I like to sing opera (do re mi fa sol la si do). I like to sing pop (everybody everybody).

I like to sing—la la la la la.

I like to sing—la la la la la.

Monkey Bob：(刺耳的音乐声下疯狂、夸张地演唱)

Yeah，I want to be a singer.

I like to sing—la la la la la.

I like to sing—la la la la la.

Other Animals：(双手捂住耳朵，做出难受的表情)You're too noisy. Please，please stop!

当学生熟悉剧本改编的原则后，教师可以逐步放手让学生根据表演的需求，合作或自主改编剧本，充分发挥学生的想象力与创造力。

(三)关键要素的感知与培养

在学生尚未了解何为读者剧场时，教师可以播放若干英语读者剧场的视频片段，引导学生直接感受读者剧场的开展形式、思考读者剧场与朗读及传统戏剧的差异，并提炼出读者剧场的独有特征。随后口头归纳并解释读者剧场的含义及教育价值，提升学生参与读者剧场的兴趣。除此之外，还有若干关键要素需要教师有意识地强化讲解，让学生知其然并知其所以然，当然也可以采用先体验后归纳的逻辑。

1. 阅读理解与语言准备

根据选材原则及教学安排，在确定好剧本素材之后，教师需要首先按照常规教学方式，在主题问题链的引领下，通过预测、提问、提取文本要点、复述等活动，让学生熟悉故事或话题的大意并初步探究其主题意义，并在语境中学会认读并理解与主题相关的生词。然后教师播放原版录音或示范朗读文本，引导学生关注如何准确、语速适当地、有节奏地流畅朗读。然后学生两人一组轮换进行同伴阅读，需要朗读所有台词文本，并互相反馈。必要的时候，还需要教师专门设计活动，引导学生体验如何恰当地表达文本的语气，例如：在自己想上学但作为交谈对象的同学不想上学的情境下，用不同语气朗读“Let's go to school.”。

2. 角色分工与角色剖析

在学生充分理解并能流畅朗读剧本素材后，教师给学生提供改编好的剧本，并给学生分配合适的角色，每个角色台词量尽量均衡。建议采用异质分组，每组4—6人为宜，当学生熟悉读者剧场的流程后，也可以挑战更大的组，甚至全班20—30个学生共同演绎一个剧本。台词本上需要清晰注明角色分工，可以配以不同颜色进行强化，剧本台词最好双倍行距呈现。每组的角色分工可以用“石头剪刀布”的方式决定，或者最初可以让英语水平比较差的学生选择台词相对较少的角色。拿到角色后，学生需要思考所分配角色的人物特征：我是谁？我是什么性格？我在哪儿？我和其他人是什么关系？随后教师引导学生体会自身角色，有感情地大声朗读台词，表现出该角色的性格特征。换言之，就是要思考声音与表演如何更加符合角色的身份以及自己下次如何表演得更好。

3. 动作、道具与音效的指导

当确定角色后，教师除了让学生与同伴合作有声朗读外，还应留给学生自主默读的时间。教师需要在此过程中监控并帮助学生真正理解并能有表现力地阐释文本。必要的时候，可以让每组中英语能力较强的学生先示范朗读，带动其他组员练习。在流畅朗读的基础上，教师还需要引导学生根据所选角色的台词添加适当夸张的动作，还可以借助一些简易道具，如站在凳子上代表站在山上，三个低凳可创设餐厅的场景，两个低凳可代表公园的座椅，用剧本当作扇子、报纸、书或轮子，用水杯当作大炮或话筒等，以充分体现所分配角色的人物特征。此外还可以利用简单的乐器或音效增加舞台效果，如利用鼓声创设丛林的情境，用小号声代表国王的到来，用铃声代表故事的开始与结束。全体或个体成员可以通过音效制作出风声、雨声、喧闹声、机器声等，但也不建议过度使用，否则会减弱朗读本身的效果。为了保证动作、道具以及音效得到合理使用，教师在必要的时候需要花些时间专门对学生进行训练，如教师说出一系列动作或声音，引导学生用自己的方式演绎出来。

4. 呼应的设计与训练

呼应是读者剧场中的一种重要表达手段，也是团队合作的特定表现形式之一。呼应指某个角色在朗读或表演时，其他角色需要做出反应，必要时需要在台词中标注出来。同伴可以根据上一个角色朗读台词的最后三个词所表达的隐含意思进行呼应，可以用语言、肢体或面部表情呼应。教师可以引导学生练习呼应的意识，斯洛伊尔(2003)提供了如下呼应练习活动的示例：

Instructor："Clapping is a good exercise."

Response：(Everyone claps.)

Instructor："The King is dead!"

Response："Long live the King!"

Instructor："Sit down quietly."

Response：(All sit.)"Sh-h-h-h."

5. 舞台站位与进场/离场

在呈现读者剧场的时候，教师还需要引导学生考虑如何更好地进行舞台站位，以便让观众感受到剧场情境与角色之间的关系。教师需要引导学生思考所有朗读者是排成一条直线还是借助凳子或采用站立/蹲下体现高低站位。与传统戏剧不同，读者剧场中随着场景的变化，其角色的进场与离场不需要过多的上下场跑动，而是借助其他手段体现，如低头表示暂时离开，抬头表示回来，也可以用蹲下或背对观众表示离场。

(四)反思评价

排练好之后，学生可以在教室、图书馆、学校礼堂等呈现读者剧场。尽管教师可以采用以赛促学的方式，但将读者剧场作为一种提升学生核心素养的常规教学活动更值得推荐。根据实际需要，学生在表演读者剧场的时候站立或坐着均可，既可以到教室前面表演，也可以以小组形式在原座位表演。除非在正式的场合，否则也没必要给学生提供台词支架。听众可以是本班同学，也可以邀请其他班同学，甚至邀请家长。在表演读者剧场之前，教师需要给学生提供自评与他评的评价表，以利于学生明确成功地表演读者剧场应符合哪些标准，也利于学生进行有针对性的反思与改进。这些评价标准可以由教师与学生共同制定。读者剧场的评价维度往往涉及学生的参与度，朗读声音的清晰度、准确度、表现力，体态与表情，团队合作与准备等。当然在实际评价过程中，评价的维度与措辞还需要根据学生所处学段的认知特点进行适当的调整。如麦凯(Mckay)提供的由师生共同编制的读者剧场实施效果自评表(见表4-2-1)，从声音、角色、表情/动作、自信程度、学习收获与反思改进等多维度引导学生进行自评。

表 4-2-1 读者剧场实施效果自评表

READERS THEATRE PRESENTATION (*self-assessment*)		
Title of script: ______ Date: ______ Name of reader: ______ Character or role: ______		
YES	NO	CONTENT
		Voice: *Did I speak clearly and with the right expression? Did I speak loudly enough for everyone to hear?*
		Character or role: *Did I sound like the character or the narrator? Did I make that character come alive for the audience?*
		Use of facial and/or body expressions: *Did my facial or body expressions add to the character or the role I was reading?*
		Confidence: *Did I enjoy this experience? Would I like to do this again?*
What was the most important thing I learned about oral reading?		
What would I do differently next time?		

在参考校本实践的基础上，教师可以按照读者剧场准备与表演两大阶段，重构兼顾自评与他评的读者剧场评价量规。当学生利用评价量规对同伴表演的读者剧场进行口头评价的时候，教师应引导学生发现同伴身上的优点，必要的时候采用委婉的方式进行反馈，以避免打击同伴的自信心与积极性。教师一定要坚持以评促学、以激励促学的原则。

在评价读者剧场效果的时候，建议教师以共情及鼓励为主，如“I really felt your anger when…/Your reaction to George was exactly right when he said…”。即使有不同看法，可以委婉指出，如“If I try saying this line with more emphasis, would that help you respond more angrily/happily/eagerly/carefully…”，而不要直接批评打击学生。此外，还可以结合问题清单让学生反思学习效果，如你觉得什么是读者剧场？与传统的朗读有何不同？你觉得读者剧场对你的英语学习有何作用？你在最近一次参与读者剧场时表现如何？做了哪些准备与付出，有何收获或感想？还有哪些地方可以改进？你还想继续参与读者剧场活动吗？为什么？对进一步开展读者剧场有何期待或建议？

在开展读者剧场教学活动时，教师需要首先厘清读者剧场的内涵及本质特征，不要过于注重学生表演的结果，而要注重学生理解剧本主题内容与用心演绎剧本的过程。其次，教师需要认识到在英语教学中有效灵活开展读者剧场不能操之过急，需要在剧本选材、语言理解、角色分工及用声音传情达意等方面进行长期系统的指导与体验。在小学高年级及中学阶段，教师需要逐渐放手，让学生在剧本选择、剧本改编、角色分配、音效及动作设计、舞台站位、评价标准等方面拥有更大的自主权与选择权，让学生成为学习的主人。

第三节　融入中华优秀传统文化的英语教学活动

中华优秀传统文化博大精深、源远流长。将中华优秀传统文化融入英语课堂，可以让学生在学习语言和西方各国文化的同时，守护好祖国的文化之根，树立文化自信，在英语学习中实现中国文化与西方文化的交流，培养文化意识，提升跨文化交际能力。2017 年 1 月，中共中央办公厅、国务院办公厅印发了《关于实施中华优秀传统文化传承发展工程的意见》指出，围绕立德树人根本任务，遵循学生认知规律和教育教学规律，按照一体化、分学段、有序推进的原则，把中华优秀传统文化全方位融入教育各环节，贯穿于教育各领域；以幼儿园、小学、中学教材为重点，构建中华文化课程和教材体系。《义教新课标》明确指出英语课程的总目标之一是培育学生的文化意识，并提出了具体的文化意识学段目标。

一、中华优秀传统文化的内涵和定义

中华优秀传统文化是中华文明成果根本的创造力，是民族历史上道德传承、各种文化思想、精神观念形态的总体。中华传统文化的范围广泛，文字、语言、书法、音乐、武术、曲艺、棋类、节日、民俗等都属于传统文化的范畴。比如正月初一春节、五月初五端午节、八月十五中秋节等节日和各种民俗活动，包括传统历法在内的中国古代自然科学，以及中国各地区、各民族的传统文化等，都是中华传统文化的组成部分。

中华优秀传统文化是在 5000 多年的历史传承中孕育的，它积淀着中华民族最深沉的精神追求，代表着中华民族独特的精神标识，是中华民族生生不息、发展壮大的丰厚滋养。具体说来，它既包括仁者爱人、立己达人的关爱，也包括天下兴亡、匹夫有责的家国情怀；既包括以爱国主义为核心的民族精神，也包括正心笃志、崇德尚善的人格追求。它以经史典籍、文学艺术、礼仪制度等多种形式的载体，生动鲜活地体现着中华民族的精神气度与突出优势，不仅促进了中华文明的延续和发展，更对促进人类文明发展和推动社会进步发挥了重要作用。陈先达教授曾指出：“一种文化的生命力不是抛弃传统，而是在何种程度上继承传统、再造传统。”总的来说，中华优秀传统文化

是一个综合性的概念，它涵盖了中国历史上各个时期的文化遗产、思想体系、文学艺术、礼仪习俗、哲学思想等。这些文化元素在中国社会中扮演着重要的角色，对于塑造中国人民的价值观念和行为方式具有深远影响。

二、融入中华优秀传统文化的小学英语教学活动设计和实施存在的问题

将中华优秀传统文化融入小学英语教学中，不仅能够提升学生的文化自信，还能够丰富教学内容，激发学生的学习兴趣。然而，在实际教学实施过程中，还存在如下几方面的问题。

（一）教师的文化渗透意识不强

许多英语教师在教学过程中过于强调西方文化元素的引入，如英语国家的节日、习俗、历史等，而将中华优秀传统文化融入英语课堂则显得相对薄弱，文化渗透意识不强。这导致了学生对中华优秀传统文化的了解和认知不足。即使有时教师想要在课堂上提及一些中华优秀传统文化的内容，但由于缺乏系统性和连贯性的教学计划，这些内容往往显得零散和碎片化，难以形成完整的文化认知体系。

（二）教学资源开发和利用不足

目前，小学英语教学中融入中华优秀传统文化的教学资源相对有限。虽然有一些教材或教辅材料开始尝试引入中华传统文化内容，但整体上数量不多，质量参差不齐，且缺乏系统性，使得教师在选择和开发教学资源时面临困难。学校和教师对传统文化教学资源的开发和投入不足。可能是由于时间、精力和资金的限制，他们无法充分研究和开发适合小学生的中华优秀传统文化教学资源。另外，还缺乏跨学科的合作开发，导致教学资源在内容和形式上较为单一，难以满足不同学生的需求。即使有一些可用的教学资源，但在实际教学中，教师往往由于各种原因未能充分利用。

（三）活动的设计缺少趣味性

部分教师仍采用传统的教学方式，未能有效整合和利用现代教学手段（如多媒体、网络等）展示和传授中华优秀传统文化知识。现有的教学资源可能与实际教学实践存在脱节现象。一些教学资源可能过于理论化或抽象化，难以与学生的实际生活经验和认知水平相结合。这可能导致学生对传统文化的学习缺乏兴趣和理解困难，影响教学效果。另外，在融入中华优秀传统文化时，教师往往采用传统的教学方式，如直接讲述、背诵等，缺乏与学生互动、启发思考的教学方法。这也使得学生对传统文化的兴趣不高，难以真正理解和接受。

（四）学生的主体参与意识不足

在将中华优秀传统文化融入小学英语教学的过程中，往往都是教师对一

个知识点进行讲解，学生只是被动接受。不同的学生拥有不同的特点和兴趣，这会导致教学的适用性不足，使中华优秀传统文化融入小学英语教学无法达到理想的效果。教学模式单一且实践性不强。有些教师没有科学地制定将中华优秀传统文化融入教学的策略，且英语教材内容存在一定的局限性，一定程度上影响了学生的学习。

三、融入中华优秀传统文化的小学英语教学活动的设计与实施

在小学英语教学活动中融入中华优秀传统文化，首先我们要开发资源，丰富中华优秀传统文化元素，从分析原有语篇、补充相关语篇入手，同时注意丰富课堂教学活动，还要开展相应的综合实践活动，做到跨学科教学，培养学生的综合实践能力。

（一）开发资源，丰富中华优秀传统文化元素

为了在小学英语教学中融入中华优秀传统文化元素并开发相应的资源，我们可以采取以下策略。

1. 做好语篇分析，挖掘中华优秀传统文化元素

英语教材是学生学习英语的基础，而对教材的学习正是对学生进行中华优秀传统文化熏陶的重要根基。教材中有很多内容与中华优秀传统文化相契合，为中华优秀传统文化的弘扬提供了丰富的载体。因此，教师在英语教学中一定要用教材中的内容，做好语篇分析，结合我国优秀传统文化，创设具有文化韵味的英语精品课，让学生不但能够学到英语知识，还能受到中华优秀传统文化的熏陶。教师在进行英语教学过程中，要注意以教材为蓝本，基于单元话题，补充合适的中华优秀传统文化资源，设计具有中华优秀传统文化特色的英语精品课程。例如北京版小学英语教材四年级下册第二单元的主题是“What's wrong with you?”，在讲授本单元内容时，可以适当增加中医药(Chinese medicine)、针灸(Chinese acupuncture)等传统文化，让这一单元话题充满中国元素。又如，在讲解北京版小学英语教材六年级上册第六单元“What is he wearing?”时，可以展示中国不同款式的民族服饰，让学生了解中国不同民族服饰之美，还可以把一些刺绣的工艺展示出来，学生在学习英语的同时，能够学以致用，用所学描述和表达中国文化，实现中华优秀传统文化的英语输出。在教学“Clothes”一课时，教师还可以进行跨学科教学，结合科学课养蚕的学习，让学生通过亲自养蚕，观察蚕宝宝的成长过程和不同体态，了解剥茧、洗涤、缫丝、捻线等各个环节，从而了解蚕丝的由来、做成丝线的过程，更为几千年前中国古代劳动人民就能够掌握这项技术而感到骄傲。

北京版小学英语教材一年级上册第六单元“Happy holiday”是初步感知节

日的相关话题，内容比较简单，为了让学生能够了解中华传统节日文化的相关内容，教师在教学时拓展资源，根据主题图深挖教材，让学生了解春节贴窗花、贴福字、穿新衣、吃饺子、拜年、发红包等习俗，了解春节问候语的英文表达方法。在教授北京版小学英语教材四年级下册第三单元"Weather"的时候，教师先把"雨""雪"等表示天气的汉字写在黑板上，接着又将其象形文字一一标记在下方，然后再将相应的英语单词写在象形文字的下面。最后，教师让学生展开想象编写一句话或一则小故事，用英语表达出来。这样的方式不仅提高了学生对英语的学习兴趣，还让他们了解了中国的象形文字，感受到了中华文化的博大精深。

2. 补充语篇，丰富中华优秀传统文化元素

北京版小学英语教材上有一些中华优秀传统文化元素，但是还不够充分，教师需要在教学时补充一些语篇来丰富教学资源，在一些传统节日的学习中引入一些绘本故事不仅可以帮助学生加强对中华优秀传统文化的理解，还可以为学生提供丰富的文化体验。例如在讲授北京版小学英语教材六年级上册第七单元"What are the twelve animals?"有关生肖的话题时，授课教师补充有关十二生肖排序的语篇，让学生了解生肖动物的性格特征，同时本节课还利用电影《十二生肖》对学生进行爱国主义教育。

教师还可以利用课前五分钟，以谚语、成语、故事分享等形式，让学生了解中华优秀传统文化，尤其是一些传统节日的重要性、意义和习俗，对中华优秀传统文化有更加全面和深入的认识。例如在讲授中秋节时，教师可以推荐一些包含中华优秀传统文化的影视材料给学生观看，像《后羿》《嫦娥奔月》《玉兔捣药》等。此外，很多优秀影片的片段都能成为学生了解中华优秀传统文化的有力媒介，如《花木兰》《功夫熊猫》《鸟瞰中国》等。也可以播放一些关于中外交流的视频，让学生在对比中加深对中国文化的认同感，让学生为自己是一名中国人而感到骄傲。教师根据学生实际水平恰当补充语篇的同时，还可以布置符合学生水平的课外作业，例如学到数字、颜色时，让学生了解中国的数字和颜色的文化内涵，例如数字"九"在中国文化中的意义；讲到优秀的外国故事时，要求学生写一写我国的优秀传统故事等。

(二)丰富课堂教学活动，学习和传承中华优秀传统文化

为了在小学英语教学中融入中华优秀传统文化元素，丰富课堂教学活动，学习和传承中华优秀传统文化，可以采取以下方法。

1. 学习中华优秀传统文化，激发学生自我意识

例如学习北京版小学英语教材四年级上册第六单元"May I take your order?"中的"food and drink"时，教师可以把日常生活中常见的丰富多彩的中式餐食介绍给学生，让学生有介绍自己日常饮食的欲望，比如"soybean milk(豆

浆)""fried bread stick(油条)""steamed bread(馒头)""dumplings(水饺)""rice porridge(粥)"等。另一方面，还可以结合菜单上一些食品的名称，如"plain white rice(白饭)""fried rice with egg(蛋炒饭)""egg and vegetable soup(蛋花汤)""tomato scrambled eggs(番茄炒蛋)"，复习句型"What do you have for breakfast?""I have soybean milk and fried bread sticks."。学生沉浸在这样一种充盈着中华饮食文化的气息中，学习英语的欲望也被充分激发起来。另外，我们生活中存在很多英语，比如寒暑假大多数学生都有旅游经历，在旅游过程中，低年级学生可以收集一些简单的景点名称、一些公共场所的提示词句，高年级学生可以收集一些对名胜古迹和旅游景点的介绍。对于贴近学生生活实际的词句，学生总会很容易记住。

2. 了解外国经典文化，感知跨文化之美

语言与文化有密切的联系，语言是文化的重要载体，教师应当努力使学生在学习英语的过程中了解外国文化，帮助他们不断拓展文化视野，培养他们跨文化交际的意识和能力。另外，接触和了解英美国家文化有益于对英语的理解和使用，可以帮助学生了解并尊重其他国家民族的优秀文化传统，更好地理解并热爱中华民族的优秀文化传统，还可以帮助学生了解文化差异，培养爱国主义精神。因此，我们必须重视英美文化在课堂上的合理输入。文化背景知识的合理输入有利于提高学生的英语理解和交际能力。

3. 对比中外文化异同，增强文化自信

在学习尤其是语言学习过程中，若缺乏良好的语言环境，则学生很难灵活运用所学知识。小学英语的学习内容和学生的日常生活有很强的关联性，如果教师能够给学生提供日常生活中随处可见的情境，就能有效降低学生对知识的陌生感。比如，学生学完有关西方圣诞节的知识，教师可以让学生对比我国的传统节日，有的学生会想到春节，那么春节是什么时候？人们如何过春节？春节吃什么食物？有什么习俗？当学生一一说出有关春节的风俗习惯之后，教师就可以把事前准备的制作饺子的材料展示给学生，让学生了解简单的制作过程，并尝试用英语介绍制作方法。这样学生将所学习的英语尝试应用到生活之中，并通过生活英语的应用了解中华传统文化。之后让学生亲手操作，英语课堂就成为学生享受生活的舞台。在学生进行饺子的制作时，教师则让学生思考，为什么中华文化中的"食文化"源远流长？为什么我们生活中遇到朋友都会询问"吃了吗"？很多中外的节日都可以进行对比学习，如万圣节和清明节、感恩节和中秋节，中外文化的对比不仅让学生很好地了解西方的文化，还让学生对中国文化有更加深刻的印象，开阔学生的眼界。而且，在我们着重于中国本土文化渗透的同时，并不是全盘否定或排斥西方文化，而是在进一步了解英语国家的文化习俗的基础上，更好地运用语言。因此，教师要把握中西方文化的平衡性和取舍性，培养学生的跨文化交际能力。

(三)开展综合实践活动，深化对中华优秀传统文化的学习与传承

为了在小学英语教学中融入中华优秀传统文化元素，需要开展综合实践活动。

1. 基于教材内容，开展优秀传统文化综合实践活动

例如开展端午“粽”情主题实践活动，在活动中让学生体验端午节的节日氛围，在实践中设置了“旱地龙舟”“车轮滚滚”“充气龙舟”等模拟划龙舟的比赛项目，学生在比赛中感受端午节赛龙舟的乐趣。分年级进行端午节的传说表演，生动地讲述了端午节的由来。学生一起制作了五彩绳，并且在粽子制作、手抄报制作等活动中，进一步加深了对于端午节日文化的了解。

又如在传统节日清明节来临的时候，开展清明祭扫活动，寄哀思，踏春光。清明是我国二十四节气之一，也是一个重要的传统节日。每逢此节，人们除了扫墓拜祭之外，还会参加踏青活动。也就是说，清明节并不仅是一个祭祖和扫墓的节日，也是人们享受美好春日的绝佳时机。在明媚的春光里，孩子们随家人踏青郊外，放风筝、荡秋千、吹柳笛，感受大自然的勃勃生机，生发出对生活的美好憧憬。教师可以结合学校开展的清明祭扫活动，带着学生到烈士陵园或者周围村落的老红军墓前，开展爱国主义教育。在活动前，教师可结合教材内容安排学生开展有关清明节的英文学习；在实践活动中，教学生制作小白花等。

再如开展九九重阳敬老活动，教师带领学生到敬老院开展“爱老敬老”活动，之后结合北京版小学英语教材五年级上册第十三课《登高》这首诗(As a lonely stanger in a strange land, at every holiday my homesickness increases. Far away, I know my brothers have reached the peak, they are inserting cornus sprigs, but without me.)，让学生充分了解重阳节的风俗和传统。

总之，一系列中华优秀传统文化综合实践活动的开展，让学生感受到了传统节日的快乐，进而感受到中华民族悠久的历史，激发学生的民族自豪感。学生在了解、传播我国优秀传统文化的基础上，增强了民族自豪感，受到了爱祖国、爱生活的教育。

2. 结合学校社团活动开展传统文化主题教育，物化传统文化

在学习传统节日相关英语介绍后，可结合学校社团活动开展传统文化主题教育，比如制作八大传统节日题材的葫芦烙画。学生还可以通过查资料，撰写出适合自己作品的讲解词，每一件作品学生都能用英文娓娓道来。而且学生通过种植葫芦、收获葫芦、晾晒葫芦、烙制葫芦画，介绍葫芦烙画的整个过程，体验植物成长的各个过程，感悟劳动的不易，把传统文化内容烙在葫芦上，增强了文化展示和传承的途径。

3. 关联社会现实情境，丰富实践活动的形式

实践活动不仅可以帮助学生进一步内化所学的知识，同时也是促进其知识输出的重要方式。教师在组织活动时要以教学内容和学生为出发点，开展不同形式的活动，使学生在各种形式的活动中得到有效的锻炼和提升。实践活动的形式要与教学内容保持高度的一致性，避免出现理论与实践脱节的现象。在活动内容和形式确定过程中，师生之间可以进行有效的沟通，充分了解学生的偏好，尽量安排学生感兴趣的活动形式，从而保证活动的良好效果。在实践活动开展过程中，教师还要提前做好规划，将活动的内容、流程以及要达到的目标进行详细的划分和明确的规定，同时还要对活动过程中可能出现的问题进行有效的分析，并制定相应的预防或者解决措施，保证活动过程的顺利进行。另外，教师要做好实践活动的评估。实践活动开展的效果直接关系到传统文化学习与英语教学融合的质量，教师要在实践活动开展前做好评估的相关工作。教学评估既可以使教师及时了解传统文化学习与英语教学融合的效果，又能充分了解学生对传统文化的掌握情况，从而为教师后续教学活动的安排提供可靠的指导。教师可以结合具体的活动内容和形式采取不同的评价方法，制定有针对性的评价标准，完成相应的评估工作。

通过学校开展的中华优秀传统节日的探究活动，学生不仅从书本上学习知识，还学会用多种途径查找资料，通过网络论坛、小组合作等方式学习，运用收集的资料进行交流，加深了对中华优秀传统文化的了解。此外，学生还学习了一些相关的诗歌、民俗，学习制作了小灯笼、月饼等。总之，学生阅读文本、享受制作、动脑动手，兴趣盎然。

四、开展融入中华优秀传统文化的小学英语教学活动应注意的问题

教师在平时的英语教学中融入相关中华优秀传统文化时要注意创设文化氛围、选择适合的教学内容等方面的问题，保证融入中华优秀传统文化教学的有效实施。

（一）创设环境，营造文化氛围

人们在用语言交流思想、交换信息、表达情感时不可能脱离所处的社会环境，交际中一定会折射和反映出一定的社会文化，这便是语言的文化功能和文化内涵。因此在教学中融入中华优秀传统文化时，教师一定要创设环境，营造文化氛围，这对于增强学生的学习兴趣、促进文化传承具有重要意义，但要注意以下问题。首先环境布置与装饰要适宜，不能夸大展示，尽量给学生一个真实的交流环境。其次，教学内容选择方面，要尽量使用与中国传统文化相关的英语词汇和表达方式，还可以教授与中国传统文化相关的英语歌

曲和歌谣，让学生在音乐中感受文化的魅力。

（二）选择适合学生的教学内容

在材料选择上一定是通俗易懂的，不能是过于生僻的语篇、文章或者词汇。在选择材料时一定要选择贴近学生生活的材料，给学生以无声的熏陶和感染，为学生营造出良好的语言学习环境。学生感悟多元文化，开阔视野，增强对文化概念的理解。选材是将传统文化融入教学的第一步，需确保所选内容既符合学生的认知水平和兴趣点，又能体现中华传统文化的精髓，避免选择过于深奥或与学生生活脱节的内容，确保教学材料的适切性和吸引力。

总之，中华优秀传统文化与英语教学融合的过程中，教师可以以实践活动为依托，让学生在实践活动中更好地体会和理解传统文化的内涵，这样既可以促进文化的传承，又能培养学生的思想品质。小学英语教学中应当切实加强文化背景知识的渗透，帮助学生了解中西文化的差异，提高学生的文化素养，同时给学生一双看世界的眼睛，使他们学会与来自不同社会背景、文化习俗的人们和谐共处，学会在一个多元化的世界里生存和发展，从而真正达到英语教学的目的。

第五章　新课程背景下英语教师专业发展

第一节　英语教师专业发展与学生的核心素养

在课程改革中，教师是新的教学方法的学习者、理解者和转换者，其主体作用对于改革的成败至关重要(Markee，1997)。联合国教科文组织1996年在名为《教育——财富蕴藏其中》的报告中指出："没有教师的协助及其积极参与，任何改革都不能成功。"学校改革的核心环节是课程改革，课程改革的核心环节是课堂改革，课堂改革的核心环节是教师专业发展(钟启泉，2016)。学生核心素养的发展大多是在学校教育的场域中发生的，在具体的、微观的课堂教学中，教师是影响学生核心素养落实的重要因素，在学生核心素养发展过程中扮演着转化者的重要角色(林崇德，2016)。教师如何将英语学科核心素养落实到课程建设和课堂教学的各个环节，是目前英语教育界关注与讨论的焦点，也是深化基础教育英语课程改革的关键。

《义教新课标》指出：教师是确保英语课程有效实施的关键要素。教师的专业化水平是有效实施英语课程的关键。教学研究与教师培训要着力引导教师准确、深刻领会课程理念、目标和要求，并转化为切实有效的教学实践，不断提升教师的专业素养，全面促进学生核心素养的形成与发展。

课程改革中，英语教师首先要认真学习和深入理解核心素养提出的背景与意义、概念内涵与特征、发展路径与评价方式等，审视自身已有的教学观念、教学方式、教学评价及专业成长，结合实际教学情境内化新的课程理念，在教学设计与实施过程中创新地使用教学手段并进行批判性的反思。教师要转变角色定位，从单纯的知识传授者、学习监督者和成绩提高者，逐渐转变为学生养成新型学习方式的引导者、发展核心素养的转化者和道德发展的引领者。

一、教师是学生养成新型学习方式的引导者

面对21世纪知识经济发展的复杂性和多样性，欧盟率先提出公民终身学习计划，将核心素养与终身学习结合起来。义务教育阶段发展学生的核心素养，为终身学习奠定基础；高等教育及成人教育则通过终身学习来完善和更新核心素养。终身学习既是为了实现个人的幸福生活，更是为了提升国家的

综合竞争力(裴新宁、刘新阳，2013)。在核心素养背景下，教师既是终身学习的实践者，又是学生形成终身学习意识的引导者。英语教师应立足于本学科，始终对英语语言及文化、语言学、文学等知识保持浓厚的兴趣和学习热情，尝试拓展跨学科知识，为学生树立终身学习的榜样。

此外，以培养学生核心素养为目标的课程改革更加重视学生学习能力的发展，即在英语学习过程中，通过自主学习、合作学习和探究式学习，提高自我选择、自我评判和自我监控的学习能力。这也是教育界近年来为适应社会发展需求而提出和鼓励的重要学习方式，其中，“自主学习关注学习者主动、积极的学习动机和自觉、持续的行为能力；合作学习关注学习者与人沟通、合作完成学习任务的能力；探究式学习注重对过程和概念的探究与发现方式，是学生获得结构化知识、发展分析问题和解决问题能力的重要途径”(教育部，2018)。

为了使学生养成独立、自主的学习习惯，学会在人际交往中真诚分享并相互促进，在探究过程中养成深入思考的学习能力，英语教师必须在掌握新型学习方式内涵的基础上，为学生创设有利的学习环境，为学生学习能力的发展提供精心的指导和帮助。英语教师要将专业发展的动力融入日常教学的本职工作中，自觉、主动和持续地更新学科知识及教学理论，积极发现教育教学问题，尝试改进教学方式，在与学生、同侪的交流中相互学习、共同提高，并在教学设计与实施过程中发扬深入探究的精神，养成批判性反思习惯，实践自主、合作和探究式的学习方式，成为学生养成新型学习方式的引导者。

二、教师是学生发展核心素养的转化者

课程体系由多个因素组成，教师、学生和课程资源构成了核心的课堂教学场域，是课程实施的终端，教师和学生是课堂教学实施的双主体。其中，教师是连接宏观教育目标与微观教学实施的关键角色，他们对教育理念的理解和转化直接影响着课程的实施效果。课程改革中，教师是培育学科核心素养的主体，教师对核心素养内涵的学习、理解、接受，以及在教学设计与实施过程中的有效落实，是核心素养在学校教育中得以发展的基础。

《义教新课标》将英语课程要培养的学生核心素养归纳为语言能力、文化意识、思维品质和学习能力四个维度。英语教师应以课标为依托，主动转变专业思想，充分认识到自身教学思想和行动的转变对核心素养落实的关键作用(赵勇，2018)。英语教师要格外重视教学设计能力、教学组织管理能力以及交往能力的发展。教师在开展教学设计时，可以根据学科核心素养的要求深入解读和分析教学内容，以开放的态度，将基本的理解转化为驱动性问题，以及适合学生生活经验和能力发展的教学活动。

在课堂组织和实施环节，教师要精心培养学生的核心素养，具备相应的技能来指导学生，鼓励学生参与活动和解决问题，展现课堂教学的生成性，及时判断学生的发展状态及需求，并做出恰当的反馈和引导。教师除了要处理课内教学内容，还要考虑在课外发展学生英语学习及运用的能力。教师要整合各种资源，结合社会、生活的实际情况，创设问题解决的真实情境，鼓励学生参与团队合作及自主、自律的个人学习行动，成为学生终身学习态度、方法与能力培养的指导者。此外，教师既要考虑对学生知识和能力的培养，又要考虑对学生思想道德的培养，通过教书实现育人的目的。

三、教师是学生道德发展的引领者

以核心素养为基础的新一轮课程改革更加重视英语教育人文性与工具性的统一。教师要在课程实施过程中充分体现英语学科的育人价值，在学习和运用英语基础知识和技能的基础上发展学生的跨文化交流能力，为传播中华优秀传统文化、汲取世界文化精华创造条件。这恰恰与教师发展核心素养的提升相互契合，教师要发展高尚的教育情怀及健全的人格素养，成为学生道德发展的引领者。

教师要有崇高的职业道德，由衷地热爱自己所从事的教育事业，全身心地投入教育教学工作中，树立为国育才的大德精神(杨志成，2017)，发扬无私奉献的师德传统。要成为一位成熟的、优秀的教师，英语教师要注重加强政治理论学习，加深对中国特色社会主义理论的理解和认同，增强文化自信，积极引导学生热爱祖国、热爱党和人民。

教育是爱的事业，面对作为“人”的教育对象，教师要具备教育情怀，始终关爱和关心学生的成长。教师还要积累教育智慧，逐渐形成“真、善、美”相互统一的教育境界，展现综合的人格素养，以及对教育世界和教师人生的理性认识。

第二节　主题研修提升英语教师专业素养

在日常教研中，教研负责人要以服务好课程实施、教师教学和学生学习为指导思想，做好问题调研和需求诊断，规划并组织参与式、探究式和体验式的主题教研，有针对性地将教学过程中遇到的共性问题归纳梳理成系列教研主题，采用“问题呈现—团队研究—集体分享—课例展示—专家点评—成果固化”的路径，指导教师“做中学”“研中思”，让教研活动成为联结课程标准与课堂教学的桥梁，促进教师将课程理念转化为有效的课堂教学行为，最终促成学生核心素养的形成与发展。

一、研修主题的确定

研修主题的确定是教师教研的核心要素，需要教师从课程改革的目的、课标的要求和区域教师的教学困惑及需求等几个方面考虑。

(一)依据课程改革和课程标准确定研修主题方向

课程改革的根本目的或者说主要任务，是推进国家课程的最优化实施，而国家课程最优化实施的唯一途径就是国家课程校本化。国家课程校本化实施就是学校因地(学校)制宜、因人(师生)制宜，创造性地执行国家课程，反映了课程实施的调适取向和创生取向。具体地说，就是在坚持国家课程改革基本精神与课程标准的前提下，学校根据自身性质、特点和条件，将国家层面上的规划和设计转变为适合本校学生学习需求的创造性实践，包括教材的校本化处理、学校本位的课程整合、教学方法的综合运用和个性化加工及差异性的学生评价等多样化的行动策略。

《义教新课标》将课程性质确定为：义务教育英语课程体现工具性和人文性的统一，具有基础性、实践性和综合性特征。学习和运用英语有助于学生了解不同文化，比较文化异同，汲取文化精华，逐步形成跨文化沟通与交流的意识和能力，学会客观、理性地看待世界，树立国际视野，涵养家国情怀，坚定文化自信，形成正确的世界观、人生观和价值观，为学生终身学习、适应未来社会发展奠定基础。《义教新课标》还指出：英语课程内容的组织以主题为引领，以不同类型的语篇为依托，融入语言知识、文化知识、语言技能和学习策略等学习要求，以单元的形式呈现；引导学生基于对各语篇内容的学习和主题意义的探究，逐步建构和生成围绕单元主题的深层认知、态度和价值判断，促进其核心素养综合表现的达成。

基于上述政策要求和文件精神可以看出，国家课程区域化、校本化实施，体现了区域及学校在国家课程标准的框架下对国家课程创造性地实施的自觉性，这有利于构建出符合学校发展需要和学生发展需要的国家课程具体形态。而在英语教学中，基于主题意义的单元整体教学是整合课程内容、实施深度教学、发展核心素养、落实学科育人目标的有效途径。

(二)依据教学困惑和需求确定研修主题

以顺义区为例，该区小学英语教师团队基于已有的教师培训、课题研究和文献学习等，对单元主题教学有了明显的认识上的提升，但实施效果并不理想，体现在有心动、少行动，有设计、无落实，懂理念、难实践。如何引导全区教师将单元主题教学的开展真正落位于课堂，将立德树人、提高核心素养真正落位于学生，是当前全区课程教学改革面临的一大难题。

为了破解上述难题，研修团队首先对全区部分教师进行了访谈调研，了解他们的实际需求。结果显示，缺少专业自信、教学任务繁重、资源选择困难、校本教研的缺失等是严重阻滞教师们尝试并有效开展单元主题教学的主要因素。同时，教师们也提出了需求，如果能有专业教师团队帮助他们进行基于主题的单元整体设计，能共享多样化的教学资源，可以减轻他们的备课负担，推动课堂实践。

综上所述，无论是教育改革的需要还是教师发展的需求，单元主题意义引领下的课程化实施案例研究是势在必行的工作。教师要本着提高学生核心素养、落实立德树人根本任务的宗旨，以有效提高课堂教学质量为目标，充分遵循语言学习规律，从学生学习英语的年龄特征和实际认知水平出发，切实解决英语教学中存在的教材使用效率不高、学生能力发展受局限、教师的教学方式方法亟须改变等问题。

二、主题研修的目标

研修团队开展主题研修活动，目的在于通过现行教材单元主题意义引领下的课程化实施案例研究，引领教师站在核心素养的高度，基于教材创生课程，改变教与学的方式，实现人才培养目标。

1. 把“提高学生核心素养，落实立德树人根本任务”作为英语学习的目标和归宿。通过创造性地使用教材，研究、探索、再构出基于教材而又适合区域学生实际的单元话题集中、主题意义突出、教学资源丰富、教学活动多样的教学素材汇编，引领一线教师日常英语教学的高效实施。

2. 通过研究，提高教师高站位思考单元整体教学设计以及创造性地使用教材的能力。在探索和使用再构的单元主题教学素材时，能够基于学生实际，聚焦单元主题和课时话题，明确阶段性教学目标，设计有层次、有梯度的教学活动，提高教师的课程实施能力和科研能力。

3. 通过研究，帮助学生建立完整、清晰的知识体系，提升话题谈论与交流表达的能力；在主题意义探究的系列活动中拓宽学生视野，促进思维发展，帮助他们树立正确的人生观和价值观，提升综合人文素养。

三、主题研修的主要内容

围绕研修主题，基于研修目标，研修团队确定了以下四个方面的研修内容。

1. 以北京版小学英语12册教材为切入点，根据每个单元提炼的主题，进行包括教材在内的教学资源重组与再构和系列活动设计，形成单元主题意义引领下的单元整体实施方案。

2. 开发与利用教学资源。寻找、改编、重组、创造适合单元主题意义探究的课内外教学资源，建立对应教材单元的主题资源库，供一线教师分享使用。

3. 探索根据不同单元主题对教材资源进行重组与再构的教学设计方案的具体课时落实与实施的方法与策略。

4. 依据教材单元主题意义探究的内容和活动形式，开展单元作业设计研究，落实课程标准教、学、评一体化的理念要求，引领课程教学改革。

四、主题研修的主要过程

围绕研修主题，基于研修目标和研修主要内容，研修团队在负责人的带领下，制订研修计划，分工合作，开展了三个阶段的研修活动。

(一)厘清目标任务，做好研修准备

1. 收集、整理与研修主题相关的资料和数据。通过对与研修主题相关的研究成果进行筛查、梳理、汇总以及综述，明确了主题研修的切入点和重难点。

2. 撰写主题研修的研究方案、开题报告，进一步明确研究的目标和内容。

3. 聘请专家对主题研修设计进行开题论证。根据专家的建议最终确定研究的内容与路径。

4. 研修团队统一认识，明确研究任务。根据主题研修的目标，参研教师分领课时任务，为后续研究做好相关的准备工作。

(二)立足课堂教学，开展课例研究

1. 集体备课，确定研修单元主题

(1)梳理北京版小学英语 12 册教材 72 个新授单元的主题范畴和主题意义

《义教新课标》明确指出：英语课程内容由主题、语篇、语言知识、文化知识、语言技能和学习策略等要素构成。其中，主题具有联结和统领其他内容要素的作用，为语言学习和课程育人提供语境范畴。由此可见主题的重要性。北京版教材以单元某课时中的主要功能句型作为单元课题呈现，与课标中提到的主题并不是一个概念，也不能反映语言学习和课程育人的语境范畴。因此，提炼单元主题是进行课程再构的首要任务。研修团队成员通过细致的文本分析，经多次研讨和论证，为 1—6 年级 12 册 72 个新授单元提炼了基于教材理解的单元主题和主题意义(见表 5-2-1)，将全套书的单元内容纳入课程区域化实施的整体框架内。

表 5-2-1 北京版小学英语教材六年级上册新授单元主题内容

单元	单元课题	单元主题	主题范畴	主题群	子主题内容	主题意义
Unit 1	What Did You Do This Summer?	Personal Summer Vacation	人与自我	生活与学习	学校生活与家庭生活	学生在日常生活中能够有条理、有逻辑地与同伴分享交流自己的暑假生活，同时了解他人的暑期生活，树立关心他人的意识
Unit 2	What Happened to Your Neck?	Keeping Safe and Healthy	人与自我	生活与学习	健康的生活方式，安全与防护	学生能有逻辑地介绍自己或他人发生意外状况的原因，明确处理办法；在他人发生状况时能给一些建议，提高生活能力和解决问题的能力，并形成主动关心他人健康的思想品质；能够树立“健康第一”的认知理念，增强安全运动意识、自我保护意识以及合理膳食的意识
Unit 3	How Did You Go to Hangzhou?	The Vehicles in Our Daily Life	人与社会	历史、社会与文化	名胜古迹的游览体验，交通工具的发展历史	学生能选择合理的出行方式以及处理特殊事件等，提高外出旅行时保管自己重要证件的意识；在对古今出行方式进行对比和讨论的过程中，了解交通工具的发展对出行的作用，感受创新和发明使社会进步并给人们的生活带来便捷
Unit 5	When Did the Ancient Olympic Games Begin?	Olympic Games	人与社会	文学、艺术与体育	重大体育赛事，体育精神	学生能够增进对于奥运会发展史的了解；同时感受到祖国的强大，增强民族自豪感，体会奥运精神
Unit 6	What Is He Wearing?	Dressing up Approp-riately	人与自我	生活与学习	文明的生活方式	学生能够谈论不同场合、不同职业及不同天气的恰当着装，学会欣赏、赞美他人的着装并提出着装建议；能具备在不同场合恰当着装的意识

续表

单元	单元课题	单元主题	主题范畴	主题群	子主题内容	主题意义
Unit 7	What are the Twelve Animals?	the Twelve Animals	人与社会	历史、社会与文化	身份认同与文化自信	学生能够提升文化意识，丰富文化知识，运用生肖文化解决实际生活问题；辩证地看待中国传统文化对现代生活的影响，发展自己的批判性思维；在日常交际中更加合理与得体地与他人交往，提升人文修养

(2)整理绘本资源，建设相应的资源库

具有丰富内涵的绘本故事不仅可以丰富教学资源、拓宽学用渠道，而且有助于学生深入探究单元主题意义，提升综合素养。为了更好地开展单元整体教学和主题意义探究活动，研修团队为全套教材新授单元整理了绘本资源目录单(见表 5-2-2)。同时，将相关绘本内容和一些上课用的视频、课件等纳入资源库建设。

表 5-2-2　北京版小学英语教材六年级上册新授单元绘本资源

单元	单元课题	可用绘本资源
Unit 1	What Did You Do This Summer?	*Kids' Summer Vacation*
Unit 2	What Happened to Your Neck?	*Healthy Me*；*The Rescue*
Unit 3	How Did You Go to Hangzhou?	*Work Vehicles*
Unit 5	When Did the Ancient Olympic Games Begin?	*Olympic Dreams*
Unit 6	What Is He Wearing?	*Froggy Gets Dressed*
Unit 7	What Are the Twelve Animals?	*The Legend of the Chinese Zodiac*

(3)探索基于主题意义探究的单元整体教学设计的路径、方法与策略

在单元主题梳理的基础上，研修团队着手进行部分单元的整体设计，通过“提炼单元主题—明确主题意义—划分课时、确定课时话题—做好学情分析—制定单元和课时目标—形成单元整体实施思路—规划板书设计—设计教学效果评价”的整体思路，明确了具有区域特点的单元整体设计路径以及不同环节具体操作时的方法与策略(见图 5-2-1)，为课题研究打开了思路。

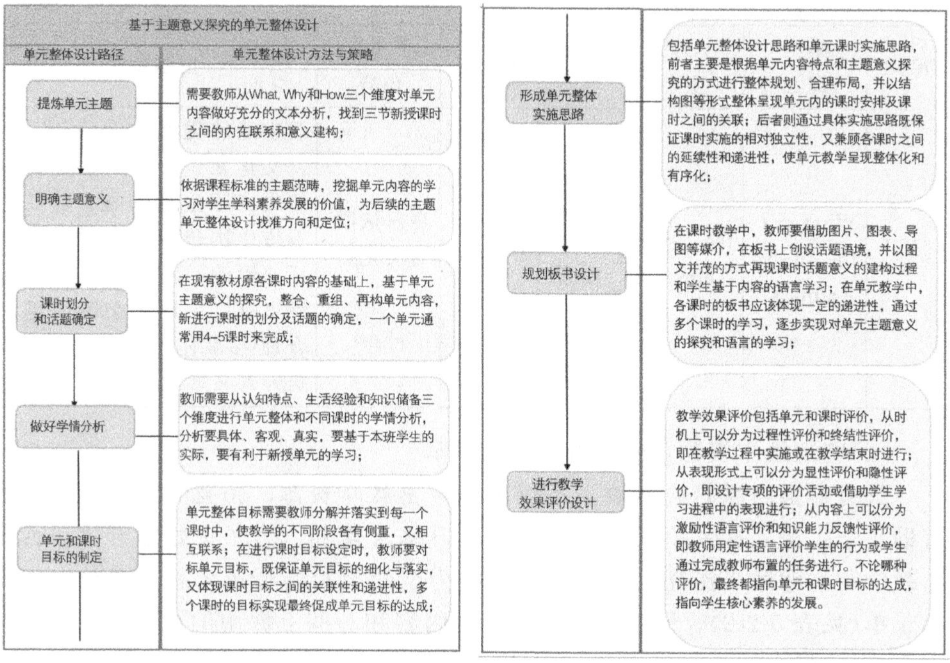

图 5-2-1　基于主题意义探究的单元整体教学设计的路径、方法与策略

(4)探讨单元内三种课型的具体实施思路

基于主题意义探究的单元整体架构研究中，根据教材特点、主题意义探究的需要以及学生认知实际，研修团队梳理出单元主题教学实施中的三种不同课型，即新授课时(对话课时)、复习课时(语言实践课时)和绘本课时，并对三种课型的具体实施思路进行了建构。

①新授课时(对话课时)

现行教材单元式编写体例中，每个新授单元都包括三节新授课和一节复习课。新授课时中，包括对话教学、词句教学(一年级是语音词汇教学)和字母教学(一年级下册)等新授板块，以及歌谣、听力理解、实践活动等练习运用板块。课时教学中最重要、最核心的内容就是对话和词句教学，而词句教学又融于对话教学情境中，包括词句的理解以及语言功能。从篇幅上来看，对话板块占据了课时内容的一半，是其他专题板块加起来的总和；从内容来看，主题情境完整，语言丰富，包含了课时内其他专项训练板块的主要知识点；从主题意义探究来看，撑起了整个课时话题的内涵和外延，并具有融他性。

《义教新课标》指出：教师要以语篇研读为逻辑起点开展有效教学设计。充分认识语篇在传递文化意涵，引领价值取向，促进思维发展，服务语言学习、意义理解与表达等方面的重要作用。因此，教师在进行单元主题教学的时候，不仅要保留单元课时中的对话语篇资源，根据课时对话内容提炼课时话题，还应基于主题意义将课时内容围绕对话教学进行统整和再构，使整节课的教学内容沿着一条话题主线串联起来，再通过有效的活动设计层层深入，从而实现对主题意义的探究。

新授课时又可以称作对话教学课时，实施思路如图 5-2-2 所示。

新授课时
- 1. 课时内容的确定
  - (1)对话板块
    - ①增补对话内容
    - ②改编对话形式
  - (2)词句板块
    - ①对与本课时无关的词句内容进行删除或后置
    - ②对内容单一的词句内容进行活动改编
    - ③对内容含量不足的板块进行补换
  - (3)技能训练(听力、语言实践)板块
    - ①重组
    - ②改编
    - ③整合
- 2. 课时活动的设计
  - (1)整体思路
    - ①主题意义统领，整体设计活动
    - ②语用表达为主，适当关注形式
    - ③引导深度探究，领悟主题内涵
  - (2)具体实施步骤
    - ①对话前：明确主题，激活经验，感知新知
    - ②对话中：学习语言，探究意义，形成认知
    - ③对话后：学习语言，探究意义，深化认知

图 5-2-2　新授课时实施思路

②复习课时(语言实践课时)

依据教材的特点和学生认知实际需要，研修团队在开展单元主题教学时每个单元也会安排一节复习课时，又称语言实践课时。

教材中的复习课时内容安排有两种类型，一种是注重听说读写技能训练，以巩固单元所学内容为主的多板块型，这种类型贯穿 1—5 年级上下册所有教材和 6 年级上册教材；另一种是补充阅读型，只存在于六年级下册教材中。这两种类型的复习课时的内容的处理方式是不同的。多板块型的处理方式一般有两种，一种是拆分替代型，即教师分解复习课时中的全部或部分板块内容，根据匹配度和适宜性分别安排在各个新授课时中，之后在剩余原有板块的基础上重构复习课时的内容和活动；还有一种是改编优化型，即教师保留原教材复习课时内容，但会根据学生的认知实际需要进行部分板块的改编，使其更好地服务于学生对主题意义的深入探究。补充阅读型的处理方式基本等同于阅读课教学，教师根据学生的理解和接受程度，对阅读材料进行加工，或在解读文本时通过课件制作的方式补充相关资源，增加阅读材料的饱满度，激发学生的阅读兴趣，提高学生的阅读理解能力。

③绘本课时

将绘本资源与主教材相融合，不仅有助于丰富教学资源，综合运用相关语言，而且能够补充与主题相关的内容，深化学生对主题的谈论，更好地探究主题意义。教师本人对故事的理解、对文本的分析、对故事多重信息的挖掘、对故事寓意的感悟，直接影响着绘本阅读课的设计与实施，也直接影响着绘本对学生语言能力、思维品质和学习能力等核心素养的培养。为了有效落实学生核心素养，研修团队将绘本课时的实施思路明确如下(见图 5-2-3)。

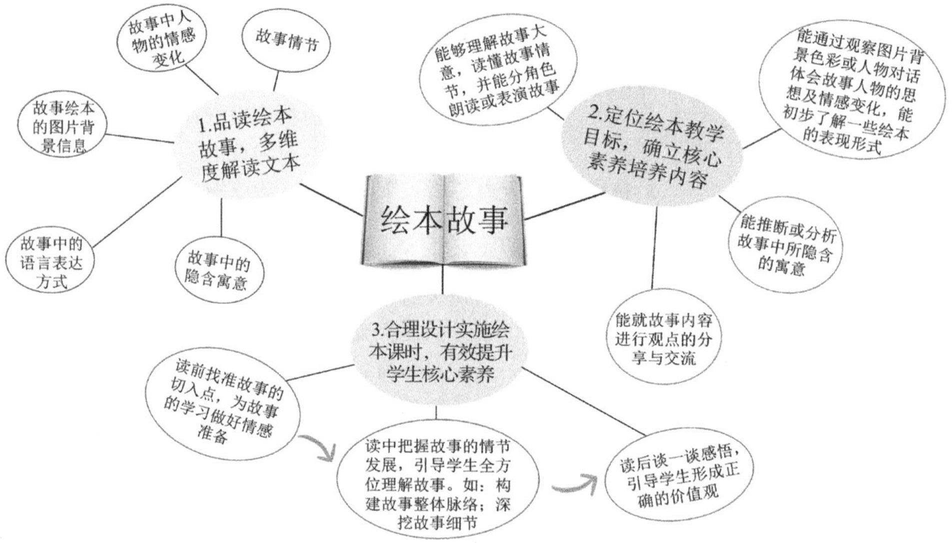

图 5-2-3　绘本课时的实施思路

(5)再构多个单元整体设计和实施思路

北京版教材中的单元是内容单元，要引导学生基于主题、围绕语篇开展系列主题意义探究活动，需要将内容单元再构为学习单元。再构的内容中包括对单元学习主题分析、学习内容再构、学习目标设计、学习活动/任务设计、学习评价设计、单元作业设计和本单元教学特色分析等的具体阐述(见图 5-2-4)。

2. 开展不同层次课例研究，解决课堂教学实际问题

(1)开展研修组内课堂实践

2021 年 9 月，经过暑期一个多月的集体研讨和备课，新学期伊始，主题研修进入了课堂实践环节。课题组成员针对上述单元整体设计与实施方案，根据教学进度进行序列化的课堂教学实施，并在磨课、再备课、再上课的过程中优化单元和课时教学设计，形成较为成熟的基于主题意义引领下的课程化单元实施方案。

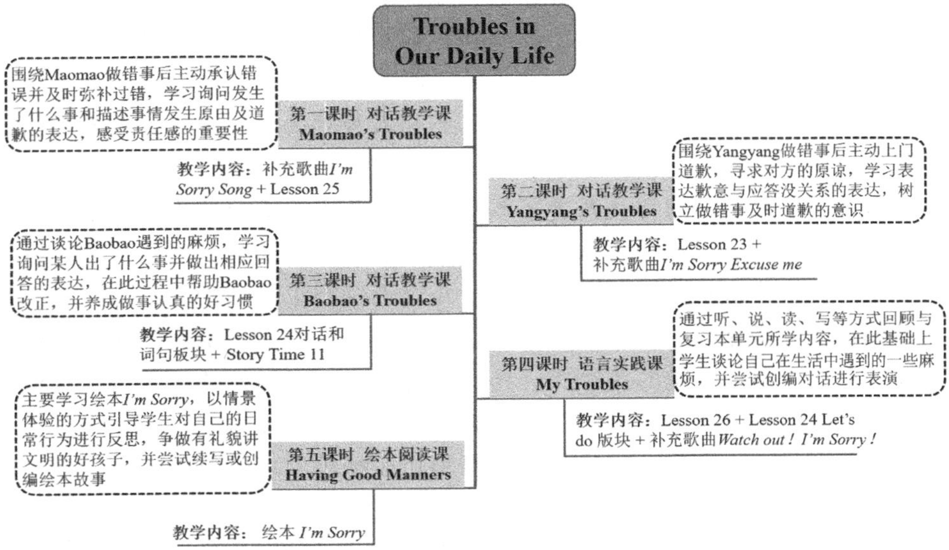

图 5-2-4　部分单元的内容框架再构设计示例

(2)开展区域课堂教学实践

有了相对成熟的设计和课例以后，研修团队的成员以及相关课题校的老师们以单元整体说课、不同课时研究课的方式，将研究成果适时、适地地在区域教研活动中展示、交流和分享，为全区教师提供思路。同时引领全区教师在此基础上进行基于学情的校本化实施，在共性借鉴、个性创生的教研新样态中形成一个单元“1＋N”的多样态课程实施方案。

近三年来，研修团队的老师及其所指导的部分学校的骨干教师在全区教研会上累计进行单元整体说课 31 次，课题组成员累计在市区级研修活动中承担研究课 37 节，取得了良好的实践效果。

(三)研修总结，梳理成果，发挥区域辐射作用

1. 梳理成果，完善研究，撰写研修报告

2023 年 10 月，研修团队申请了成果鉴定。负责人对研究过程和成果的介绍得到了专家的高度认可。

2. 物化成果，推广经验，出版著作并服务于全区教师

(1)出版了《基于单元主题的教学设计与实践研究》

本书由四个部分组成，涉及基于单元主题的课堂教学与实践以及学科教学实践活动两大领域，每个领域均包括研修团队成员的认识与思考以及教学实践案例分享两部分内容。

在基于单元主题的课堂教学与实践领域的第一部分，重点阐述了单元主题教学的内涵理解、设计与实施思路，并配以大量的案例，内容丰富，逻辑

清晰，做到了理论与实践相结合。第二部分选取了实践研究中的四个单元主题教学案例，每个案例既包括单元整体思路，也包括分课时设计。四个案例涉及中高年级，涵盖了三、五、六年级。四个单元主题的选取照顾到了课标中的三大主题语境：人与自我、人与自然和人与社会。这种呈现方式能给更多的一线教师提供可参考的实施建议，使本书读者的收益最大化。

在基于单元主题的学科教学实践活动领域的第一部分，重点阐述了对单元主题下的学科实践活动的认识与思考，分别从实践活动开展的背景、设计与实施、网络体系的构建与课程范例这几方面进行了详细的介绍，并在大量的案例实践与研究的基础上，总结出了单元主题下的学科实践活动设计的思路、遵循的原则、实施的路径等，具有可行性与广泛性。基于中高年级构建的单元主题实践活动网络图以及小学阶段实践活动课程为广大的一线英语教师提供了可借鉴的资料，也为学校的课程建设提供了可借鉴的资源。第二部分选取了 13 篇中高年级单元主题实践活动设计案例，涵盖了北京版小学英语教材 3—6 年级的部分内容。每个活动设计都是一线教师们智慧的结晶，设计中的活动流程图以及详细的活动过程清晰明了，内容丰富，具有可借鉴性与可操作性。

(2)出版了《小学英语单元主题教学设计案例研究》

继《基于单元主题的教学设计与实践研究》一书之后，为了帮助教师们攻克“如何科学确定单元主题、课时话题以及精准进行单元整体框架设计”的难题，以及解决“繁重的教学任务、缺少专业自信、资源选择困难等因素而造成的日常实施不理想”的问题，研修团队精选了北京版小学英语教材 21 个新授单元的整体设计实施案例，收录并正式出版了《小学英语单元主题教学设计案例研究》一书。这 21 个单元整体设计实施思路包括对单元学习主题分析、学习目标设计、学习活动/任务设计、学习评价设计、单元作业设计和本单元教学特色分析等的具体阐述。在话题上既照顾了小学阶段各个年级，也照顾了话题的多样性，具有案例丰富、内容翔实、图文并茂、可读性强的特点。这本书旨在将案例实施经验分享给一线教师，为他们提供可参考的一手教学材料，提升区域教学质量、落实立德树人根本任务。

3. 打造出了一些基于主题意义探究的单元整体设计精品案例

为了引领全区教师科学、合理、有效地开展基于主题意义探究的单元整体教学设计与实施，研修团队将国家课程进行校本化实施，切实提高了教材使用的效率和课堂教学的实效。每学期研修团队都要面向全区进行 8 次(不同年级)的单元整体说课和课时研究课，同时分享说课稿和教学设计及课件。在这个过程中，团队成员对每次呈现的成果都进行了反复的打磨和改良，融入了对课程标准和教材的理解，力求实现学生核心素养培养的落位，也因此形成了多个精品案例，在全市获得了良好的反馈。在2021年北京市第三届京教杯青年教师基本功培训与展示活动中，研修团队成员霍昕彤老师荣获北京市一等奖，梅雨洁老师荣获北京市三等奖。

4. 研制出了不同年级部分新授单元的作业设计

2021年3月"双减"政策出台后，作业的质量受到前所未有的重视。作业作为一种自主的学习化活动，同样承载着全面育人的功能。为了贯彻"双减"精神，落实"提质减负"要求，研修团队将作业设计融入单元整体研究中，并着手建立基于单元主题教学的作业资源包，形成助学案式的单元教、学、评一体化教学设计，丰富了全区师生的资源供给，提高了课堂教学实效。截至目前，研修团队研制出了不同年级部分新授单元的作业设计，在分享给全区师生的同时，多个作业设计获得北京市优秀作业设计一、二等奖。

五、主题研修的实施效果

几年的研究下来，教师们的变化是显著的，体现在观念的更新、方法的掌握、素养的提升和教学实效性的增强等方面。

(一)树立了正确的课程观，有效落实立德树人根本任务

基于主题意义探究的单元整体设计与实施，打破了教师固守的"教材即知识""课本即根本"的观念。引领教师站在单元的高度统整与主题意义探究相关联的课内外教学资源，做到既深挖教材，又不局限于教材，既利用教材的优势，又补齐教材的短板。真正做到创造性地使用教材、活用教材。同时，明确了单元主题教学在"落实立德树人，发展学生核心素养；转变教学观念，提升教师专业素养；优化教材内容，推动学生深度学习"等方面的意义和价值，引导教师逐渐从学科教学转向课程育人。

(二)明确了基于主题意义探究的单元整体教学设计思路

通过单元整体说课的方式，引导全区教师明确了单元主题教学的思路：定位主题内涵是单元教学的前提，探究主题意义是单元教学的主线，聚焦话题是课时活动设计的原则，关联课内外教学资源是目标实现的路径。教师通过分析单元各语篇内容及其联系，挖掘文化内涵，明确单元主题意义；进而根据单元主题意义，梳理和概括与主题相关的语言知识、文化知识，统筹教学，设定单元教学目标；在此基础上，围绕单元主题意义整合课内外学习素材，创设与主题意义密切相关的语境，安排学习活动，促进学生深化对主题意义的理解。总之，单元教学要围绕主题意义，以推动学生对主题的深度学习为主线展开，单元内各多模态语篇不断与主题意义发生逻辑关联，从不同角度丰富或深化学生对主题意义的理解。

(三)提高了教学设计能力与实施效果

教师基于单元主题意义探究的系列活动设计与实施，丰富了学生的资源

供给，增加了学生的语言实践机会，思维的深度参与使学生的核心素养得到了有效的培育，具体表现为以下几个方面。

1. 为了深化主题意义探究，教师围绕单元主题和课时话题，融合和增补了一些课内外资源，并设计了相应的拓展性和实践性作业。学生在课堂学习和完成作业的过程中，通过对多模态语篇的理解、相关资源的查找和思维导图或手抄报的制作等活动，有效地提高了学习和解决问题的能力。

2. 在整个单元教学实施过程中，单元主题和课时话题会以循环往复、递进叠加的方式不断地出现在各个课时中，教师会借助知识结构图或思维导图帮助学生通过系列活动逐一实现对各个课时话题的谈论，并在单元结束时实现对整个主题的整体认知。这样的设计与实施不仅使学生的话题意识逐渐增强，能够围绕话题进行较为丰富完整的多层次、多话轮表达，形成了话题谈论的能力，而且思维的逻辑性、广阔性、深刻性和创造性都得到了有效提升，具备了在真实情境中解决新问题的能力。

3. 在课程的设计与实施中，学生通过对不同单元主题意义的探究，个人的情感、态度和价值观得到正确的引导和有效培育。如在谈论中西方节日时，能通过特色饮食、特有活动、特殊习俗等方面深刻理解节日内涵，感悟、认同与传播中华优秀传统文化，同时更好地理解西方文化；在谈论环保主题时，能够形成尊重自然、保护自然、顺应自然的生态文明理念；在谈论健康主题时，能够意识到养成良好生活习惯的重要性和掌握简单急救措施的必要性等。

总之，在新课程背景下，基于主题的教师研修活动需要根据国家的教育教学政策和所在区域教师教学中的问题及教师发展需要，确定研修主题、研修目标和研修内容，合理规划研修活动。进行基于课例的主题研修活动是促进教师专业素养提升的途径之一，也是保证学生核心素养培养的重要因素。

第三节　信息技术促进英语教师专业发展

中共中央、国务院以及教育部曾多次强调，教育变革要紧跟时代步伐，特别是要推动信息技术与教育教学的深度融合。《义教新课标》在“教学建议”中指出：教师要积极关注现代化信息技术在英语教学应用领域的开发和进步，努力营造信息化教学环境，基于互联网平台开发和利用丰富的、个性化的优质课程资源，为学生搭建自主学习平台。要将“互联网＋”融入教学理念、教学方法、教学模式中，深化信息技术与英语课程的融合，推动线上线下学习相结合，提高英语学习效率。

科技进步使教育技术手段不断更新，为课堂教学带来了更多的发展契机和更实际的挑战。近十年来，信息技术融入课堂，有效补充了小学英语课堂教学的资源及教学手段，弥补了多媒体辅助教学的不足，增强了课堂要素之间的交互性，从而激发了学习者的学习兴趣，极大促进了授课教师深入思考课堂、研究课堂的积极性。信息技术在积极实现以学生为本的可持续发展课堂中起到了富有实效的支持作用。

一、信息技术转变英语教师授课理念

多重信息技术的叠加应用促使教师从传统的“以教师讲授为主”的教学理念向“以学生为中心、注重互动和实践”的教学理念转变。教师需要学会利用信息技术设计更加富有创新性和趣味性的教学活动，以满足学生的学习成长需求，提高教学效果。

(一)尊重学生原有认知的水平和差异

在以往教学中，教师对学生原有认知的了解手段通常是课前问卷、口头调研、前置性作业、抽样问答等。以上信息获取手段不但工作量大、信息整理实效低，不覆盖全体、缺乏反馈的及时性。有的教师忽略学习者之间的个体差异，一份教学教案执教所有平行班级。信息化时代下，小学生获取碎片化信息和个性化学习的渠道很丰富，随着“双减”政策的不断深入实施，学生用来自行支配的自主学习空间得到了释放。所以，在一节英语课的新授环节展开之前了解全体学生的原有认知水平，对于课堂教学的顺利开展很是必要。授课教师借助互动反馈技术可以第一时间调整教学，做到有的放矢。

例如，为了提前了解学生对节日的认知情况，教师设计了这样的信息技术反馈问题：

Question：How many holidays(festivals) do you know?

Options：A. 1—3　B. 4—6　C. 7—10　D. more than 10

反馈结果见图 5-2-5。

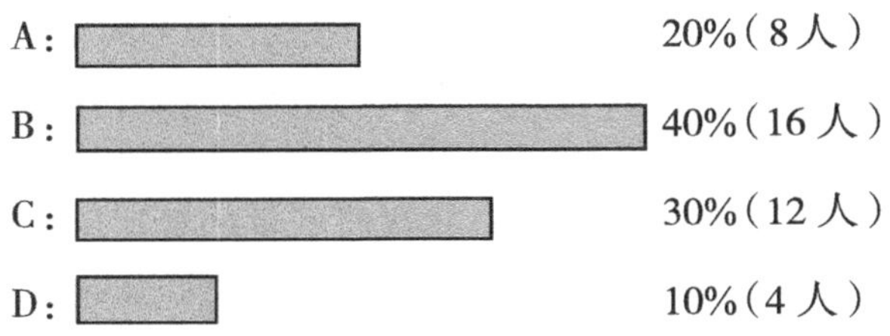

图 5-2-5　“节日认知”反馈结果

通过反馈结果，教师可以直观获取学生原有认知情况，全班 40 个学习个体当中有 20%的学习者能用英语说出的节日名称数量局限在 1 至 3 个；有 40%的学生可以用英语说出 4 至 6 个节日名称；30%的学生能够知道 7 至 10 个节日的名称；有 10%的学生能够用英语说出超过 10 个节日名称。从数据的分布来看，学习者的认知呈现明显差异，直接按部就班实施原有教案是不适合的，这就要求授课教师在教学实施过程中更加关注学习过程中可能出现的因原有认知不同而导致的学习难点变化。借助信息技术的统计功能，教师在短短几秒内捕捉到下一步教学重点、难点的确定和策略调整的课堂依据。将本节课原教学教案进行微调，加入了以"节日"为核心词的"小组词汇头脑风暴"游戏，既能关注到不同发展层的学习者的差异和信息交流，又能在临时添加的游戏环节不着痕迹地缩小学习个体之间的信息差。

借助信息技术及时统计也可以弥补异地授课、借班授课、新教师授课对学生生活经验了解的不足。比如在中年级教学当中"餐厅点餐"的情景复现是小学英语课堂常见的活动布置，学生没有生活实践就不可能顺畅地进行实践学习。在上课前授课教师预设了如下调查问题：

Question：Have you ever ordered at a restaurant?

Options：A. Yes.　　B. No.　　C. Other.

反馈结果见图 5-2-6。

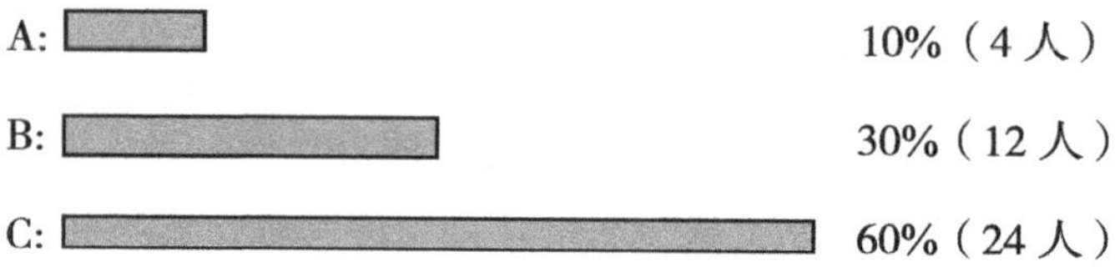

图 5-2-6　"餐厅点餐"反馈结果

出乎教师预想，反馈数据显示：班级 40 名学生中仅有 10%的学生有在餐厅真实点餐的经历，而更多的学生没有在实际场景中体验过点餐。数据反映出的问题是什么呢？通过进一步的访谈了解，英语老师豁然开朗：新冠疫情防控期间，学生居家学习的时间比重较大，日常生活行动范围也由于多种原因不能向外扩展，没有在公共场所消费和就餐的机会。这就解释了为什么有如此之多的学生没有相关生活体验。那么，另有 60%的学生在 C 选项驻足，其原因何在？通过学生的解释得知，学生足不出户便可以自行利用手机中的外卖 App 进行餐食点单。基于以上分析，教师首先要解决的问题是新授课对话部分对于功能句使用的情景再现，其次将正常的餐厅用餐流程向学生进行简单演示。以此来引导学生正确使用功能句。试想，如果教师在面对陌生班级新授课之前没有获得相关反馈，仅凭教师已有经验想当然地授课，课堂活动会是怎样的结果。

（二）信息技术助力学生主动思考

"玩"和"动"是孩子的天性，在动手当中积累经验获取知识是学习的重要途径，小学生尤为如此。信息技术参与下的课堂加入了更多"玩"和"动"的元素，增强了学生的学习体验感并给予学生更多主动思考的机会。例如，在进行词汇记忆方法训练时，授课教师在交互式电子白板上呈现出字母“h”，学生不明所以，专注地观察教师下一步操作。教师在其后面补充了字母“e”形成了单词“he”，并且说道：“I have a magic letter, it can grow up to be a new word ‘he’. Can you follow me and try to add some letters?”学生被老师的做法吸引纷纷举起小手尝试……

传统课件互动不足，线性地体现课堂实施流程而忽视了学习者的个性化学习需求，而交互式白板课件既能体现学习内容，又能发挥学习资源的平台生成作用。当学生的内心思考外化于行为表现时，他们也学起老师的样子尝试添加一个字母或多个字母从而产生新的单词。例如，一个学生用手指在屏幕上自由书写“r”将“he”变成“her”并说道：“I have a magic letter, it can grow up to be a new word ‘her’. Can you follow me and try to add some letters?”

信息技术参与下，交互式电子白板上清晰呈现了发音相近、词形相近的单词的变化。在学生间进一步交流之后，很多学生受到启发、展开联想，丰富了背单词的途径和词汇学习视角。在此过程中，教师变成了课堂活动的引导者，教师角色调整为学生学习活动的观察者，完成了课堂主体地位的转化。

（三）信息技术帮助学生在思维碰撞中完成知识构建

当高质量的信息技术与教育教学的应用深度融合，教师可以看到学生真实经历知识构建的过程，思维的训练也愈发显得有效率。

众所周知，围绕教学内容展开对教学目标体系的细化分解，是对小学英语教学进一步细化、可操作、可评价的结构性概括。比如：在进行北京版小学英语教材二年级下册第六单元“Which season do you like?”教学时，教学目标的分析表格见表 5-3-1。

表 5-3-1　“Which season do you like”教学目标分析表

知识维度	学习内容	认知过程维度					
		记忆	理解	应用	分析	评价	创造
事实性知识	动词与词组	√		√			
	核心句型		√	√			
程序性知识	了解相关季节的活动		√				√
元认知知识	提升对生活的热爱					√	

针对学生学习内容，教师融入信息技术设计了五个连续问题，辅助学生形成并完善思维构建体系。

问题一（知识反馈）：I can ________ and ________ in spring.

A. plant trees　B. pick fruits　C. have picnics

问题二(知识反馈)：I can ________ and ________ in autumn.

A. plant trees B. pick fruits C. have picnics

问题三(认知导学)：What's Sara's favourite season?

A. Spring B. Summer C. Autumn D. Winter

问题四(知识反馈)：In which activity can you move on the snow?

A. ice-skating B. swimming C. skiing

问题五(终结评价)：What's your favourite season?

A. Spring B. Summer C. Autumn D. Winter

反馈问题一、二是知识反馈类型的问题，设计目标是检测学生是否能够理解“植树”“摘果实”“野餐”的使用，侧面帮助学生理解一些发生在特定季节的活动。第一个问题选择时，全班40名学生仅仅有23名学生选择正确，一部分学生没有考虑到大部分果实成熟的季节不是春季。教师通过视频和图片呈现秋收果实累累的景象引导学生自我纠正，紧跟着第二个问题的反馈就呈现了100%的正确率。可以说，信息技术在学生认知形成过程中的同步参与，精准定位了小学生的知识薄弱点，为教学扫清了障碍。反馈问题三是认知导学类型的问题，设计目标是激发学习者对教材中同龄人的兴趣。在反馈过程中，教师可以借助学生反馈数据了解不同学习者的语言表达差异，从而在后续练习中做出适当调整。反馈问题四也是知识反馈类型的问题，它的作用在于帮助学生区分单词含义。部分学习者年龄小，学习经验不足，知识积累不扎实，容易出现理解和记忆偏差，授课教师借助信息技术手段对比纠错，帮助学生正确强化记忆。此题28%的学生选择错误，教师适时停下教学脚步，增添了“游泳”“滑雪”“滑冰”的词汇训练，并且补充了图词相连的交互性白板游戏，有效帮助了这些学生，为接下来的整体准确输出扫清了词汇表达障碍。反馈问题五属于终结评价类型的问题，其目标定位在让学生对自己喜爱的“season”有清楚的认知，通过有感情的朗读或介绍加强学生感受对多彩四季的喜爱，此目标的达成形成了学生学习与教师设计的闭环。

在以上案例中，信息技术课堂反馈问题的使用是有积极意义的，其意义在于技术发挥了宏观统整作用，在教、学、评一体化的完整设计中，帮助教师把握了教材内容的特点，帮助学生在自有基础之上合理参加学习活动，帮助课堂生成真实精准的学习效果反馈数据，实现了学习目标、学习过程、评价实效的一致性，从而促成了教学目标的顺利达成。

二、信息技术为教师减负

信息技术应用于课堂教学已经步入“2.0”时代，大面积普及现代化教育技术的同时，教师信息素养也得以不断提升。应用信息技术可以帮助教师减少一些重复性的工作。例如，利用电子备课系统可以快速生成教案，利用教学资源库可以方便地获取大量教学资料，减少教师备课的时间和精力消耗，让教师有更多的时间和精力关注学生的个体发展和教学质量的提升。

信息技术对于教学的意义远远不是教学硬件的更新，更多地是化繁为简的课堂实用理念。在讲授北京版小学英语教材三年级下册第二单元"I like the shape"时，单元整体备课中设计了学生喜欢的实操环节"use the shapes to make a thing"。传统教学环节通常是使用实物教具为学生演示，学生全员动手操作机会有限，教师教具固定变化少，课堂活动新奇感不强。借助交互式电子白板这一信息技术综合平台则可以解决这一难题，不但大大节约了英语教师综合利用多种软件制作合成课件的时间，也打破了学生个体之间学习成果交流的壁垒。计算机辅助教学制作线性使用的"走流程""流水账"课件，更多体现的是课件的展示性。而运用交互式电子白板制作课件不但耗时短，还可以随机添加所需要的教学资源。学生使用"智能笔"功能在白板上边讲解边呈现"robot"，"图片导入""白板漫游""颜色更换""图片克隆"等操作一气呵成，不到一分钟，学生作品就跃然"纸"上。对于学生在课堂当中的生成性作品，教师随时借助多媒体功能进行抓取和保存，这些成果是今后教学的珍贵资源。

教师在课件制作中节省出的时间，可以合理安排到学生作品分享的环节当中。学生的学习实效与教师的教学实效同时在信息技术的加持下得到了充分保障。

三、信息技术应用促进教师理解和把握教材

通过信息技术，教师可以更便捷地获取各种教材解读和教学资源，深入理解教材的编写意图和教学重点难点。同时，教师还可以利用信息技术进行教学资源的整合和创新，设计出更符合学生实际的教学方案，提高对教材的把握能力。

想要设计出优质的课堂反馈问题，教师需要真正理解和把握教材，这样才能使教学活动的目的性更清晰。例如在讲授北京版小学英语教材五年级上册第三单元中国传统节日中的"The Dragon Boat Festival"一课时，教师设计了"talking about Qu Yuan"的连环问题，分别解决了词汇理解、文本理解与表达的问题。

Question 1：Qu Yuan was born in Chu. He loved his country very much.

Options：A. country means "村子"　B. country means "国家"

Question 2：How do you think of Qu Yuan? He's ________.

Options：A. a great hero　B. kind　C. other

教材文本以对话形式呈现端午节节日的介绍，但是对屈原的介绍则是出

现在单元复习课的尾声，研读教材之后为了激发学生学习的渴望，授课教师引入了该节日的来历用以提升学生的兴趣。通过以上两个连续问题的解答，学生经历了记忆—理解—应用—评价的认知构建过程。

四、信息技术应用提升教师课堂驾驭水平

信息技术的运用要求教师具备一定的信息技术操作能力和课堂掌控能力。教师需要熟练掌握各种教学软件和工具的使用方法，能够在课堂上灵活运用，确保教学过程的顺利进行。这有助于教师提升课堂的组织和管理能力，更好地驾驭课堂。

对比教师信息技术的实际应用，突出的问题往往不是在技术的操作与使用环节，而是发生在课堂问题解决过程当中教师对于课堂的有效调控。除了知识学习，课堂突发情况也可以成为信息技术发挥调控作用的契机。小学英语课堂当中的“成果展示”是学生最爱抒发己见的环节，在学习北京版小学英语教材四年级下册第二单元“What's the matter with you?”单元复习时，有连续多个小组展示了自编对话，但在对话内容均没有出现语言使用错误的情况下却得到了来自其他组小伙伴的“差评”。课堂氛围一下子紧张起来，不服气、委屈等多种情绪一触即发。教师立刻借助信息技术手段来了一次“摸底排查”，教师提出问题：What do you think of their presentation? 学生们安静下来认真作答。26％的学生认为展示的小组没有问题，54％的学生认为还可以更好地展示，20％的学生认为糟糕透了。接下来教师增加了“个人评价”环节，让学生举手发言，教师了解得知学生对于小组展示的对话有着更高的评价标准。比如，学生 A 认为，既然是表演看病就医，就该把肢体动作加上；学生 B 认为，医生为病人出诊应该严肃，刚才表演医生的同学给骨折病人治病时笑了；学生 C 认为，医生面对病人应该有耐心、轻声细语……

教师借助信息统计的优势及时抓住了语言学科的常见问题，和学生共同经历了展示环节的评价修改，应对课堂突发问题处理得当，还在学习语言的同时提升了人文素养。

五、信息技术为英语教师专业成长创造便利

信息技术提供了丰富的学习资源和交流平台。教师可以通过在线学习课程、参加网络研讨会等方式不断提升自己的专业知识和教学技能。同时，与其他教师的在线交流也能促进教师之间的经验分享和共同进步，为教师的专业成长创造便利条件。

通过前面多个案例的阐述，我们不难看出，在教师与学生课堂双主体的交流互动环节中，教师也获得了专业成长。为了更好地实现信息技术与英语

学科的深度融合，取得更多的课堂应用利好，授课教师不但着眼于课堂技术的使用，更加期待 AI 技术所带来的专业成长体验。前沿教育教学方法除了通过文献检索获取，英语教师还可以利用自身学科优势与 Chat GPT 在线对话进行答疑。日常搜索备课图片需要海量筛选，耗时又费力，AI 图片可以根据教师的需要进行个性化生成，大大方便了教学。

总之，在时代赋予教学技术不断更新迭代的背景下，信息技术在小学英语课堂教学中像一只无形的手助推教师们不断探索和丰富课程观、教学观、评价观，在教师与学生课堂双主体之间达成和谐共进的良性关系，从而促进教师专业发展，优化核心素养落位课堂教学的效果。

第四节　教学反思助力英语教师专业发展

美国学者波斯纳曾经提出过一个教师成长的简要公式，即：经验＋反思＝成长。这一公式说明，没有反思的经验是浅显的、狭隘的，只有经过反思，教师原有的经验才会不断地处于被审视、被修正、被强化的状态，这样的经过思考、提炼的教师经验才能最终推动教学的实践创新，促进教师的专业发展。

本节内容讨论小学英语教师反思教学的相关问题，并通过呈现和分析不同阶段的小学英语教师的反思案例，说明教学反思在教师专业发展过程中的重要作用。

一、教学反思的内涵和意义

杜威认为，教学反思是对任何一种信念或者假设性知识，按照其所依据的基础和基于此导出的结论，进行主动、持续和周密的思考(Dewey J.，1993)。赵明仁提出教学反思是指教师在复杂的教学情境中，对教学行为及其背后的理论和后果进行反复的、持续的、周密的思考，从而赋予教学实践以意义，寻求改善实践可能方案的过程(赵明仁，2009)。李宝荣从英语学科教学的角度，从教学反思的技术和策略维度提出，教学反思是教师以自己的教学过程和学生的学习过程为思考对象，对自己课堂教学前、中、后所做出的教学判断、教学决策、教学行为以及由此产生的结果进行审视和分析的过程(李宝荣，2010)。

教学反思对教师专业发展具有非常重要的作用和意义，其“最根本的就在于通过对教学实践的关注，经过教师探究式的思考与行动，在教师主动的建构中获得成长。与能力为本的教师学习取向不同，教学反思把教师置于专业发展的核心地位，承认教师个人知识在改善教学实践、促进教师专业发展中的作用”(赵明仁，2009)。这说明，教学反思也是依据个人知识和教学实践主动建构的过程，是对教育教学经验的重新组织和重新建构。教师在面对教学材料、学生能力和认知基础、学生个性特征等方面存在差异的情况下，及时反思自己的教学，遵循因材施教的原则，有区别地制定或者适时调整教学目标、设计教学内容、控制教学进度、变换教学方式，从而使每一个学生在最适合自己学习的环境中得到最佳发展，获得成功的体验，最终让不同层次的学生都得到充分发展(顾立宁、施嘉平，2016)。

二、小学英语教师反思教学的结构和方法

小学英语教师反思教学的结构主要涉及反思的内容、层次、过程和类型。教师反思教学的方法大致可以分为自我反思、对子反思和小组反思(Thomas S. C. Farrell，2013)。明确教学反思结构和方法可以帮助教师从宏观上把握教学反思的层次和过程，识别和审视自己的反思状态，从而在反思中自觉应用各种方法促进反思能力的提升。

(一)小学英语教师反思教学的结构

通过分析小学英语教师教学反思撰写的常见问题可以发现，未经干预的小学英语教师撰写的教学反思体现出一个较为明显的特征：教师都以“点式总结”为主，即以较为模糊的语言来概括各种教学现象及它们之间的关系，主要形成的是对现象表层而非深层理论的认识。教师的教学反思还仅仅停留在技术层面，停留在通过用自己的语言来描述具体的事件和对事件发生原因的一些较为模糊的思考上。有些教师可能会进一步提出自己教学过程中的困惑和问题，并客观地对问题和问题情境进行细致的描述，尝试思考问题出现的原因等。这些“点式总结”和“问题描述”虽然不能称之为真正意义上的教学反思，但却是教师尝试反思教学的第一步。

教学反思的内容可以分为教师、教学过程、学生和学习环境四个维度。教学反思可以分为技术性反思、理解性反思与批判性反思三个层次(赵明仁，2009)。托马斯·S.C. 法雷尔(Thomas S. C. Farrell)提出，教学反思的三个层次分别为描述性层次、观念性层次和批判性层次。两位学者的观点基本一致。其中，描述性层次是最基本的层次，主要围绕教学过程中所观察到的教学行为和学生行为进行描述，但缺少相应的分析；观念性层次指教师会基于对自己教学实践的记录、描述和简单分析，探索有效的实践模式和教学方法，包含对实践的描述和理性思考；批判性层次则是更高层次的反思，包含教师对自己实践的解释，以及教师在社会大背景下对与自己实践有关的道德、伦理、社会、政治等问题的反思。申继亮也提出了教学反思发展的阶段包括：自发性反思、理性反思和发展性反思(申继亮，2006)。对于新手型教师和入职

一到三年的教师而言，反思多聚焦在描述性层面，处在构建教学知识体系的初期阶段。反思的过程经历从发现、描述到诠释和行动。教学反思的类型可以分为教学中反思和教学后反思，而教学后反思又分为对教学的回顾、对教学的研究，以及对教学的再理论化三种类型(赵明仁，2009；Thomas S. C. Farrell，2013)。

对于教师反思教学的内容而言，教师初期的教学反思更多围绕教师自身和教学过程展开，比如反思自己在教学目标的设计方面是否合理，在教学环节和教学活动的设计上是否有层次性和逻辑性等；经历对教师自身和教学过程的关注后，教师反思教学的内容逐渐转向对学生和学生学习的关注，如教师会关注“我”的课堂学生的参与情况怎么样，关注学生的学习过程是怎样的，等等。对于教师反思教学的层次而言，新手教师的教学反思更多集中在技术层面，聚焦在教学的具体方式方法上的精细化；经验型教师的教学反思更多集中在理解性反思层面，会更加关注教师个人的价值观、教学信念等，而对于学生的关注会进一步增强，不仅会关注因为教学方式方法改变而带来的学生学习成绩、学业成就等的变化，而且更加关注学生的身心发展。对于教师反思教学的过程而言，教师在反思初期更多聚焦个人教学中的问题，进而对问题进行较为详细的描述，并尝试提出解决问题的方案；随着时间的推移，教师反思教学的过程就会从对问题情境的描述、对问题的逐步聚焦，发展到对实践的解释和分析，更加理性地看待教师的信念、价值观和实际行动之间的关联。就教学反思的类型而言，教师主要进行的都是教学后反思，而新手型教师所进行的教学后反思又主要聚焦在对教学的回顾和初步对教学的研究两种类型上。可以看到，在教学反思的内容、层次和过程上，不同教学阶段、不同教学水平的教师会表现出本质的差别。

(二)小学英语教师反思教学的方法

教师可以对自己的教学进行反思和分析，也可以对公开课、观摩课、比赛课等他人的教学进行分析和反思。教师可以进行自我反思，也可以和同事、指导教师共同讨论教学，还可以是一个学校或者不同学校的一组教师为提高教学质量，以学习共同体的形式进行共同反思。因此教师反思教学的方法大致可以分为：自我反思、对子反思和小组反思。本节聚焦有关自我反思的方法。从反思的实践工具角度，本节主要讨论教学日志、课程教学报告、案例反思的方法等。

三、小学英语教师的课后自我反思

课后的自我反思具体是指课后教师在一定的教学理念的指导下，对整体教学设计和教学实施的过程进行回顾、总结和思考，总结教学过程中的有效经验和做法，或发现教学过程中的关键问题，并记录相关经验和问题的写作过程。课后自我反思有着非常明确的目标指向，即教师的教学设计和教学实施。

（一）教学日志

教学日志是在职教师或职前教师对于教学事件的书面反馈，可以记录课堂中发生的事件和想法，也可以记录教学设计和实施过程以激发对教学的感悟（Jack C. Richards、Charles Lockhart，2017）。简单一点说，教学日志就是教师针对自己的教学进行的经常性或者有规律的记录，可以记录对教师的教学理念、教学内容、教学过程、教学方法的思考，也可以记录教学中的突发事件等（Thomas S. C. Farrell，2013）。撰写教学日志对于教师而言是一种非常便利的方式，教师可以在每节课的课后或者每天结束教学工作后撰写，也可以每两三天撰写一次。总之，有规律地撰写教学日志并长期坚持至关重要。

有关课堂教学日志撰写的内容，杰克·克罗夫特·理查兹等学者给出了如下的建议：可以是我们课堂教学中的常规有意识行为；我们与学生的谈话；课堂突发的紧急事件；我们作为教师的个人生活；我们的教学信念；我们认为对我们教学有影响的课外事件；我们关于语言教学和学习的观点等（Jack C. Richards、Charles Lockhart，2017）。

下面是一位教师撰写的教学日志的部分内容。

【课堂情境描述】2019 年 5 月 14 日，我为本校三年级（2）班的孩子们上了一节北京版小学英语教材的新授课。在导入环节，我使用了歌曲 *Happy Father's Day*，目的是帮助学生复习前两课出现的与父亲节相关的词汇（如“Father's Day”“kiss”“hug” 等）。听完歌曲提出问题“What is this song about? When is Father's Day?”，帮助学生复习相关内容。

【问题反思】首先，从教师教学设计角度看，歌曲契合主题，能够达成复习旧知、引入新知的目标。其次，从学生反馈角度看，学生跟唱歌曲的积极性不高，三年级学生对于“Father's Day”已经有了自己的生活经历和理解，所以本环节设计与学生的生活实际联系不强。

【问题解决】三年级学生对于歌曲已经不是特别感兴趣，对不同主题有了初步的个人思考。学生对于“Father's Day”已经有了一定的生活经历，导入环节可以采用“Free talk”的形式进行，结合学生的生活实际，问一问学生“What did you do for your mum on Mother's Day? Did you give her a kiss or hug?” “Father's Day is coming. When is Father's Day? What will you do for your dad?”等，并给学生提供一定的语言表达形式作为参考，这样学生就可以结合生活实际说明自己的真实想法，从而更好地达成教学目标。

这位教师展示了她运用教学日志记录自己开展的教学活动和反思。教师从教学设计和学生反馈两个角度分析教学活动设计上存在的问题，并在此基础上尝试提出自己的解决方案。持续地、有规律地撰写教学日志可以帮助教师反思和检查自己的教学，这也是教师专业发展的起点。

(二)课程教学报告

课程教学报告是可以帮助教师回忆课堂教学、描述课堂教学过程主要内容和特点的一个结构清晰、内容详尽的清单或者表格。撰写课程教学报告可以帮助教师迅速回顾本课程讲了什么内容、包含哪些模块、课程效果如何等；具体到一节课可以是本节课的教学材料分析、学生分析、教学目标设计、课堂活动设计、教学评价方式等(Jack C. Richards、Charles Lockhart，2017)。如下是一位入职一年的教师在公开课后，第一次通过撰写课程教学报告来反思自己的教学(见表 5-4-1)。

表 5-4-1 北京版小学英语教材一年级下册第二单元第 5 课程教学报告反思案例

序号	教学环节	教学活动	亮点	改进建议	反思
1	What do you do in the morning?(歌曲导入)	通过刷牙、洗脸等动作，学生基本了解本课功能句“What do you do in the morning?”的含义	1. 歌曲契合主题 2. 带着任务听歌曲，鼓励学生输出 3. 分组巧妙(按照动物 bee、tiger、cat、dog 等分组)，既复习了单词，也为后面讲解重点短语“go to the park”做铺垫	评价方式更加注重公平公正，每个动物图片都应该大小一样	涉及的词组“brush my teeth”等较难，让学生主动说出来难度太大，可以考虑配图让学生指认单词；也可以将“brush my teeth, wash my face, comb my hair”编成歌谣，加深记忆
2	观察课文图片 1	利用 PPT 依次呈现场所、人物、活动，引导学生观察图片，预测内容	1. 通过引导学生观察图片上的闹钟，引出“in the morning” 2. 通过引导学生，自然地过渡到课文，让学生明白为什么 Lala 说 Maomao 是“good boy”，同时也对学生渗透了德育教育	“good boy”可以贯穿本节课的课堂口语评价，加深学生对它的理解	要更加灵活地运用课堂用语，充分利用课文中出现的短语

续表

序号	教学环节	教学活动	亮点	改进建议	反思
3	观察课文图片2	不出示字幕，让学生整体把握课文，锻炼学生抓关键词的能力	图1到图2的过渡，添加了一张Maomao吃早饭的图片，然后Maomao在准备出发上学之前问Lala：What do you do in the morning?	提问方式需要修改，以便于学生理解	对于问题“Can you guess if Maomao want to know where dose Lala go，what will he ask?”，学生理解起来有一定难度
4	重点词组讲授	出示重点词组	由“park”到“go to the park”到“I go to the park”，本着由简单到困难的原则，符合学生认知特点	不必每次都拆分，固定短语也可以整体记忆，注重语块的学习	要根据短语特点灵活变通，不用每次都拆分
5	角色扮演	学生进行角色扮演，整体输出对话	注重语言完整性与学生实际获得，发现表演的学生有个别单词读得不准确及时纠正	在角色扮演前教师应该给学生规范语言，“I want to be Maomao …”，让学生用英语进行真实交流	在角色扮演之前要让学生指读课文，提高学生认读能力
6	情境创设	对课文进行延伸，创设Lala去公园遇见许多动物朋友的场景，Lala问它们“What do you do in the morning?”	引起学生兴趣，复习了一年级上册的重点动词，同时通过做一些动作唤起学生旧知	这一部分问题较大。Lala问小鱼“你在早上做什么”，小鱼回答“swim”太过于生硬，实际上小鱼一整天都在游泳。可以把小鱼游泳设计成“在开车”，恰巧复习了重难点短语“drive the car”	建议提得很好，这一部分按照原来课上内容讲确实有些牵强

续表

序号	教学环节	教学活动	亮点	改进建议	反思
7	单词学习	出示本课的新单词“grapes，fox”等	自然过渡，利用实物引起学生注意力，通过变化音调等多种方式读单词	教师示范要到位，要给学生播放音频，听原音	忘记播放音频，应更加注重单词读者的准确性
8	字母学习	利用字母操让学生在学单词过程中自己总结“F”和“G”的发音，然后教师示范正确书写	字母操能够充分调动学生的热情，同时也帮助学生牢牢记住字母的发音，还拓展了他们的单词量	描完字母的学生可以举着手默读单词，等着没描完的同学，同时可以通过倒计时的方式来规定时间	建议中提到的内容非常好，现在已经应用到了自己的常规课上。学生写字速度不一样，让写完的学生举手默读可以防止学生精神涣散出现走神的情况
9	总结	学生齐读课文、字母和单词	复习所学，巩固知识	可以将课文展示到PPT中，教师指着让学生齐读	要记得回归课本，打牢基础

这是一位教师在公开课后通过表格的形式梳理形成的一个相对完善的关于小学英语对话课教学报告。这位教师能从课堂教学中学生的表现出发，结合自己的目标、环节设计，用简要的表格、质朴的语言描述教学过程中学生喜欢的活动和出现的问题，并在此基础上反思原因，及时记录优势和不足。这只是一位教师在第一次公开课后对一节课所做的粗略的课程教学报告形式的反思，对本节课教师执教的对话教学，教师还仅是从教学步骤入手，梳理了优点和不足，但缺乏对对话教学目标、整体教学框架或环节的思考，例如缺乏对基本的教学环节(如导入、呈现、讲解、巩固、实践、复习总结)的把握等，这些内容教师均可以在后续的课程教学报告中进一步完善。

这样相对完善的课程教学报告也是教师进行自我反思的一种工具。教师在准备自用的模版时，可以根据不同课型(对话课、阅读课、读写课等)的特点给出列表或者清单。课程教学报告不仅契合新手型教师的特点，对于经验型教师也极易上手且能够非常有效地提升教学设计和实施能力。

(三)案例反思

教学案例是对一个真实的教育教学活动的描述，是教师围绕教学中某个引起教师关注的事件或问题而撰写的。教学案例要突出一个鲜明的主题，包含对事件/问题发生的背景的描述，也包含对案例的分析以及分析基础上的反思。案例背景主要描述本节课是在什么背景情况下实施的，教师所描述的教学案例源于课堂教学实践，是课堂教学实践的再现，可以是课堂教学实录，也可以根据案例主题适当对课堂教学实录的信息进行加工，有所取舍和侧重，以突出案例主题。案例分析一般包含教学材料分析、学生分析、教学目标分析、文本分析、教学设计思路分析等，也可以就典型的教学事件或问题进行重点、深入的分析，以突出案例主题。案例分析是整个案例反思过程中的关键，教师要对自己教学实践中产生的问题进行深入的解释和分析，在此基础上提出新的解决方案，在新一轮的教学实践中对方案予以验证，然后对验证的情况再做反思，经历“教学设计—教学实施—教学反思—教学再设计—教学再实施—教学再反思”的过程。

请看下面关于北京版小学英语教材五年级下册第六单元“What will you do in the future?”第19课的反思案例。

【第一次实践】在对话课教学的呈现新知环节，教师先将两段对话的音频进行整体输入，让学生了解对话大意，对对话内容有整体感知。在两段对话的学习中教师设计了以下问题：What will Mike be in the future? What will Baobao be in the future? What should Baobao do to be a professor? 学生带着问题学习对话后进行整体跟读对话、分组朗读对话、分角色扮演等活动，完成对话学习。

【第二次实践】两段对话的学习中，教师通过设置不同的问题引导学生积极思考。学习完第一段对话后，教师提出问题：Mike will be a pilot in the future. What about Baobao? What will he be in the future? 通过增加过渡语将两段对话间的逻辑性体现出来，从而吸引学生的注意力，使其更专注地获取第二段对话的信息。在第二段对话学习的过程中，教师继续提出问题：What should Baobao do to be a professor? If he just plays computer games everyday, will he be a professor? 学生带着问题听第二段对话，提取关键信息。之后进行整体跟读对话、分组朗读对话、分角色扮演等活动，并在此过程中增加可视化思维工具即表格的设计，帮助学生获取与梳理 Baobao 想从事的职业和应该如何做，总结的过程中教师设置开放性问题“Mike will be a pilot in the future. What should he do to be a pilot?”，引导学生要为理想职业的实现付出努力。

【对比与分析】在第一次的教学实践过程中，教师在两段对话的教学中设计的问题都能通过听力材料直接获取答案，但问题类型过于单一，仅局限于对学生听力能力的训练，而没有给学生提供主动思考的机会，因此没有充分调动学生参与课堂教学的积极性，学生的学习兴致不高。经过反思后的第二次教学实践，教师首先通过给两段对话间增加过渡语“Mike will be a pilot in the future. What about Baobao? What should he do in the future? ”，使学生对两段对话间的逻辑关系有了更清晰的认识，教学内容更有层次性，也在一定程度上降低了学生的学习难度，课堂教学更加流畅。其次，在第二段对话的学习中，教师提问“What should Baobao do to be a professor?”时增加了假设性问题“If he just plays computer games everyday, will he be a professor?”，引导学生思考，同时对下面对话内容的呈现做铺垫，在吸引学生注意力的同时，引导学生更专注地通过听对话获取关键信息。并且教师在对话教学的过程中通过增加可视化思维工具引导学生对Mike和Baobao想从事的职业和应该如何努力进行梳理和归纳，通过“What should Mike do to be a pilot?”这一开放性问题的设置培养学生主动思考的能力，加深对对话内容的理解，同时为接下来的教学活动做铺垫。

经过反思，教师取得了相对良好的教学效果。指导教师建议这位教师后续依然可以将如何在呈现新知环节通过问题设计引导学生有效思考和参与作为自己的关注主题，坚持撰写教学日志，积累教学课例，将教学日志的撰写和案例反思结合，长此以往，教师的反思能力会得到提升。

四、小学英语教师如何反思教学

在实际教学的过程中，受限于时间等因素的影响，主动运用以上反思工具记录反思过程，对于很多教师来讲依然是一件比较困难的事情。本部分通过案例说明教师如何聚焦某一反思点，在持续记录和描述的基础上反思及改进教学。

某教师聚焦“教学目标的确定和表述”这一反思点，记录了自己的教学目标确定、反思并改进的过程。可以看到，教师开始确定的教学目标“能用What’s your favorite game? It’s…谈论彼此之间在体育运动方面的爱好”只考虑到了学生在语言能力方面的输出和表达，然而当教师再次回归文本，发现教材文本涉及很多英国的体育运动，本节课的目标过于具体和窄化，并没有考虑到文本所承载的文化内容。另外“能谈论各个国家的体育运动”这一教学目标则太宏观，教材中涉及的是英国的体育运动，这一教学目标的确定不具体、无法检测。教师通过记录和分析教学目标中的问题，了解到基于单元整体目标的课时教学目标不能仅仅指向学生语言知识和技能的发展，还要关注文本中所包含的文化知识等。教学目标应是学生在完成学习任务后预期达成的结果，在目标的表述方面教师可以参考“ABCD（Audience-Behavior-Condition-Degree)”的表述方式等。在反思的基础上，教师将教学目标进行了进一步的改进(见表5-4-2)，体现学生在语言能力、文化意识等方面的融合发展，目标具体，可落实、可检测。

表 5-4-2　聚焦教学目标的教学反思

课题	教学目标	文献检索与学习(反思)	改进后的教学目标
北京版小学英语教材五年级上册第六单元“What are your favorite sports?”第 19 课	①能谈论彼此之间在体育运动方面的爱好 ②能谈论各个国家的体育运动	①教学目标要基于单元的整体目标，侧重语言、文化、策略、技能等要素来制定；每个课时目标的达成都要做到要素整合，在语篇中实施，与主题内容相联系 ②教学目标的实质是学习目标，即学生在完成学习任务之后预期达成的结果 ③目标“ABCD”陈述法	学生对英国人喜爱的、流行的、传统的体育运动有所了解，并能运用语言“What's your favorite game? It's…”在情境中与他人谈论喜爱的体育运动

在表述这一课时的教学目标时，该教师起初力图涵盖方方面面的内容，导致教学目标的表述过于细化，分列条目众多；而在表述的过程中，教学目标之间重复并交叉，目标表述的逻辑性也不清晰，这些都是该教师的困惑所在。后来该教师在学习相关专题的基础上，在教研人员和指导教师的帮助下，对教学目标进行了进一步的梳理和整合，改进后的教学目标体现了清晰的层次和可落实、可检测的特点。教师能够有效利用教学日志这样的反思工具，借助表格的形式记录自己对于教学目标这一反思点的“实践—反思—再实践”的过程，体现了教学反思是教师主动建构的过程。

总之，无论是教学日志、课程教学报告、案例反思，抑或是其他反思工具，最终都要落实到教师的写作中。“如果你能突破时间的限制和自身的抵触情绪，我们相信写作带来的满足感远远胜过那些难以避免的困难和挫折；我们也相信通过写作，你会让你自己的探究达到一个新的高度。”(南希・菲契曼・达纳、丹恩・耶多・霍沛，2016)希望每一位教师都能将反思以及反思基础上的写作作为提升自己的专业能力的有效方式，最终助力自身的专业发展。

参考文献

[1]卡罗尔·安·汤姆林森. 差异化教学与个性化教学：未来多元课堂的智慧教学解决方案[M]. 张静，译. 北京：中国青年出版社，2022.

[2]程晓堂. 核心素养理念下的英语教学理念与实践[M]. 南宁：广西教育出版社，2021.

[3]程晓堂. 改什么？如何教？怎样考？义务教育英语课程标准(2022 年版)解析[M]. 北京：外语教学与研究出版社，2022.

[4]程晓堂. 义务教育课程标准(2022 年版)课例式解读：小学英语[M]. 北京：教育科学出版社，2022.

[5]杰克·克罗夫特·理查兹，查尔斯·洛克哈特. 第二语言课堂的反思性教学[M]. 王添淼，译. 北京：北京语言大学出版社，2017.

[6]王松美，郄利芹. 新课程理念下英语教师关键能力提升策略[M]. 长春：东北师范大学出版社，2018.

[7]王月芬. 重构作业：课程视域下的单元作业[M]. 北京：教育科学出版社，2021.

[8]南希·菲契曼·达纳，丹恩·耶多·霍沛. 反思课堂教学：为未来的挑战做准备(第三版)[M]. 杜小双，译. 黑龙江：黑龙江教育出版社，2016.

[9]闫赤兵. 核心素养视域下的小学英语综合实践活动课程设计与实施[M]. 北京：外语教学与研究出版社，2020.

[10]钟启泉，崔允漷，张华. 为了中华民族的复兴　为了每位学生的发展：《基础教育课程改革纲要(试行)》解读[M]. 上海：华东师范大学出版社，2001.

[11]朱浦. 教学专题透析[M]. 上海：上海教育出版社，2012.

[12]A. 班杜拉. 思想和行动的社会基础：社会认知论[M]. 胡谊，林颖，宏维国，等译. 上海：华东师范大学出版社，2001.

[13]顾立宁，施嘉平. 我的学科教学第一年——小学英语见习教师培训手册[M]. 上海：上海教育出版社，2016.

[14]Thomas S C Farrell. 反思性实践：重燃你的教学热情[M]. 北京：外语教学与研究出版社，2013.

[15]中华人民共和国教育部. 普通高中英语课程标准[M]. 北京：人民教育出版社，2018.

[16]中华人民共和国教育部. 义务教育英语课程标准(2022 年版)[M]. 北京：北京师范大学出版社，2022.

[17]林崇德. 21 世纪学生发展核心素养研究[M]. 北京：北京师范大学出版社，2016.

[18]申继亮. 教学反思与行动研究：教师专业发展之路[M]. 北京：北京师范大学出版社，2006.

[19]梅德明，王蔷. 义务教育英语课程标准(2022 年版)解读[M]. 北京：北京师范大学出版社，2022.

[20]王蔷．新版课程标准解析与教学指导2022年版(小学英语)[M]．北京：北京师范大学出版社，2022.
[21]赵明仁．教学反思与教师专业发展——新课程改革中的案例研究[M]．北京：北京师范大学出版社，2009.
[22]鲁子问，王笃勤．新编英语教学论[M]．上海：华东师范大学出版社，2006.
[23]徐浩，屈凌云．聚焦英语学科核心素养——《普通高中英语课程标准(2017年版)》的解读与实施[M]．北京：外语教学与研究出版社．2019.
[24]王妤頔．英语学科核心素养下小学英语绘本阅读教学现状及对策研究[D]．天津：天津师范大学，2022.
[25]毕玲．结合教学实践谈绘本与课本融合的基本原则[J]．英语学习(教师版)，2018(6)：16-19.
[26]陈冬艳．小学英语单元拓展性作业设计实践[J]．山西教育，2020(7)：37-38.
[27]程晓堂，赵思奇．英语学科核心素养的实质内涵[J]．课程・教材・教法，2016(5)：79-86.
[28]丁原花．小学英语综合实践活动课程实践研究[D]．长春：东北师范大学，2008.
[29]王喆．小学高年级英语课后练习设计研究——以上海市D小学任务单为例[D]．上海：上海师范大学，2020.
[30]顾洁．主题意义引领下小学英语教材与绘本融合的方法[J]．中小学外语教学(小学篇)，2022(9)：1-6.
[31]顾修平，曹红艳．用KWL教学法挑战传统的高中英语教学[J]．中学生英语(初中版)，2011(32)：56-57.
[32]郭宝仙．英语教材中本土文化内容的分析框架——兼谈语言与文化相融合的英语教学[J]．中小学英语教学与研究，2021(9)：15-19.
[33]郭华．深度学习及其意义[J]．课程・教材・教法，2016(11)：25-32.
[34]郭元祥，吴宏．论课程知识的本质属性及其教学表达[J]．课程・教材・教法，2018(8)：43-49.
[35]李金云，李胜利．深度学习视域的“读写结合”：学理阐释与教学核心[J]．课程・教材・教法，2020(7)：79-85.
[36]李静．“整本书阅读连续课时教学”的研究与实践[J]．中小学外语教学与研究，2020(6)：6-12.
[37]梁爽．读写结合视角下的初中英语说明文写作教学的问题和策略[J]．中小学外语教学(中学篇)，2022(8)：49-54.
[38]廖荣莲．绘本与教材文本有效结合的探索[J]．中小学外语教学(小学篇)，2016(11)：43-46.
[39]卢国华．以项目化视域下的整本书阅读促进学生深度学习[J]．中小学外语教学(中学篇)，2020(11)：28-33.
[40]鲁子问．核心素养视野下的小学英语绘本阅读教育[J]．教育实践与研究，2017(1)：22-25.

[41]吕方．小学英语拓展作业的创新设计与实践研究[J]．英语学习，2023(11)：65-68.
[42]钱小芳，但清瑶．小学英语教材与绘本融合教学的方式与实施途径[J]．中小学外语教学(小学篇)，2021(10)：1-5.
[43]钱小芳，王蔷．连接视角下的高中英语读写结合的途径与方法[J]．中小学外语教学(中学篇)，2020(12)：12-17.
[44]郄利芹，王静．基于单元主题的小学英语绘本与教材语篇融合的教学实践[J]．中小学外语教学(小学篇)，2022(4)：1-6.
[45] 沈晓彦．通过整本书阅读发展学生的英语学科核心素养[J]．中小学外语教学(中学篇)，2022(1)：37-42.
[46]王蔷，李亮．推动核心素养背景下英语课堂教—学—评一体化：意义、理论与方法[J]．课程・教材・教法，2019(5)：114-120.
[47]王蔷，钱小芳，周敏．英语教学中语篇研读的意义与方法[J]．外语教育研究前沿，2019 (5)：40-47.
[48]王蔷．非故事类英语读物教学的意义与有效途径[J]．英语学习，2018(2)：44-48.
[49]胥阳．例析概念图、思维导图和思维地图的区别及在高中英语教学中的使用策略[J]．中小学英语教学与研究，2018(4)：16-21，55.
[50]易静．小学英语综合实践活动课程实施研究[D]．赣州：赣南师范大学，2022.
[51]张金秀，麻程丽．英语综合实践活动的核心理念和实践策略[J]．英语学习，2024(2)：22-27.
[52]张雪勤．基于深度学习的小学英语单元作业设计策略[J]．教学与管理，2023(23)：64-67.
[53]郑鸿颖．核心素养视域下中学英语思维可视化教学策略研究[J]．中小学外语教学(中学篇)，2019(9)：7-12.
[54]周梅芳．语言表达类课程主体性情境化教学模式的实践与反思[J]．浙江海洋学院学报，2014(6)：82-85.
[55]丁敏丹．小学英语体验性课外作业设计的实践与探索[J]．科普童话，2021(11)：53.
[56]范新瑞．学会搜集信息助力语文学习[J]．课程与教学，2016(7)：37-38.
[57]龚晓燕．“拓展”中尽显英语作业的无限精彩[J]．教书育人，2019(10)：69.
[58]李宝荣．英语教师如何开展有效的反思[J]．中小学外语教学(中学篇)，2010(4)：1-5.
[59]刘政良，申昌安．图形组织器：促进学习者高阶思维发展的学习工具[J]．中小学电教，2009 (7)：10-13.
[60]马琳．单元主题视角下的初中英语综合实践类分层作业设计[J]．上海课程教学研究，2018(1)：20-23.
[61]裴新宁，刘新阳．为 21 世纪重建教育——欧盟“核心素养”框架的确立[J]．全球教育展望，2013(12)：89-102.
[62]芮学国．初中英语语篇教学中的思维可视化工具及其应用[J]．教育视界，2023(46)：42-47.

[63]杨志成．中国中小学教师发展核心素养体系建构研究[J]. 教师发展研究，2017(1)：44-49.

[64]尹晗．基于可视化的语文教与学模式研究[D]. 上海：华东师范大学，2017.

[65]张爱华．浅谈初中英语实践性作业设计[J]. 黑河学刊，2013(1)：125-126.

[66]张彩云．初中英语个性化作业设计的有效性探微[J]. 英语教师，2016(22)：125-128.

[67]赵勇．走向核心素养培养：教师角色的时代之变[J]. 教育现代化，2018(6)：133-136.

[68]周全相．初中语文实践性作业设计探究[J]. 学周刊学术研究，2015(2)：72-73.

[69]Buzan T，B Buzan. The Mind Map Book：How to Use Radiant Thinking to Maximize Your Brain's Untapped Potential[M]. New York：Penquin Group，1996.

[70]Dewey J. How We Think：A Restatement of the Relation of Reflective Thinking to the Educative Process[M]. Boston：Health，1993.

[71]Hyerle D，Alper L. Student Successes with Thinking Maps：School-based Research，Results，and Models for Achievement Using Visual Tools[M]. Thousand Oaks，CA：Corwin Press，2011.

[72]Markee N. Managing Curricular Innovation[M]. Cambridge：Cambridge University Press，1997.

[73]McKay M. Story Vines and Readers Theatre：Getting Started[M]. Winnipeg：Portage & Main Press，2008.

[74]Petty G. Evidence-based Teaching：A Practical Approach[M]. Cheltenham：Nelson Thornes，2009.

[75]Sloyer S. From Page to Stage：The Educator's Complete Guide to Readers' Theater [M]. Westport，CT：Libraries Unlimited，2003.

[76]Beckett G H. Project-based Instruction in a Canadian Secondary School's ESL Classes：Goals and Evaluations[D]. Vancouver：University of British Columbia，1999.

[77]Bell S. Project-based Learning for the 21st Century：Skills for the Future[J]. The Clearing House，2010，83(2)：39-43.

[78]Fitzgerald J，Shanahan T. Reading and Writing Relations and Their Development[J]. Educational Psychologist，2000，35(1)：39-50.